ALTNORDISC…

ALTSCHWEDISCHE GRAMMATIK

MIT EINSCHLUSS DES ALTGUTNISCHEN

VON

ADOLF NOREEN.

ERSTE LIEFERUNG

(EINLEITUNG, SONANTEN).

HALLE.
MAX NIEMEYER.
1897.

Einleitung.

§ 1. Altschwedisch (aschw.) nennt man die schwedische sprache von ihren anfängen (um 800) bis zur reformation. Das sprachgebiet umfasste zu dieser zeit zunächst das jetzige Schweden mit ausnahme der landschaften Schonen, Halland und Blekinge, wo altdänisch, Bohuslän, Särna und Idre (in Dalarna), Jämtland und Härjedalen, wo altnorwegisch, sowie Lappland und zum teil Norrbotten, wo lappisch (und wol auch ein wenig finnisch) gesprochen wurde; ferner grosse küstengebiete in Finnland, Esthland und Livland mit deren inseln (wie Åland, Dagö, Ösel u. a.); endlich auch — vom ende des 9. bis zum anfang des 11. jhs. — einige kleinere gebiete im inneren Russland. Vgl. übrigens Noreen, Grundriss[2] I, 518, § 1 und 536, § 16.

Anm. Der einheimische name der sprache war während des mittelalters gewöhnlich *vārt māl* 'unsere sprache', bisweilen auch *swænska* 'schwedisch'; belege bei Rydq. IV, 161 f.

§ 2. Das altschwedische entstammt der urnordischen (urn.) muttersprache, über welche s. Noreen, An. Gr. I, §§ 3—7; Grundriss[2] I, 519, §§ 2—4. Unter den altnordischen sprachen bildet es mit dem altdänischen zusammen die ostnordische (ostn.) gruppe, über deren hauptmerkmale im gegensatz zu der westnordischen s. An. Gr. I, § 8; Grundriss[2] I, 526 f., § 7.

§ 3. Erst im 13. jh. sondern sich die beiden altnordischen sprachen in mehr merkbarer weise von einander ab. Die hauptunterschiede des altschwedischen und altdänischen (adän.) unter einander, wie sie in den ältesten literarischen quellen hervortreten, sind:

1. Die endung *-r* im nom. sg. der substantive ist im aschw. der regel nach erhalten, fehlt aber im adän., z. b. aschw. *kalver*: adän. *kalf* kalb.

2. Der konjunktiv wird im aschw. noch, im adän. aber nicht mehr flektiert, z. b. von aschw. *kōpa*, adän. *kōpæ* kaufen präs. konj. aschw. sg. *kōpe*, pl. 1. *kōpom* (oder *kōpin*), 2. *kōpin*, 3. *kōpe* (oder *kōpin*): adän. sg. und pl. 1—3 *kōpæ* (oder *kōpe*, *kōpi*).

3. Die 2. pl. des indikativs (und konj., vgl. 2 oben) endet aschw. auf *-in*, ist aber im adän. mit der 3. pl. zusammengefallen, z. b. aschw. *vitin*: adän. *vitæ* (oder *vita*) wisset.

4. Adän. geht (anfangs nur im inlaut) nachvokalisches *k*, *p*, *t* allgemein — aschw. aber nur ganz ausnahmsweise — in *g*, *b*, *d* über, z. b. aschw. *āka*: adän. *agæ* fahren; aschw. *lōpa*: adän. *lōbæ* laufen; aschw. *æta*: adän. *ædæ* essen.

5. Adän. — aber nicht aschw. — geht in- oder auslautendes *gh* in vielen fällen in konsonantisches *u* über, z. b. aschw. *lagh*: adän. *lau* gilde.

§ 4. In der geschichte des altschwedischen unterscheidet man passend drei perioden:

1. Von dem ersten auftreten der aschw. oder doch ostn. spracheigentümlichkeiten — um 800 — bis zur entstehung einer in aschw. sprache mit lateinischen buchstaben abgefassten literatur im anfang des 13. jhs. Diese periode zeigt noch eine sprachform, die anfangs natürlich gar nicht, später nur sehr wenig von dem ältesten adän. abweicht. Nach der weitaus wichtigsten quelle — den runeninschriften — nennen wir die sprache dieser zeit (in runden zahlen etwa 825—1225) runenschwedisch (rschw.).

2. Von der ersten hälfte des 13. jhs., bis in die zweite hälfte des 14. jhs., zu welcher zeit die schriftsprache, in zusammenhang mit deren ausbildung zu einer für das ganze damalige Schweden gültigen „reichssprache", eine durchgreifende umbildung erfährt, welche sich nicht nur in der orthographie zeigt — indem z. b. der alte buchstabe *þ* durch *th* und *dh*, je nach der aussprache, ersetzt wird — sondern noch mehr in den lauten und formen, was ohne zweifel dem überhandnehmenden einfluss der massgebenden dialekte in Öster-

götland, Södermanland und Uppland zuzuschreiben ist und die bisher in der literatur deutlich ausgeprägten dialektischen differenzen nachher immer weniger in der schrift hervortreten lässt. Ferner zeigt diese periode betreffs des wortschatzes noch einen verhältnismässig rein altnordischen charakter, dies in schroffem gegensatze zu der folgenden, welche seit dem regierungseintritt (im jahre 1364) deutscher und dänischer fürsten in folge der vielen fremdgeborenen beamten sowie besonders des überhandnehmenden einflusses der hanseatischen kaufleute die sprache immer mehr und mehr mit niederdeutschen und dänischen elementen versetzt. Andererseits mögen von sprachlichen neuerungen, die den unterschied vom runenschwedischen deutlich hervortreten lassen, folgende besonders hervorgehoben werden: der übergang von starktonigem *ia* in *iæ* (s. § 96); der zusammenfall des palatalen *ʀ* und des dentalen *r* in *r*; die entwickelung eines svarabhaktivokals vor auslautendem (oder antekonsonantischem) *r* nach konsonanten (s. § 160, 2, b); die entstehung des suffigierten artikels. Die sprache dieser zeit (in runden zahlen etwa 1225—1375) — deren wichtigste quelle die sprachlich wie inhaltlich so hervorragenden aschw. gesetzbücher ausmachen — wird als das klassische altschwedisch (kaschw.) oder frühaltschwedisch bezeichnet.

3. Von der zweiten hälfte des 14. jhs. bis zur reformation (1527), die auch in sprachlicher hinsicht einen wendepunkt bezeichnet, indem der leitende reformator Olavus Petri seit dem jahre 1526 seine in die weitesten kreise dringenden schriften publiziert, welche nicht am wenigsten sprachlich von durchgreifender bedeutung wurden. Am merkbarsten dürfte dies — abgesehen von der nur die orthographie betreffende einführung der buchstaben *å, ä, ö* — in betreff des wortvorrats und der wortbildung sein, indem der dänische einfluss systematisch zurückgedrängt wird, während die hochdeutschen — also nicht mehr überwiegend niederdeutschen — einwirkungen (durch Luther) eher zunehmen. Von neuerungen, die den sprachgebrauch (der jetzt deutlich ausgeprägten reichssprache) dieser periode gegenüber demjenigen der früheren charakterisieren, mögen erwähnt werden: der übergang von *io* in *iø* (§ 98); die entwickelung des langen *a* zu offenem *o* (nschw. *å*; § 110); die aufgabe der alten verbindung von kurzem

vokal mit folgendem kurzen konsonanten durch dehnung entweder des vokals (§ 130) oder des konsonanten; der ersatz des relativpartikels *ær* durch *sum, som*; die ausbildung des präpositiven artikels *þæn* oder *hin*. Wiederum können als sprachveränderungen, die den beginnenden übergang zum neuschwedischen (nschw.) kennzeichnen, hervorgehoben werden u. a. die (in der schrift gewöhnlich nicht zum ausdruck kommende) verstummung eines anlautenden *h* vor konsonantischem *i* und *u* (*w*); die einführung der pluralendung *-r* (oder etwas später *-n*) bei vokalisch auslautenden neutralen substantiven; der ersatz der 1. pl. durch die 3. pl.; die auf niederdeutschem einfluss beruhende entstehung der verbalsubstantiva auf *-ande, -ende*, z. b. *sittiende* (das) sitzen; der ebenfalls auf niederdeutschem einfluss beruhende austausch der adverbialendung *-ligha* gegen *-lig(h)en*, z. b. *skælighen* billigerweise. Die sprachform dieser zeit (in runden zahlen etwa 1375—1525) — deren hauptsächlichste quelle eine übersetzungsliteratur, vorwiegend geistlichen inhalts, ist — nennt man mittelschwedisch (mschw.) oder spätaltschwedisch.

Zur charakteristik dieser sprachperioden vgl. übrigens Grundriss[2] I, 538, § 17.

§ 5. Die quellen und denkmäler des aschw. (mit ausschluss des altgutnischen, über dessen denkmäler s. §§ 10—11) sind dreierlei art:

A. Lehnwörter, die aus dem aschw. in fremde sprachen hineingekommen sind. Eine sehr alte, wenn auch wenig ausgiebige quelle dieser art sind die russischen wörter, welche hauptsächlich bei der gründung des russischen reiches (im jahre 862) durch die Schweden ins altrussische eindrangen. Es sind fast ausschliesslich personennamen, welche — zum teil durch altrussische lautgesetze umgemodelt — meist in zwei urkunden von 911 und 944 vorkommen, aber natürlich im allgemeinen die aschw. sprache des 9. jhs. repräsentieren. Solche sind z. b. *Igor* (aschw. *Ingwar*), *Rurik* (aschw. *Rōriker* Rodrich), *Olga* (aschw. *Hiælgha*, gleich aisl. *Helga*) u. a., die aber bald fast alle ausser gebrauch gerieten. Seltener sind andere wörter (als personennamen), zum teil noch im jetzigen russisch oder andern slavischen sprachen fortlebend, wie z. b. *chvat* (aschw.

adj. *hwater*) kecker kerl. — Allen aschw. sprachperioden gehörig, wenn auch im einzelnen oft schwer datierbar, sind die finnischen wörter aller art, welche aus dem aschw. und vorzugsweise dessen transbaltischen dialekten entlehnt worden sind. Verhältnismässig spät dürften dagegen die aus den nordschwedischen (oder durch finnische vermittlung aus den transbaltischen) dialekten stammenden lappischen entlehnungen sein, was daraus zu erklären ist, dass die berührungen der Lappen speziell mit den Schweden im allgemeinen kaum weiter als bis 1300 zurückreichen.

Anm. Vgl. V. Thomsen, Ryska rikets grundläggning, Stockholm 1882 (bes. s. 114 ff.) und Historisk tidskrift 1883, beilage; S. Bugge, Arkiv II, 164 ff.; F. Tamm, Slaviska lånord från nordiska språk (in Upsala universitets årsskrift), Ups. 1882. — Thomsen, Ueber den einfluss der germ. sprachen auf die finnisch-lappischen, Halle 1870 (bes. s. 115 ff.) und Beröringer mellem de finske og de baltiske sprog (Vidensk. selsk. skr. 6 række, histor. og philos. afd. I, 1), Kopenhagen 1890 (bes. s. 27 ff., 150 f.); K. B. Wiklund, Lule-lappisches wörterbuch, Helsingfors 1890, und Laut- und formenlehre der Lule-lappischen dialekte (in Göteborgs k. vetenskaps och vitterhets samhälles handlingar, Ny tidsföljd XXV), Sthlm. 1891; J. K. Qvigstad, Nordische lehnwörter im Lappischen (Christiania Vidensk. selsk. forhandlinger 1893, no. 1), Chra. 1893.

§ 6. Die zweite quelle des aschw. sind

B. Runeninschriften, welche in grosser menge — nahezu 2000, wenn man die altgutnischen (s. § 10) mitrechnet — von den landschaften Småland und Oland im süden bis nach Ångermanland im norden zerstreut sind, aber weitaus häufigst in Uppland (fast die hälfte der ganzen anzahl), dann in Södermanland (gegen 300) und Östergötland (mehr als 200) auftreten. Dem inhalt nach sind sie meistens zum andenken verstorbener verwandter abgefasst worden, nicht selten (etwa anderthalb hundert, alle aus der zeit vor 1200) metrisch, wenigstens zum teil. Ihr alter ist höchst verschieden, indem inschriften aus allen jahrhunderten des aschw. vorhanden sind, wenn auch die meisten dem 11. und 12. jh. gehören (was jedoch von den agutn. nicht gilt, s. § 10). Diejenigen, welche jünger als die ältesten handschriftlichen quellen sind, können natürlich in sprachlicher hinsicht nicht sehr von belang sein. Um so wichtiger sind die aus vorliterarischer zeit stammenden, als welche die hauptsächliche, ja fast einzige (vgl. § 5) sprachquelle dieser zeit sind. Unter diesen inschriften mögen einige von den wichtigeren hier besonders erwähnt werden: Aus der zeit 850—900 stammen die inschriften von Sparlösa (die ältere zeile) in Västergötland, Ingelstad (Eneby kirchspiel) in Östergötland und Gursten in Småland. Um 900 datieren die von Kälfvesten und Rök in Östergötland, letztere sowol das in allen beziehungen wichtigste rschw. denkmal, wie überhaupt die längste runeninschrift der welt mit mehr als 750 runen. Dem 10. jh. gehören die von Bjälbo (die ältere inschrift) und Högby (wahrscheinlich die bekannte schlacht bei Fyrisvall erwähnend) in Östergötland, Kärnbo und Kolunda (die ältere inschrift) in Södermanland, Herened (jetzt Dagsnäs) und Täng in Västergötland sowie die in historischer hinsicht so wichtige von Vedelspang (oder Louisenlund) in Schleswig, wo schwedische eroberer verewigt werden (spätestens um 950). In die erste hälfte des 11. jhs. fallen die (eine) inschrift von Yttergård (die wahrscheinlich Knut den grossen erwähnt) in Uppland und die (gegen 20) ritzungen des Asmundr Karasun in Uppland und Gästrikland. Um 1050 datieren die (etwa 20) inschriften in Södermanland, Uppland, Västmanland und Östergötland, welche zum andenken der gefährten des nach osten als heerführer gegangenen „Ingwar“ verfasst worden sind, und von denen die interessantesten die (eine) inschrift von Gripsholm und die von Tystberga in Södermanland sein dürften. Gleichzeitig sind die (etwa 20) sprachlich nicht besonders ausgiebigen ritzungen „Bali's“ (d. h. wol Balle's) in Uppland und Södermanland. Vielleicht etwas später ist die (vom könig Hakon veranstaltete) von Hofgården in Uppland. Aus dem ende des 11. jhs. stammen die (mehr als 30) wenig bedeutenden inschriften in Uppland, Södermanland und Gästrikland, welche von „UbiR“ (d. h. wol YbbiR), dem produktivsten aller uns bekannten aschw. ritzer, herrühren, und von denen am meisten erwähnenswert die von Sjustad (wo ein sonst unbekannter könig Olaf in Russland namhaft gemacht wird) in Uppland ist. Dem anfang des 12. jhs. gehören die fünf mit „stablosen runen“ geschriebenen inschriften in Hälsingland, unter denen die umfangreiche, ca. 340 runen enthaltende inschrift von Malstad die wichtigste ist. Gleichzeitig oder etwas späteren datums ist die aus derselben gegend stammende inschrift von Forsa, das älteste skandinavische rechtsdenkmal und zudem von ziemlich bedeutendem umfang (245 runen). Um 1150 datiert die inschrift von Skärfvum in Västergötland. In das 11. oder 12. jh. fallen ausserdem die folgenden interessanten inschriften: die von Nälberga (oder Nålberga), die (eine) von Grinda (in metrischer hinsicht höchst interessant), die (eine) von Turinge und die beiden von Tjufstigen in Södermanland, die von Nöbbele, Forsheda und Rösås in Småland, die von Gårdby auf Öland, die (steinerne) von Saleby (jetzt Dagsnäs) in Västergötland und die von Sälna (jetzt Skånelaholm) in Uppland. Von späteren inschriften sei hier nur die selbstdatierende glockeninschrift von Saleby in Västergötland aus dem jahre 1228 erwähnt. — Vgl. übrigens den anhang.

Anm. Sammlungen der aschw. runeninschriften bieten vorzugsweise: J. Göransson, Bautil, Sthlm. 1750 (wichtig, besonders weil mehrere von den dort enthaltenen inschriften jetzt verloren gegangen sind); J. G. Liljegren, Run-Urkunder, Sthlm. 1833, auch als beilage zu Svenskt diplomatarium I, Sthlm. 1834 (die vollständigste sammlung, aber ohne abbildungen, nur transskribierten text bietend und vielfach nicht zeitgemäss); R. Dybeck, Svenska run-urkunder I, II, Sthlm. 1855—9 (gewöhnlich als „Dyb. 8°“ zitiert) und Sverikes runurkunder I, II, Sthlm. 1860—76 (gewöhnlich als „Dyb. fol.“ zitiert) bieten nur inschriften aus Uppland und Södermanland (dies nur Dyb. 8°); K. Torin, Westergötlands runinskrifter I—IV, Lund 1871, 1877, Sthlm. 1888, 1893, beilagen zu Westergötlands fornminnesförenings tidskrift (h. III mit beiträgen von Bugge); C. F. Wiberg, Gestriklands runstenar I, II, Gefle 1865, 1867; L. G. Wiede, Östergötlands runurkunder in Östergötlands fornminnesförenings tidskrift I, Sthlm. 1875 (ohne abbildungen, nur transskribierten text bietend und nicht selten unzuverlässig); C. A. Klingspor und P. J. Lindal, Upplands fornminnesförenings tidskrift I, II, Sthlm. 1871–6, 1877—1890 (wenige abbildungen und fast nur transskribierten text bietend, oft nicht ganz zuverlässig); S. Boije, 'Runforskningar i Södermanland' in Sv. fornm. tidskr. V, Sthlm. 1882—4 (fast nur berichtigungen zu früheren lesungen; wichtig); S. Söderberg, 'Runologiska och arkeologiska undersökningar på Öland' in Ant. tidskr. f. Sv. IX, 2, Sthlm. 1887 (fast nur berichtigungen zu früheren lesungen); C. Säve (und G. Stephens) 'Some runic stones in northern Sweden' in Nova acta reg. societatis scient. Upsal. Ser. III, Upsala 1878, bietet inschriften aus Medelpad, Hälsingland und Gästrikland; E. Brate und S. Bugge, 'Runverser' in Ant. tidskr. f. Sv. X, Sthlm. 1891, behandelt alle — wirklich oder nur vermeintlich — metrischen inschriften mit ausführlichem kommentar (ohne abbildungen; sehr wichtig). Ein gesamtwerk, alle aschw. runeninschriften nach erneuter untersuchung allseitig und zeitgemäss behandelnd, wird von der schwedischen 'Antiquitätsakademie' vorbereitet. —

Betreffs weiterer literaturnachweise (besonders zu den einzelnen inschriften) s. den anhang. Vollständige bibliographie für die zeit 1801—1874 bei Montelius, Bibliographie de l'archéologie préhistorique de la Suède, Sthlm. 1875; fortgesetzt von demselben für die zeit 1875—81 in Sv. fornm. tidskr. III, 187 ff., 299 ff., IV, 181 ff., V, 102 ff.; für die zeit 1881 ff. siehe die bibliographischen mitteilungen im Arkiv I ff.

§ 7. Die letzte und wichtigste quelle des aschw. sind

C. Handschriften, von welchen die bis zu unserer zeit erhaltenen sämtlich mit lateinischem alphabet geschrieben sind, indem von einer einstigen — jedenfalls nicht sehr bedeutenden — runenliteratur jetzt nichts bewahrt ist (s. anm. 1; vgl. jedoch § 11). Die ältesten literarischen erzeugnisse Schwedens (königliche und bischöfliche briefe, von denen die ältesten noch erhaltenen c. 1167 datieren) bedienen sich der lateinischen sprache und teilen daher nur ausnahmsweise eine isolierte aschw. glosse (am häufigsten orts- oder personennamen) mit. Eine literatur in schwedischer sprache ist erst im 13. jh. entstanden, und von noch erhaltenen aschw. handschriften gehört die älteste erst dem ende dieses jhs. Als in sprachlicher hinsicht besonders wichtige hdschr. mögen hier erwähnt werden:

I. Dem klassischen aschw. gehören:

a) Aus dem ende des 13. jhs. und der zeit um 1300:

1. Die einzige vollständige hdschr. des älteren Västgöta-gesetzes (mit einigen geographischen, juridischen u. a. zusätzen, z. b. dem statute bischof Bryniulf's vom jahre 1281), Cod. Holm. B. 59 erste hand, aus der zeit 1281—1290; hrsgg.[1]) (photolithographisch) von A. Börtzell und H. Wieselgren, 'Væsgøta laghbok', Sthlm. 1889. Zur textkritik s. Noreen, Arkiv V, 385 ff., VIII, 176 ff.; K. H. Karlsson, ib. I, 385 ff.; I. Flodström, Tidskr. f. Fil. N. R. IV, 60 ff. Uebersetzungen (nicht ganz zuverlässige) von Otman (nschw.) und Beauchet (französische) s. Leseb., s. 113, I. Textauszug mit normalisierter orthographie ib. I. Wird im folgenden als 'Vg. I' zitiert.

2. Ein kleines bruchstück des älteren Västgötagesetzes in der königl. bibliothek zu Stockholm, wahrscheinlich von einem anorw. (oder aisl.) schreiber herrührend und daher

[1]) Es werden hier und im folgenden nur die in erster reihe massgebenden ausgaben angeführt.

stark norvagisierend; hrsgg. von H. E. Klemming in Småstycken på forn svenska, Sthlm. 1868—81, s. 99 ff.

3. Lydekini auszüge aus und zusätze zu dem jüngeren Västgöta-gesetze, Cod. Holm. B 59 zweite hand; hrsgg. von Klemming in Småstycken, s. 179 ff. Zit. 'Ly'.

4. Die haupthdschr. des Upplands-gesetzes, Cod. Ups. L. 12, aus dem jahre 1300; hrsgg. von C. J. Schlyter, Corpus juris sueogotorum antiqui III, Sthlm. 1834. Auszug Leseb. II. Zit. 'U'.

b) Aus der ersten hälfte des 14. jhs.:

5. Verschiedene, die landschaft Västergötland betreffende juridische, geographische und historische aufzeichnungen (nebst einigen glossen) eines priesters aus Vidhem, Cod. Holm. B 59 dritte hand, aus dem jahre 1325; hrsgg. (photolithographisch, aber nicht ganz vollständig) von Börtzell und Wieselgren a. o. (s. 1 oben), wozu (das fehlende bei) H. S. Collin und C. J. Schlyter, Corpus I, 316, sowie M. Lorenzen, Småstykker udgivne af Samfund til udgivelse af gammel nordisk litteratur, Kbh. 1884—91, s. 66 ff. Auszug Leseb. III. Zit. 'Vh'.

6. Die haupthdschr. des Södermanna-gesetzes, Cod. Holm. B 53 erster teil, etwas nach 1327 geschrieben; hrsgg. von Schlyter, Corpus IV, Lund 1838. Auszug Leseb. IV. Zit. 'Sdm'.

7. Ein kleines fragment des Östgöta-gesetzes, Cod. AM. 1056, 4°, fragm. V; hrsgg. von Schlyter in Corpus XII, cvi f. Leseb. V. Zit. 'Ög. fr. I'.

8. Ein kleines fragment des Södermanna-gesetzes in der seminar-bibliothek zu Göttingen; hrsgg. von K. Maurer, Ein neues bruchstück von Södermannalagen, München 1894 (in Sitzungsberichten der philos.-philol. und der histor. classe der k. bayer. akad. d. wiss. 1894, heft III, s. 427 ff.). Zit. 'Sdm. fr'.

9. Die haupthdschr. des Västmanna-gesetzes, Cod. Holm. B 57 älterer teil; hrsgg. von Schlyter, Corpus V, p. II, Lund 1841. Zit. 'Vm'.

10. Das testament könig Magnus Eriksson's vom jahre 1346 im reichsarchiv zu Stockholm; hrsgg. von B. E. Hildebrand in Diplomatarium suecanum V, 561 ff., Sthlm. 1858—65. Zit. 'MET'.

11. Die Kopparberger-privilegien könig Magnus Eriksson's vom jahre 1347 im archiv des berggerichts zu Falun; hrsgg. von Hildebrand, ib. V, 636 ff. Leseb. VI. Zit. 'KP'.

12. Cod. Holm. B 58, nach 1345 geschrieben und enthaltend: teils a) die einzige einigermassen vollständige hdschr. des jüngeren Västgöta-gesetzes (mit vielen zusätzen), hrsgg. (nicht ganz vollständig) von Collin und Schlyter, Corpus I, p. II (erst von s. 113 ab), Sthlm. 1827; zit. 'Vg. II'; teils b) die einzige vollständige hdschr. des „Biærkøa"-gesetzes (= stadtrechts, in casu der stadt Lödöse), hrsgg. von Schlyter, Corpus VI, p. III, Lund 1844. Zit. 'Biæ'.

c) Um 1350 datieren:

13. Die einzige hdschr. des Dala-gesetzes, Cod. Holm. B 54 ältere hand; hrsgg. von Schlyter, Corpus V, p. I, Lund 1841. Auszug Leseb. VII. Zit. 'Da'.

14. Die einzige vollständige hdschr. des Östgöta-gesetzes, Cod. Holm. B 50; hrsgg. von Collin und Schlyter. Corpus II, Sthlm. 1830. Auszug Leseb. VIII. Zit. 'Ög'.

15. Cod. Ups. L. 49, umfassend teils a) die einzige (und defekte) hdschr. des Hälsinge-gesetzes, hrsgg von Schlyter, Corpus VI, p. I, Lund 1844; zit. 'H'; teils b) einen abschnitt des Upplands-gesetzes, unediert; zit. 'U. fr'. Die ganze hdschr. scheint von einem adän. schreiber herzurühren (mitteilung des herrn phil. cand. O. Hultman) und ist daher ziemlich stark danisierend.

16. Ein grosses fragment des Östgöta-gesetzes in der königl. bibliothek zu Stockholm; hrsgg. von Klemming in Småstycken (vgl. 2 oben), s. 81 ff. Zit. 'Ög. fr. II'.

17. Die haupthdschr. des landrechts könig Magnus Eriksson's, Cod. AM. 51, 4° erste hand; hrsgg. von Schlyter, Corpus X, Lund 1862. Auszug Leseb. IX. Zit. 'MEL'.

18. Das Codex Buræanus genannte, grosse bruchstück der grössten aschw. legendensammlung, Cod. Holm. A 34, sicher nach 1340 geschrieben; hrsgg. von G. Stephens, Ett fornsvenskt legendarium I, 3 16, 17—31, 49—52, 54—65, 70—9 (72—9 besser bei Klemming, Svenska medeltidsdikter, Sthlm. 1881—2, s. 3—6), 99—103, 128—157, 165—210, 395—8, 401, 402, 415—22, 489—535, Sthlm. 1847. Auszug Leseb. XII. Zit. 'Bu'.

d) Der zeit 1350—1375 gehören:

19. Zwei kleine bruchstücke von St. Birgittas autographischen aufzeichnungen ihrer revelationes in der königl. bibliothek zu Stockholm, wahrscheinlich aus den jahren 1360 und 1367; hrsgg. von Klemming in Heliga Birgittas uppenbarelser IV, 182 ff. (photolithographisch von E. Hildebrand, A. Börtzell und H. Wieselgren in Svenska skriftprof I, nr. 33, Sthlm. 1894) und 177 ff., Sthlm. 1862. Das erste bruchstück Leseb. XIII. Zit. 'Bir. A'.

20. Die ältere hdschr. des Småländischen kirchenrechts Cod. Skokloster 155, 4° (im reichsarchiv zu Stockholm), älteste hand des codex; hrsgg. von Schlyter, Corpus VI, p. II, Lund 1844. Zit. 'SK'.

21. Cod. Holm. B 6, älteste hand, bietend teils a) zwei grosse und zwei kleine bruchstücke des jüngeren Västgöta-gesetzes nebst zusätzen, hrsgg. nur das erste bruchstück (der kirchenrechtliche abschnitt des jüngeren Västgöta-gesetzes) von Schlyter in Corpus I, 78—113; zit. 'Vg. II K'; teils b) das landrecht könig Magnus Eriksson's, unediert.

22. Cod. Holm. 78, älteste hand, bietend teils a) den kirchenrechtlichen abschnitt des Upplands-gesetzes, unediert; teils b) die haupthdschr. des stadtrechts könig Magnus Eriksson's, hrsgg. von Schlyter, Corpus XI, Lund 1865. Zit. 'St'.

II. Dem mittelschwedischen gehören:

a) Aus dem ende des 14. und der ersten hälfte des 15. jhs.:

23. Die grosse, Codex Oxenstiernianus genannte miscellanhdschr. (geistlichen inhalts) der königl. bibliothek zu Stockholm, von acht schreibern (O. I—VIII) teils im jahre 1385, teils etwas später verfertigt; hrsgg. (das meiste) von Klemming, Klosterläsning, Sthlm. 1877–8 und in Heliga Birgittas uppenbarelser IV, 215—76. Zur textkritik vgl. Söderwall in Ant. tidskr. f. Sv. VI, 4, s. 10 ff. Unediert sind einige Revelationes St. Birgittæ (O. IV) und ihre Vita abbreviata (O. VI). Auszug (aus O. II) Leseb. XIV. Zit. 'O' (nötigenfalls 'O. I, II' u. s. w.).

24. Cod. AM. 787, 4° aus dem anfang des 15. jhs., die

verkürzte redaktion der ältesten aschw. postille und ein bruchstück eines mirakelbuches enthaltend; hrsgg. nur jene von Klemming, Svenska medeltidspostillor I, Sthlm. 1879. Auszug Leseb. XV. Zit. 'P. I'.

25. Die hauptdschr. der aschw. übersetzung von den 8 büchern Revelationes St. Birgittæ, Cod. Holm. A 5a; hrsgg. nur buch 4—8 von Klemming, Heliga Birgittas uppenbarelser II, III, Sthlm. 1860, 1861. Zit. 'Bir'.

26. Codex Bergmanianus der universitätsbibliothek zu Lund aus der zeit c. 1420, geistlichen inhalts; hrsgg. von Klemming in Bonaventuras betraktelser öfver Christi lefverne, Legenden om Gregorius af Armenien, Sthlm. 1860, s. 1—325, und in Heliga Birgittas uppenbarelser IV, 123—31. Zur textkritik vgl. Söderwall in Ant. tidskr. f. Sv. VI, 4, s. 13 ff. Zit. 'Bm'.

27. Die einzige vollständige hdschr. des Seelentrost's in der königl. bibliothek zu Stockholm aus der zeit c. 1430; hrsgg. von Klemming, Själens tröst, Sthlm. 1871—3. Auszug Leseb. XVI. Zit. 'ST'.

28. Codex Bildstenianus der universitätsbibliothek zu Uppsala, die einzige vollständige hdschr. der grossen legendensammlung (vgl. 18 oben); hrsgg. (nicht vollständig) von Stephens in Ett forn-svenskt legendarium I, II, Sthlm. 1847, 1858, und in S. Patriks-sagan, Sthlm. 1844, s. 1—23. Zit. 'Bil'.

29. Das fragment der schrift 'Um styrilse kununga ok høfþinga' in der königl. bibliothek zu Stockholm aus der zeit c. 1435; hrsgg. von Klemming in Småstycken, s. 11 ff. Leseb. XVII. Zit. 'KS. fr'. — Die jetzt verlorene (vielleicht jüngere) haupthdschr. ist von J. Bure, 'En nyttigh bok om konnunga styrilse', Sthlm. 1634 herausgegeben. Zit. 'KS'.

30. Die grosse und wichtige miscellanhdschr. Cod. Holm. D 4, überwiegend romantischen inhalts und von mehreren händen geschrieben, unter denen die älteste vielleicht schon vor 1400, die jüngsten sicher nach 1430 datieren. Hrsgg. (das meiste) von Klemming, Flores och Blanzeflor, Sthlm. 1844, Konung Alexander, Sthlm. 1862, Svenska medeltidsdikter, Sthlm. 1881—2, s. 92 ff., 177 ff., 185 ff., Prosadikter från medeltiden, Sthlm. 1887—9, s. 113 ff., 249 ff.; J. W. Liffman und G. Stephens, Herr Ivan lejonriddaren, Sthlm. 1845—9, Ett forn-

svenskt legendarium I, 31—44, 89—96; J. A. Ahlstrand, Hertig Fredrik af Normandie, Sthlm. 1853; Handlingar rörande Skandinaviens historia XVII, 19—22, Sthlm. 1832. Unediert sind einige stücke geographischen (die landschaft Västergötland betreffenden, vgl. 1 und 5 oben) und geistlichen (Speculum missæ, bruchstück des Lucidarius, VII sacramenta) inhalts. Auszüge Leseb. XVIII—XXI. Zit. 'D 4' (nötigenfalls 'D 4. I, II' u. s. w.).

31. Die ältere hdschr. des Pentateuch-kommentars, Cod. Reg. Thott. 4, 4°; hrsgg. von Klemming in Svenska medeltidens bibelarbeten I, 1—509, Sthlm. 1848. Zur textkritik vgl. Söderwall, Ant. tidskr. f. Sv. VI, 4, s. 5 ff. Auszug Leseb. XXII. Zit. 'MB. I'.

32. Der grossen miscellanhdschr. (überwiegend geistlichen inhalts) Cod. Holm. A 49 ältester teil, spätestens im jahre 1442 geschrieben; hrsgg. von J. H. Schröder in Scriptores rerum svecicarum II, I, 177—257, Upsala 1828, und Klemming in Prosadikter, s. 3—110. Zit. 'A 49. I'.

33. Die grosse sprichwörtersammlung im Cod. Ups. Palmsköld. 405; hrsgg. von A. Kock und C. af Petersens, Östnordiska och latinska medeltidsordspråk I, Kbh. 1889—94. Zur textkritik und übersetzung s. Kock, ib. II, Kbh. 1892 und Wadstein, Sv. landsm. XI, 6. Auszug Leseb. XXIII. Zit. 'GO'.

b) Aus der zweiten hälfte des 15. und dem anfang des 16. jhs.:

34. Die haupthdschr. des landrechts könig Kristoffer's, Cod. Reg. g. s. 1209, aus der zeit c. 1450; hrsgg. von Schlyter in Corpus XII, 3—397, Lund 1869. Zit. 'KrL'.

35. Die originalhdschr. der Karls-chronik, Cod. Holm. D 6, im jahre 1452 oder möglicherweise ein wenig später von 10 verschiedenen schreibern verfertigt (und daher sprachlich sehr ungleichmässig); hrsgg. von Klemming, Svenska medeltidens rimkrönikor II, Sthlm. 1866. Auszug Leseb. XXIV. Zit. 'Rk. II'.

36. Die grosse, Codex Verelianus genannte miscellanhdschr. (überwiegend romantischen und historischen inhalts) der königl. bibliothek zu Stockholm, 1457 datiert; hrsgg. zum teil von Klemming in Prosadikter, s. 353 ff., Svenska medel-

tidsdikter, s. 382 ff., Namnlös och Valentin, Sthlm. 1846, Svenska medeltidens rimkrönikor I, 215 ff., Sthlm. 1865, und Stephens, S. Patriks-sagan, s. 27 ff. Das weitaus meiste unediert. Auszüge Leseb. XXV und XXVI. Zit. 'Ve'.

37. Der grossen miscellanhdschr. (überwiegend historischen inhalts) Cod. Holm. D 2 ältester teil, aus der zeit 1470—1480 und enthaltend teils a) ein noch unediertes bruchstück einer mschw. transskription der Guta-saga (vgl. § 11, 2); teils b) die haupthdschr. der Erichs-chronik, hrsgg. von Klemming, Sv. medelt. rimkrönikor I, 1—155. Auszug Leseb. XXVII. Zit. 'Rk. I'.

38. Die miscellanhdschr. (geistlichen inhalts) Cod. Holm. A 58, in den jahren 1487—91 von dem mönche Jöns Budde (oder Ræk) zu Nådendal in Finnland geschrieben; hrsgg. von O. F. Hultman, Jöns Buddes bok, Helsingfors 1895. Auszug Leseb. XXVIII. Zit. 'JB'.

39. Cod. Holm. A 4 aus dem ende des 15. jhs. und enthaltend teils a) ein noch unediertes gespräch Christi mit einem sünder; teils b) die haupthdschr. der ausführlicheren übersetzung des Horologium æternæ sapientiæ von Heinrich Suso, hrsgg. von R. Bergström in H. Susos Gudeliga snilles väckare, Sthlm. 1868—70, s. 2—380. Zur textkritik vgl. Söderwall in Ant. tidskr. f. Sv. VI, 4, s. 15 ff. Zit. 'Su'.

40. Die haupthdschr. der Didriks-saga, Cod Skokl. 115—6, 4° (im reichsarchiv zu Stockholm), zweite und dritte hand, aus dem anfang des 16. jhs.; hrsgg. von G. O. Hyltén-Cavallius, Sagan om Didrik af Bern, Sthlm. 1850. Auszug Leseb. XXXII. Zit. 'Di'.

41. Die grosse miscellanhdschr. (geistlichen inhalts) Cod. Linc. 39 fol., um 1514 oder etwas später geschrieben; hrsgg. von Stephens (und Dahlgren) in Ett forn-svenskt legendarium I, 217—22, 291—4, 331—6, 399 f., 435—42, II, 660—75, III, 64—9, 154—96, 262—342, 386—480, 585—727, Dahlgren in Skrifter till läsning för klosterfolk, s. 3—212, und C. Annerstedt in Scriptores rerum svecicarum III, II, s. 207—16, Ups. 1876. Auszug Leseb. XXXIII. Zit. 'Linc. 39'.

42. Die originalhdschr. der verschiedenen übersetzungen und bearbeitungen (juridischer, technischer und medizinischer

werke) bischof Petrus Magni's, Cod. Linc. J. 8, aus dem jahre 1522; hrsgg. zum teil von Hyltén-Cavallius, Peder Månssons strids-konst och strids-lag, Sthlm. 1845, und Klemming in Läke-och Örte-böcker, s. 411—44, Sthlm. 1883—6, sowie in Svenska medeltidsdikter, s. 443—5. Auszug Leseb. XXXIV. Zit. 'PM'.

43. Cod. Holm. D 2, zweite hand (diejenige des priesters Johann Spegelberg) aus dem jahre 1523 und verschiedene stücke historischen und romantischen inhalts bietend; hrsgg. (nur das wichtigste) von Klemming in Svenska medeltidsdikter, s. 313—80, 419—21, 443—50, und in Sv. medelt. rimkrönikor III, 213—30 (die untere hälfte der seiten), Sthlm. 1867—8. Auszug Leseb. XXXV. Zit. 'Sp'.

44. Cod. Holm. A 1 aus dem jahre 1526 und enthaltend den Pentateuch-kommentar sowie sieben von Nicolaus Ragvaldi, Jöns Budde und einem unbekannten aus der bibel übersetzte bücher; hrsgg. (die letzteren) von Klemming in Svenska medeltidens bibelarbeten II, 1—370, Sthlm. 1853 (der kommentar nur in auszügen, ib. I, 525-63). Zur textkritik vgl. Söderwall in Ant. tidskr. f. Sv. VI, 4, s. 8 f. Zit. 'MB. II'.

Uebrigens mögen als in sprachlicher hinsicht besonders wichtig auch die diplome hervorgehoben werden, welche in grosser menge seit 1343 das ganze mittelalter hindurch vorkommen, wenn auch erst gegen 1370 das schwedische als urkundensprache gewöhnlicher als das latein wird. Hrsgg. von J. G. Liljegren, B. E. und E. Hildebrand, Diplomatarium suecanum I—VI, 1, Sthlm. 1829—1878; C. Silfverstolpe, Svenskt diplomatarium från och med år 1401, I—III, Sthlm. 1875 bis jetzt; C. G. Styffe, Bidrag till Skandinaviens historia I—V, Sthlm. 1859—84; A. I. Arwidsson, Handlingar till upplysning af Finlands häfder I—IX, Sthlm. 1846—57; V. G. Granlund, Gustaf I:s registratur I—IV, Sthlm. 1861-8; R. Hausen, Registrum ecclesiæ Aboensis, Helsingfors 1890, und Bidrag till Finlands historia I, Hf. 1881—3; E. Grönblad, Nya källor till Finlands medeltidshistoria I, Kph. 1857; O. S. Rydberg, Sveriges traktater I—IV, 1, Sthlm. 1877—95; H. Hildebrand, Stockholms stads jordebok I, II, Sthlm. 1876, 1889, und Stockholms stads skottebok, Sthlm. 1889; Klemming, Skråordningar, Sthlm. 1856; E. Hildebrand und O. Alin, Svenska riksdagsakter I,

Sthlm. 1887; L. F. Rääf, Samlingar och anteckningar till en beskrifning öfver Ydre härad I—IV, Linköping und Örebro 1856—65; C. G. Kröningssvärd und J. Lidén, Diplomatarium dalekarlicum I—III, Sthlm. und Falun 1842—6, mit Supplement, Sthlm. 1853; J. Hadorphius, Några gambla stadgar, beilage zu Biärköa rätten, Sthlm. 1687, und Then andra delen til rijmcrönikorne hörande, Sthlm. 1676; ferner in Handlingar rörande Skandinaviens historia I—XL, Sthlm. 1816—60 und Historiska handlingar I—X, Sthlm 1861—81, u. a. m.

Anm. 1. Ueber etwaige aschw. runenhdschr. s. L. F. Leffler in Nordisk tidskrift utg. af Lett. fören. 1879, s. 603 ff. und Sv. Landsm. VI, CII (wo die bisher allgemein als ein aschw. denkmal aufgeführte Marienklage wol mit recht dem adän. zugewiesen wird).

Anm. 2. Ueber die aschw. literatur s. vor allem H. Schück, Svensk literaturhistoria I, Sthlm. 1890 (wo auch s. 70 ff., 205 ff. ein fast vollständiges verzeichnis einschlägiger arbeiten gegeben ist) und Illustrerad svensk litteraturhistoria I, Sthlm. 1896, sowie desselben u. a. aufsätze in Samlaren, tidskrift utg. af Sv. literatursällskapet I—XVIII, Ups. 1880 bis jetzt. Eine knappe übersicht bietet derselbe verfasser im Grundriss II, I, 143 ff.

Anm. 3. Ein vollständiges verzeichnis der aschw. textausgaben fehlt bis jetzt und wird nur unzureichend durch folgende bibliographien ersetzt: für die zeit 1862—73 in Germania, hrsgg. von Bartsch VIII ff., 1863 ff.; für 1874—80 in Tidskr. f. Fil. N. R. I ff., 1874 ff.; für 1881 bis jetzt in Arkiv I ff., 1882 ff. Vgl. auch das quellenverzeichnis bei Söderwall, Ordbok öfver sv. medeltids-språket I.

Anm. 4. Die hdschr. sind vorzugsweise in folgenden sammlungen aufbewahrt: 1. Die königl. bibliothek zu Stockholm (Holm.). 2. Die universitätsbibliothek zu Uppsala (Ups.). 3. Die Skokloster-sammlung (Skokl.), im reichsarchiv zu Stockholm deponiert; katalog (schlecht) von Schröder in Handlingar rörande Skandinaviens historia XII—XV. 4. Die gymnasialbibliothek zu Linköping (Linc.); katalog (nicht vollendet) von P. Kylander in Linköpings bibliotheks handlingar I, II, Linköping 1793, 1795. Uebrigens bieten grosse diplomsammlungen vorzugsweise: 5. Das schwedische reichsarchiv zu Stockholm (RA.); kataloge für die zeit 1351 bis 1400 (von N. A. Kullberg), Svenska riks-archivets pergamentsbref I, II, Sthlm. 1866, 1868, und C. G. Malmström, 'Sv. riksarkivets pappershandlingar' in Meddelanden från sv. riksarkivet III, 87 ff., Sthlm. 1887. 6. Das Delagardiesche archiv in der universitätsbibliothek zu Lund; katalog von P. Wieselgren in Delag. archivet IV, 165 ff., Lund 1844. 7. Das rathausarchiv zu Stockholm; katalog (von S. Bergh) in Meddelanden från sv. riksark. XIII, 295 ff. 8. Die gymnasialbibliothek, die sammlungen der Södermanlands fornminnesförening und das rathausarchiv zu Strängnäs; katalog von V. Örnberg in Bidrag till Södermanlands äldre kulturhistoria VII, 113 ff., 150 f., Ups. 1889.

§ 8. Dialektunterschiede sind schon im rschw. unleugbar vorhanden, wiewol die inschriften dies verhältnis zum grössten teil verhehlen durch ihre höchst mangelhafte lautbezeichnung, die ja sehr verschiedene laute durch dasselbe zeichen (z. b. *o*, *u*, *y* und *ø* durch die *u*-rune) ausdrückt. Nichtsdestoweniger kann man wirklich einiges hierhergehöriges ermitteln. So z. b. zeigt ein vergleich der verschiedenen 'Ingwar-inschriften' (s. § 6), dass um 1050 die sprache der landschaft Uppland von derjenigen Södermanland's u. a. in folgenden punkten abweichend gestaltet war: 1. Der nasalierte *a*-laut (*ą*) war dort mit dem unnasalierten zusammengefallen, hier als besonderer laut noch erhalten. 2. Acc. sg. m. von 'dieser' heisst dort *þina* (d. h. *þenna*) oder *þinsi* (d. h. *þense*), hier *þąnsi* (d. h. *þąnse* oder *þǿnse*) oder *þinsa* (d. h. *þensa*). 3. Das indeklinable pronomen relativum lautet dort *is* (d. h. *es*), hier *eʀ*. 4. Prät. sg. ind. dort *uas*, hier *uaʀ* 'war'.

Wiederum in der literatur werden die dialektunterschiede sehr vermindert durch die bald wachgerufene tendenz eine allgemeine reichssprache zu schaffen, sowie durch die weit überwiegenden literaturbeiträge gewisser provinzen (vor allem Östergötland's) und den aus diesem verhältnis mit notwendigkeit herfliessendem übermächtigen einfluss dieser landschaften auf die höhere sprache. Nur ein dialekt tritt in der schrift scharf hervor und zwar derjenige der sowol geographisch wie politisch etwas abseits gelegenen insel Gottland, deren mundart aber so wesentlich von dem aschw. des festlandes abweicht, dass man mit vollem recht durch die bezeichnung altgutnisch (agutn.) diesen dialekt als eine gewissermassen besondere sprache anerkannt hat (s. weiter § 9).

Von den mundarten des festlandes sind in der kaschw. literatur wenigstens die folgenden ziemlich deutlich ausgeprägt:

a) Vor allem der dialekt desjenigen teiles der provinz Västergötland, dessen sprache durch Vg. I, Ly, Vh, Vg. II, Vg. II K und (wenn auch nur zum teil, weil abschrift eines Stockholmischen originals) Biæ repräsentiert wird und gewissermassen eine mittelstellung zwischen dem aschw. und dem anorw. einnimmt, wenn auch jenem näher stehend. Fast alle punkte, worin die mundart von dem sonstigen aschw. abweicht, sind nämlich ebenso viele übereinstimmungen mit dem anorw. Solche sind u. a. 1. Die übergänge *i* > *e* und *u* > *o* in endungen und ableitungssilben finden nur nach einem in der vorhergehenden silbe stehenden *e*-, *o*- oder *ø*-, zum teil auch langem *a*-laut statt (s. g. 'vokalharmonie'), z. b. 3. sg. präs. ind. *hēter* 'wird genannt', part. prät. *boren* 'geboren', dat. sg. ntr. *gōþo* 'gutem', 3. sg. präs. konj. *bø̄te* 'büsse', 3. pl. prät. ind. *vāro* 'waren', aber z. b. dat. sing. *guþi* 'Gott', 3. pl. prät. ind. *gripu* 'griffen' u. s. w. (s. weiter § 137, § 139 und vgl. An. gr. I, § 124, 2 und § 125, 2). 2. Oft steht *o* in der wurzelsilbe gegen sonstiges aschw. *u* (vgl. § 163, 2), z. b. *odder* (aschw. *udder*, anorw. *oddr*) 'spitze', *roten* (aschw. *rutin*, anorw. *rotenn*) 'faul'. 3. Häufiger als sonst zeigt sich *i*-umlaut z. b. in formen wie dat. sg. *dæghi* (aschw. *daghi*, anorw. *dægi*) 'tag', *sæker* (aschw. *saker*, anorw. *sækr*) 'schuldig', nom. acc. pl. ntr. *bǣþi* oder *bǣþin* (aschw. *bāþe*, *-in*, anorw. *bǽðe*, *-en*) 'beide', part. prät. *dræghin* 'gezogen', *slæghin* 'geschlagen', *gængin* 'gegangen' (aschw. *draghin*, anorw. *dræginn* u. s. w.); abweichend auch *fingin* (aschw. *fangin*) 'bekommen'. 4. Der übergang (s. § 104) *ǫ* > *ø* vor *r* und *l* (oder auch die verdrängung des *u*-umlautes) ist noch nicht überall durchgeführt, z. b. nom. acc. pl. *born* Ly, Vg. II (aschw. *børn*, anorw. *bǫrn*) 'kinder', *bolker* Vg. I, II (aschw. *balker*, anorw. *bǫlkr*) 'abschnitt', *borker* Ly (aschw. *barker*, anorw. *bǫrkr*) 'baumrinde'. 5. Assimilation von *mp*, *nk*, *nt* zu *pp*, *kk*, *tt* tritt häufiger als im sonstigen aschw. auf, z. b. *roppa* Vg. I (aschw. *rumpa* 'schwanz', *brækka* Vg. I, II 'brink', *vætter*, *vitter* Vg. I (aschw. *vinter*, anorw. *vetr*) 'winter'. 6. Dat. pl. des mit suffigiertem artikel flektierten substantivs endet wie im anorw. auf *-unum*, *-onom*, nicht wie im sonstigen aschw. auf *-umin*, *-omen*, z. b. *arvunum* Vg. I 'den erben', *bōndonom* Ly 'den bauern'. 7. Die 3. pl. konj. hat (in Vg. I ausschliesslich, in Vg. II überwiegend) die endung *-i*, *-e* gegen das im sonstigen aschw. (überwiegend) übliche *-in*, *-en*, z. b. *mǣli* 'sprechen'. 8. Infinitivformen wie *bræsta* Vg. I, II 'bersten', *rænna* Vg. I 'laufen', *slæppa* Vh 'entschlüpfen' gegen sonst fast allein gebräuchliche *brista*, *rinna*, *slippa* (anorw. *bresta* u. s. w.) 9. Präteritiformen wie *fæl* Vh (abweichend auch *fal* Vg. I) 'fiel', *hælt* Vg. I 'hielt' gegen sonst. kaschw. *fiol*, *hiolt* (aber anorw. *fell*, *helt*). 10. Viele einzelne dem sonst. aschw. fremde, aber im anorw. übliche wörter wie z. b. *bikkia* hündin, *dæk* (anorw.

dǫkk) grube, *dōgher* (anorw. *dǿgr*) tag und nacht, *flæt, flat* (anorw. *flæt*) haus, *grun* (anorw. *grunr*) argwohn, *hwin* kleiner dieb, *hūsl* abendmahl, *liūri* (anorw. *lióri*) dachöffnung, *man* sklave, *sund* schwimmen, *særþa* (anorw. *serða*) stuprare, *vātter* eidleister u. a. m.; vgl. auch das sonst nur in H (s. f unten) belegte *apter* 'zurück' (aschw. selten *atter*; statt dessen gewöhnlich *āter*).

b) Weniger eigentümlich ist derjenige dialekt der landschaft Västmanland, dessen hauptsächlicher repräsentant Vm ist. Es sei hier folgendes hervorgehoben: 1. Die übergänge $i > e$ und $u > o$ finden jener (der regel nach) nur in offenen, dieser aber in allen endungs- und ableitungssilben statt, z. b. *skaþe* 'schaden', *æro* 'sind', acc. sg. *faþor,* aber nom. sg. *faþir* 'vater' (s. weiter § 142 anm. 4 und § 143 anm. 2). 2. Der wechsel *ǫ* : *u* vor *gg* ist gewöhnlich zu gunsten des *o* ausgeglichen (s. § 109), z. b. *hogga* (neben *hugga* wie sonst; vgl. jedoch c und g unten) 'hauen'. 3. Schwachtoniges *a* scheint vor *m* in *o* überzugehen (s. § 145 anm.), z. b. *līkome* (aschw. *līkame*) 'körper', präfix *iom-* (aschw. *iam-, iæm-*) 'eben-'. 4. Das aus *au* entstandene *ō* verwandelt nicht wie in gewissen anderen dialekten (vgl. z. b. d, 3 unten) ein vorhergehendes *g, k* zu *gi, ki,* z. b. *cōp* 'kauf' gegen *k(i)ænna* 'kennen' (vgl. Da *kōp* : *kiænna,* s. c unten). 5. *wr* wird zu *rw* oder *rwr,* z. b. *rw(r)anger* (engl. *wrong*) 'verkehrt'. 6. Die zahlwörter *fiōre* 'vier', *fiorþe* 'vierte' stehen gegen sonstige *fiūre* u. a., *fiærþe* u. a. 7. 'Sieben' weist die eigentümliche form *siūgh* auf. 8. Mehrere eigenartig gebildete pronominalformen wie nom. sg. f., nom. acc. pl. ntr. *þæsson* oder *þæssom* 'diese', *ængōn* 'keine', *hwarion* 'jede' statt *þæssin* u. s. w.

c) Der vorigen nahe verwandt ist diejenige mundart in Dalarna, welche durch Da vertreten ist und mit jener die punkte b 2—4, 6 und 8 gemeinsam hat. Eigentümlicher ist derjenige dialekt derselben landschaft, welcher in KP vorliegt und dessen hauptsächliches charakteristicum ist, dass in endungen und ableitungssilben *a* und ein daraus entwickeltes *æ* je nach der quantität (kürze : länge) der vorhergehenden silbe mit einander wechseln (s. g. 'vokalbalanz', s. § 141), z. b. *hava* 'haben' : *gangæ* 'gehen'; ein wechsel, dem in dem jetzigen dialekt des nördlichen teiles der landschaft der gegensatz *-å* : *-a* entspricht (s. § 152).

d) Einer gegend der landschaft Uppland, deren sprache durch U und zwei andere alte hdschr. des Upplandsgesetzes (cod. Holm. Schildener vor 1350 und Holm. B 52 um 1350) repräsentiert wird, ist u. a. folgendes charakteristisch: 1. Kurzes *a* ist in allen schwachtonigen endungs- und ableitungssilben zu *æ* geworden (s. § 141 anm. 1), z. b. *faræ* 'fahren', *havændi* 'habend'. 2. Nicht nur starktoniges *io*, sondern auch *iō* (sekundäres sowol wie altes) ist in *iø*, resp. *iø̄* übergegangen (s. § 98 und 99), z. b. *iørþ* (sonst *iōrþ*) 'erde', *hiø̄n* (sonst *hiōn*) 'hausgenosse'. 3. Das aus *au* entstandene *ø̄* verwandelt vorhergehendes *g, k* zu *gi, ki*, z. b. *kiøp* 'kauf'. 4. Die form *iæk* 'ich' ist (wenigstens in U) die allein gebräuchliche (sonst seltener als die form *iak*).

e) Diejenige gegend der landschaft Småland, welche durch SK vertreten ist, zeigt u. a. folgende eigentümlichkeiten: 1. Dehnung des kurzen *a* vor *mb, nd* (wenn es aisl. *nd*, nicht *nþ*, entspricht) und *rt* (wenn vokal folgt), z. b. *laamb* 'lamm', *haand* 'hand', **vaarta* (jetzt *vårta*) 'warze' (s. weiter § 129). 2. In schwachtonigen endungs- und ableitungssilben bleibt *a* nach kurzer silbe, wechselt dagegen nach langer mit weit häufigerem *æ* ('vokalbalanz' s. § 141; auf dieselbe weise in der von einem Småländischen abschreiber herrührenden hdschr. MEL auftretend), z. b. *kona* 'weib', aber *bondæn* (*bondan*) 'den bauer'; diesem wechsel entspricht in mschw. urkunden (z. b. Styffe, Bidrag etc. V, nr. 86, 99, 164, 319, 329) der gegensatz *-o* : *-a*. 3. Die pronominalformen sg. nom. *høn*, acc. *hø̄na* statt *hōn* (*hun*), *hana* (*hōna*) 'sie'.

f) Der durch H vertretene dialekt der landschaft Hälsingland ist wenigstens insofern vom sonstigen aschw. abweichend, als der wortschatz mehrfache übereinstimmungen mit dem anorw. zeigt, z. b. *afrø̄kias* (anorw. *afrøkiaz*) 'versäumt werden', *āri* (vgl. anorw. *ǫrr, ár-maðr*) 'bote, dienstmann', *līfvākn* (vgl. anorw. *lífðarvápn*) 'schutzwaffe', *væzla* (anorw. *væzla, veizla*) 'bewirtung'; vgl. auch die form *apter* (s. oben a 10).

Am wenigsten bemerkbar sind dialekteigentümlichkeiten in denjenigen denkmälern, die aus den provinzen Södermanland und Östergötland stammen, dies zum teil ohne zweifel darauf beruhend, dass — wie gleich oben (vgl. auch § 4, 2) angedeutet worden ist — eben die mundarten dieser landschaften (und, wenn auch weniger, Upplands) bei der bildung und entwicklung der im werden begriffenen reichssprache einen massgebenden einfluss austibten. Doch dürfte man wenigstens folgende zwei aus diesen gegenden stammende dialekte als einigermassen deutlich hervortretend ansehen können:

g) Die durch Sdm und zum teil (vgl. a oben) Biæ vertretene mundart in Södermanland zeigt u. a. folgende charakteristische züge: 1. In endungs- und ableitungssilben wird *a* zu *æ* nach palatalen vokalen in der vorhergehenden silbe ('vokalharmonie' s. § 135), so dass *æ* regelmässig nach *y*-, *æ*- und *ø*-lauten (so auch mschw. in Ve), ausserdem alternativ in Sdm nach *ē* und nach *i*-lauten (in Biæ auch nach anderen vokalen) steht, z. b. *fyllæ* 'füllen', *skæræ* 'schneiden', *dømæ* 'richten', aber *gamal* 'alt', *ūtan* 'ausser'. 2. und 3. = b) 2 und 4 oben; jenes auch in Sdm. fr.

h) In Östergötland ist der am meisten ausgeprägte dialekt derjenige, welcher durch Ög. fr. I, II und Bu vertreten wird. Man bemerkt hier vorzugsweise folgendes: 1. Die übergänge *i* > *e* und *u* > *o* finden überall ausser nach kurzer, haupttoniger silbe statt ('vokalbalanz' s. § 142, 1), z. b. *mōþer* 'mutter', dat. sg. *folke* 'volke', *kyrkio* 'kirche', aber *faþir* 'vater', dat. sg. *guþi* 'Gott', *tiughu* 'zwanzig'. 2. Auslautendes, nachvokalisches -*r* (wenn es urn. *ʀ*, nicht *r*, entspricht) ist in den weitaus meisten fällen (in Ög. fr. I ausnahmslos) geschwunden, z. b. nom. pl. *hæsta* statt *hæstar* 'pferde'. 3. Die pronominalform *nākwar* statt *nōkor*, *nōkar* u. d. 'irgend einer'. 4. Die konjunktion 'dass' heisst *æt* (jedoch nicht in Bu) statt *at*. Dieser mundart sehr nahe stehen einige denkmäler aus derselben provinz, welche für die entstehende reichssprache von grundlegender bedeutung gewesen sind, z. b. Ög und noch mehr (vgl. jedoch e 2 oben) MEL, in welchen hdschr. wir fast ganz dieselben eigentümlichkeiten wiederfinden, also: den übergang *u* > *o* in derselben ausdehnung, den schwund des -*r*, die form *nākwar* (Ög., *nākar* MEL), die form *æt* (MEL, aber Ög *at*). Nur in betreff des überganges *i* > *e* finden wir die wichtige abweichung — welche auch das hauptcharakteristicum der reichssprache (wohin die meisten mschw. denkmäler gehören) ausmacht — dass *i* in allen geschlossenen silben bleibt, also *mōþir* 'mutter' gleich *faþir* 'vater' (vgl. § 142, 2).

In wie weit die ohne zweifel eigentümlich entwickelten aschw. dialekte in Finnland, Esthland und Livland von der muttersprache abweichend gestaltet waren, ist infolge mangelnder quellen nicht wol möglich zu bestimmen. Jedoch ist aus den ziemlich umfangreichen aber noch nicht hinlänglich untersuchten finnländischen quellen (vorzugsweise aus diplomen u. a. d. bestehend, vgl. § 7, ende) der mschw. zeit wenigstens so viel ersichtlich, dass in der zeit 1420—1490

i) vielen diplomen aus Finnland sowie dem von JB repräsentierten (finnländischen?) dialekte u. a. folgendes charakteristisch war: 1. Auch schwachtoniges *ia* wird zu *iæ* (s. § 144), z. b. *viliæ* gegen sonstiges *vilia* 'wollen'. 2. In endungs- und ableitungssilben wird ausserdem *a* zu *æ* nach einem *y*- (jedoch nicht einem aus älterem *i* entstandenen), *æ*- oder *ø*-laute in der vorhergehenden silbe ('vokalharmonie'), z. b. *fyllæ* 'füllen', *væghæ* 'wiegen', *gømære* 'verhehler', aber *fynna* 'finden', *koma* 'kommen' u. s. w. (§ 135).

Anm. Vgl. Kock, Lj. s. 125 ff., 310 ff., 489 ff. und die daselbst s. 490 note zitierte literatur; Leffler, Om v-omljudet (in Upsala univ. årsskrift 1877), s. 37, 55, 76; Karlsson im Arkiv V, 166 f.; Beckman ib. IX, 92 ff.; Hultman, Jöns Buddes bok, s. VI f.

§ 9. Das altgutnische ist seiner sprachform nach dermassen eigentümlich, dass es sich von der ältesten literarischen sprachform des sonstigen aschw. und des adän. mehr unterscheidet, als diese beiden sprachen von einander verschieden sind. Dem agutn. in seinem gegensatze zum eigentlichen aschw. ist folgendes vorzugsweise kennzeichnend (vgl. Söderberg, Lj.):

1. Die alten diphthonge sind nicht wie im sonstigen aschw. (und adän.) kontrahiert worden, z. b. *stain* (aschw. *stēn*) 'stein', *auga* (aschw. *ø̄gha*) 'auge', *droyma* (aschw. *drø̄ma*) 'träumen'. Nur vor geminiertem konsonanten sind *ai* und *au* zu *a* vereinfacht worden, z. b. m. *ann* (aschw. *æn*, aisl. *einn*) zu f. *ain* (aschw. *ēn*) 'ein', ntr. *datt* (aschw. *døt*, aisl. *dautt*) zu m. *dauþr* (aschw. *dø̄þer*) 'tot'.

2. Aus dem alten diphthong *iū* — welcher im sonstigen aschw. (und im adän.) nach *r* und kakuminalem *l* zu *ȳ* kontrahiert wird, sonst aber bleibt — ist ein triphthong *iau* entwickelt worden, z. b. *fliauga* (aschw. *flȳgha*, aisl. *fliúga*) 'fliegen', *biauþa* (aschw. *biūþa*) 'bieten'.

3. Aus *æ*- und *ø*-lauten sind *e*-, resp. *y*-laute geworden, z. b. *lengr* (aschw. *længer*) 'länger', *mēla* (aschw. *mǣla*) 'reden', *yx* (aschw. gewöhnlich wie im aisl. *øx*) 'axt', *dȳma* (aschw. *dø̄ma*) 'richten'.

4. Kurzes *o* ist, ausser vor *r*, in *u* übergegangen, z. b. *fulc* (aschw. *folk*) 'volk', aber (wie im aschw.) *borþ* 'tisch'.

5. Unumgelautete formen stehen gewöhnlich *u*- oder *w*-umgelauteten im sonst. aschw. gegenüber, z. b. *havuþ* (aschw. *hovuþ*, aisl. *hǫfoþ*) 'kopf', *hagga* (aschw. *hugga*, alt auch *hogga*, aisl. *hǫggua*) 'hauen'.

6. Anlautendes *w* schwindet (wie im aisl.) vor *r*, z. b. *raiþi* (aschw. *vrēþe*) 'zorn'.

7. Die schwachen femininen auf -*a* enden im g. sg. auf -*ur* (im ersten gliede einer zusammensetzung jedoch fast immer -*u*-), z. b. *kirkiur* (aschw. *kirkio*) 'kirche'.

8. Einzelne pronominalformen wie *hān* (aschw. *hōn*, *hun*) 'sie', *menn*, *þenn*, *senn* (neben *minn*, *þinn*, *sinn*) 'mein, dein, sein', *þissi* (aschw. *þænne*, aisl. *þesse*) 'dieser', acc. *þinna* und *hinna* oder *hissan* 'diesen', ntr. *þitta* und *hitta* 'dieses'.

9. Einzelne verbalformen wie *ir* oder *ier* (aschw. gewöhnlich *ær*) 'ist', *al*, pl. *ulu* (neben *scal*, *sculu*) 'soll, sollen'.

§ 10. Die denkmäler des agutn. sind zweierlei art:

A. Runeninschriften, welche zu einer anzahl von mehr als 200 aus allen jahrh. des agutn. vorhanden sind, wenn auch wol die meisten der mschw. periode gehören, also jünger als das hauptdenkmal der agutn. literatur (s. § 11) und somit von verhältnismässig geringem interesse in sprachlicher hinsicht sind. Um so wichtiger sind einige der rschw. periode gehörige inschriften, unter denen die von Tjängvide aus dem 10. jahrh. vielleicht die älteste ist. Sehr ausführlich (mit mehr als 300 runen) ist die vielleicht etwas vor 1100 datierende inschrift von Hauggrän. Etwa gleichzeitig sind die beiden (jetzt nicht mehr im original erhaltenen) inschriften von Stainkumbla und nur wenig jünger die drei von Sjonhem. Die umfangreichste agutn. inschrift (431 runen enthaltend) und nächst der Röker-inschrift (s. § 6) die längste, die es überhaupt gibt, ist eine, welche zwar sich in Dänemark befindet, aber aus Gottland stammt, nämlich diejenige auf dem taufsteine zu Åkirkeby auf Bornholm, etwas nach 1200 zu stande gekommen und das leben Jesu behandelnd. Die älteste selbstdatierende agutn. inschrift ist die von Vallstaina aus dem jahre 1326. Von noch späteren seien hier nur erwähnt die beiden langen von Lye (mit mehr als 200, resp. 250 runen) aus dem jahre 1449. — Vgl. den anhang.

Anm. Vgl. ausser was schon § 6 anm. verzeichnet ist: C. Säve, Gutniska urkunder, Sthlm 1859 (ohne abbildungen und nur transskribierten text bietend); Wimmer, Døbefonten i Åkirkeby kirke, Kbh. 1887 (in allen beziehungen vorzüglich); H. Hildebrand in Månadsblad 1887, s. 179 ff. (wichtig für die datierungen der inschriften); S. Söderberg in Öfversigt af filologiska sällskapets i Lund förhandlingar 1881—1888 (Lunds univ. årsskrift 1890), s. 9 ff. (teilt fünf neuentdeckte, kleine inschriften mit).

§ 11. Die andere quelle des agutn. sind

B. Handschriften, von denen zunächst zu erwähnen ist:

1. Ein jetzt verlorenes Kalendarium aus dem jahre 1328, mit runen geschrieben und zwar die einzige schwedische runenhdschr., die wir mit sicherheit kennen (vgl. § 7 anm. 1); hrsgg. (schlecht) von O. Worm in Fasti danici, Kbh. 1626, s. 100 ff. (danach — aber teilweise nur in transskription — von Liljegren in Runurkunder s. 270 ff.), wozu Wimmer, Døbefonten s. 62 ff. zu vergleichen ist.

Sonst ist aus der kaschw. zeit nur noch eine einzige (und zwar mit lateinischen buchstaben geschriebene) hdschr. aus der zeit ca. 1350 vorhanden, nämlich:

2. Die haupthdschr. des Guta-gesetzes nebst dessen sagengeschichtlichem anhang (der s. g. Guta-saga) — welcher so wie kapp. 62, 63 und 65 des gesetzes ein etwas späteres original als das übrige voraussetzt — Cod. Holm. B 64; hrsgg. (mit übersetzung ins nschw.) von Schlyter, Corpus VII, 3—104, Lund 1852. Auszug Leseb. X, XI. Zit. 'G' (nötigenfalls werden die älteren und jüngeren partien als 'G. I', resp. 'G. II' unterschieden).

Der mschw. periode gehören nur:

3. Die jüngere hdschr. des Guta-gesetzes (ohne die Guta-saga, aber) mit sechs der älteren hdschr. fremden zusätzen, Cod. AM. 54, 4°, eine im jahre 1587 verfertigte abschrift einer jetzt verlorenen hdschr. aus dem jahre 1470; hrsgg. nur die zusätze von Schlyter in Corpus VII, 104—12. Zit. 'G. a'.

4. Ein statut der gilde St. Katharinæ zu Björke, dessen original leider jetzt verloren gegangen ist; hrsgg. nach einem abdruck aus dem jahre 1716 von Klemming in Småstycken på fornsvenska, s. 149 ff.

Anm. Einzelne agutn. wörter und phrasen bietet ein im reichsarchiv zu Stockholm aufbewahrtes einnahmebuch für Gottland während der jahre 1485—7; s. W. Molér, Bidrag till en gotländsk bibliografi, Sthlm 1890, s. 28, nr. 193, woselbst auch (bes. s. 32 ff.) mehrere die insel Gottland betreffende diplome u. a. angeführt werden, die einzelne agutn. wörter enthalten dürften.

§ 12. Als hilfsmittel für das studium sind folgende arbeiten vorzugsweise hervorzuheben:

a) Laut- und flexionslehre:

Das ganze gebiet behandelt J. E. Rydqvist, Svenska språkets lagar I und II (flexionslehre) Sthlm 1850—1860; IV (lautlehre) ib. 1868—70. Eine ihrer zeit grundlegende arbeit und noch jetzt ein hauptwerk durch seine reichen materialsammlungen; sonst aber in vielen beziehungen durchaus veraltet (bes. die lautlehre).

Eine kurzgefasste geschichtliche darstellung gibt A. Noreen im Grundriss[2] I, 554—77, 587 ff.

Einzelne partien behandeln ausführlicher u. a. A. Kock, Studier i fornsvensk ljudlära, Lund 1882, 1886 (äusserst wichtig); Undersökningar i svensk språkhistoria, Lund 1887; Språkhistoriska undersökningar om svensk akcent, Lund I 1878, II 1884—5; K. F. Söderwall, Några anmärkningar öfver de svenska kasusformerna under medeltiden, Lund (univ. årsskrift) 1865. Vgl. ferner verschiedene, zum teil sehr wichtige abhandlungen von N. Beckman, S. Bugge, A. Kock, L. F. Leffler (Läffler), M. Lundgren, A. Noreen, A. Schagerström, F. Tamm, E. Wadstein u. a. in vorzugsweise folgenden zeitschriften: Antiqvarisk tidskrift för Sverige, Stockholm 1864 ff.; Nordisk tidskrift for filologi (og pædagogik), Ny række, Kopenhagen 1874 ff.; Nyare bidrag till kännedom om de svenska landsmålen, Sthlm 1879 ff.; vor allem aber Arkiv for nordisk filologi I—IV, Christiania 1882—8, V ff. (= Arkiv för nord. fil., Ny följd I ff.), Lund 1889 ff.

Einzelne literaturdenkmäler (über die einzelnen runeninschriften s. den anhang) werden u. a. in folgenden arbeiten eingehender behandelt:

Bisæ von F. Zetterberg, Bjärköarättens ljud- och böjningslära, Upsala 1893.

Bu von C. J. G. Landtmanson, Om ordböjningen i den svenska fornskriften Codex Bureanus, Lund 1875 (jetzt nicht mehr zeitgemäss).

Da von E. Brate, Äldre Vestmannalagens ljudlära, Ups. (univ. årsskrift) 1887 (wichtig); Dalalagens böjningslära, Stockholm (Gymnasialprogramm) 1890.

G von S. Söderberg, Forngutnisk ljudlära, Lund (univ. årsskrift) 1879; vgl. dazu Noreen in Sv. landsm. I, 691 ff.

GO von A. Kock in Östnordiska och latinska medeltidsordspråk I, 41 ff., Kopenhagen 1894.

KS von C. J. G. Landtmanson, Undersökningar öfver språket i skriften Um styrilse etc., Ups. (univ. årsskrift) 1865 (jetzt nicht ganz genügend); K. F. Söderwall, Studier öfver konungastyrelsen, Lund (univ. årsskrift) 1880.

Sdm von R. Larsson, Södermannalagens språk I, Ljudlära, Sthlm 1891 (in Ant. tidskr. f. Sv. XII, 2).

Sdm. fr. von R. Larsson im Arkiv XIII, 53 ff.

SK von E. Björkman, Smålandslagens ljudlära (in Sv. landsm. XI, 5) 1896.

Vg. I von K. T. Melin, Öfversigt af substantivens böjning i äldre Västgötalagen (Gymnasialprogramm von Skara), Lidköping 1889 (ziemlich unbedeutend).

Vm von K. Siljestrand, Ordböjningen i Västmannalagen I—II Linköping 1890—1, III Upsala 1893 (sehr umfangreich).

Ög von F. Tamm, 'Anmärkningar till Östgötalagen' in Uppsalastudier s. 25 ff., Ups. 1892 (sporadische bemerkungen).

b) Stammbildungslehre:

Eine zusammenfassende und einigermassen erschöpfende darstellung gibt es noch nicht. Ganz unzureichend ist der versuch J. E. Rydqvists, Svenska språkets lagar V, Sthlm 1874. Einzelnes bieten: F. Tamm, Om fornnordiska feminina afledda på *ti* och på *iþa*, Ups. (univ. årsskrift) 1877, und besonders E. Hellquist, Bidrag till läran om den nordiska nominalbildningen (im Arkiv VII, 1 ff., 97 ff.), Lund 1890.

c) Syntax:

Eine kurze, aber gute übersicht des ganzen gebietes liefert K. F. Söderwall in Hufvudepokerna af svenska språkets utbildning, Lund 1870, s. 32 ff., 67 ff. Einzelne partien behandeln: E. Schwartz, Om oblika kasus och prepositioner i fornsvenskan före år 1400, Ups. (univ. årsskrift) 1878 (ausführlich); O. Klockhoff, Relativsatsen i den äldre fornsvenskan, Karlstad (Gymnasialprogramm) 1884 (kurz und bündig); B. J. Bergqvist, Studier öfver den konditionala satsfogningen i fornsvenskan, Lund 1884; K. Ahlén, Verbets syntax i den äldre fornsvenskan, Örebro (Gymnasialprogramm) 1883 (unbedeutend).

d) Metrik:

Für die rschw. periode s. E. Brate, Ant. tidskr. f. Sv. X, 1, s. 368—400 (vgl. Bugge in Vitt. Hist. o. Ant. Ak.s handl. XXXI, 3, s. 62 ff.); für die kaschw. periode E. H. Lind, Om rim och verslämningar i de svenska landskapslagarna, Ups. (univ. årsskrift) 1881, vgl. E. Brate, Fornnordisk metrik, s. 50 ff., Ups. 1884. Für die mschw. periode gibt es noch keine einigermassen erschöpfende darstellung; einzelnes bieten C. Rosenberg, Nordboernes åndsliv II, 408 ff., Kph. 1880; 'To nordiske versarter' in Nordisk tidskrift 1883; E. von der Recke, Dansk verslære, s. 74 ff., Kph. 1885; J. C. H. R. Steenstrup, Vore folkeviser, s. 113 ff., Kph. 1891; A. Kock, Östnordiska och latinska medeltidsordspråk I, 112 ff., Kph. 1894.

e) Wörterbücher:

Für die rschw. periode fehlt noch ein einigermassen taugliches hilfsmittel, indem U. W. Dietrichs Runen-sprachschatz, Sthlm 1844, nur als register zu Liljegrens Run-urkunder (s. § 6 anm.) einigen wert hat. Ein sehr gutes wörterbuch für fast die ganze kaschw. periode ist C. J. Schlyter, Ordbok till samlingen af Sveriges gamla lagar, Lund 1877, besonders wenn man des verf.s (auch lateinisch abgefasste) spezialglossare zu den verschiedenen teilen des Corpus vergleicht. Für die mschw. periode hat man die ganz hervorragende leistung von K. F. Söderwall, Ordbok öfver svenska medeltids-språket I (A - L) Lund 1884—90, II (bis jetzt M—S) ib. 1891 ff.; hier wird auch das kaschw. insofern berücksichtigt, dass sowol die von Schlyter nicht behandelten kaschw. literaturdenkmäler glossiert worden, wie auch sämtliche bei Schlyter vorkommenden stichwörter wenigstens verzeichnet sind. Bis dies werk vollendet vorliegt, ist für die meisten fälle ein einstweiliger behelf gegeben durch J. E. Rydqvist, Svenska språkets lagar III, Sthlm 1863, VI (von Söderwall hrsgg.) ib. 1883, hauptsächlich ein erschöpfendes register zu den übrigen teilen dieses werkes.

Die einheimischen personennamen verzeichnet (mit reichlichen belegen) und erläutert M. F. Lundgren, Personnamn från medeltiden (in Sv. Landsm. X, 6), Sthlm 1892 ff. (bis jetzt A—Li); für die entlehnten s. Rydq. III u. VI. Vgl. auch das reichhaltige register in (N. A. Kullberg,) Svenska riks-archivets pergamentsbref III, 169 ff., Sthlm 1872. Für die ortsnamen hat man fast nur die register ebendaselbst III, 1 ff. und im Diplomatarium suecanum III—V, sowie Svenskt diplomatarium I—III; vgl. aber auch das treffliche werk von C. G. Styffe, Skandinavien under unionstiden, 2 aufl., Sthlm 1880.

f) Lesebücher für anfänger:

Die einzige chrestomathie ist A. Noreen, Altschwedisches lesebuch mit anmerkungen und glossar, Halle 1892—4.

Normalisierte texte (ohne glossar) bieten nur: Für Vg. I E. Schwartz und A. Noreen, Äldre Västgötalagen, Ups. 1876 (jetzt ziemlich veraltet); für G und G. a C. Säve, Gutniska urkunder, Sthlm 1859 (nicht mehr zeitgemäss); für KS R. Geete, Um styrilsi kununga, Sthlm 1878 (mit einem knappen wörterverzeichnis; teuer und nicht ganz befriedigend).

Anm. 1. Die sonstige hier in betracht kommende literatur verzeichnen die § 7 anm. 3 erwähnten bibliographien.

Anm. 2. Ueber die geschichte des aschw. sprachstudiums s. Noreen, Aperçu de l'histoire de la science linguistique suédoise (in Le Muséon II und separat), Louvain 1883, und in aller kürze 'Scandinavian languages' in Encyclopædia Britannica XXI, 371 f. von demselben verf.

Anm. 3. Ueber die in dieser einleitung erörterten fragen vgl. im allgemeinen meine darstellung im Grundriss[2] I, 518 ff.

Lautlehre.

I. Abschnitt.

Einleitendes über schrift und aussprache.

Kap. 1. Die Runen.

§ 13. Ueber das ältere, längere oder germanische runenalphabet von 24 zeichen s. An. gr. I, § 17—18. Diese runenreihe zeigt unter aschw. inschriften nur die von Rök, wo 2½ zeile ein alphabet aufweist, das in allem wesentlichen mit dem aus den urn. inschriften bekannten stimmt, wenn auch ein paar runen ganz eigentümliche formen bieten; andererseits kommen auch einige übereinstimmungen mit dem jüngeren alphabete betreffs sowol der form wie der bedeutung der runenzeichen vor. Näheres hierüber bei Bugge in Vitterhets Historie och Antiqvitets-Akademiens handlingar XXXI, h. 3, s. 40 ff., 69 ff., Sthlm 1888.

§ 14. Betreffs des jüngeren, kürzeren oder nordischen runenalphabetes von 16 zeichen vgl. An. gr. I, § 19—20. Dieser runenreihe bedient sich die hauptmasse der aschw. inschriften, von denen jedoch mehrere durch verschiedene eigentümlichkeiten ihrer runenformen eine besondere stellung einnehmen. Besonders wichtige abweichungen zeigen:

1. Die s. g. Rökergruppe, ein dutzend inschr., welche in typologischer hinsicht mit den inschr. von Jäderen (in Nor-

wegen) und der insel Man nahe übereinstimmen. Hierher gehören u. a. die (§ 6 erwähnten) inschr. von Ingelstad, Gursten, Kälfvesten, Rök, Kärnbo und (s. § 9) Tjängvide. Eine besondere variation innerhalb dieser gruppe zeigt die inschr. von Forsa (s. § 6), was durch ihr material (eisen) und die eigentümliche art, auf welche die runen darin angebracht worden sind, bedingt ist. Aus den runenformen der Forsaer inschr. sind entwickelt (wenn auch schon früher belegt) die in typologischer hinsicht weit unursprünglicheren formen der

2. Gruppe der stablosen runeninschriften, fünf (zum teil nicht mehr erhaltenen) inschr. aus dem nördlichen Hälsingland, von denen die (§ 6 erwähnte) inschr. von Malstad besonders hervorzuheben ist. Diese höchst eigentümliche abart der runenreihe wird oft als 'Hälsingerrunen' bezeichnet.

Anm. Vgl. Bugge a. a. o. s. 78 f., 110; Ant. tidskr. f. Sv. V, 106 ff.; Ringen i Forsa, s. 6 f., 35 ff.; Wimmer, Die runenschrift, s. 289 ff.

§ 15. Betreffs des lautwertes der verschiedenen zeichen des jüngeren runenalphabetes sind zunächst folgende allgemeine bemerkungen zu machen: 1. Länge wird der regel nach weder bei konsonanten noch vokalen bezeichnet, z. b. *trutin*, d. h. *dröttinn*. 2. Die nasale werden gewöhnlich nicht vor *b*, *k* (was diese auch bezeichnen mögen) ausgeschrieben, z. b. *kubl* = *kumbl*, *liki* = *længi*; dagegen vor *t* herrscht grosses schwanken ausser in der Rökergruppe, wo immer *nt* geschrieben wird, z. b. *la(n)t* = *land*. 3. Nasalität eines vokales wird nur bei *a* (so lange ein nasal gesprochenes *a* in der lebendigen sprache vorhanden ist) bezeichnet und zwar durch eine besondere *ą*-rune. 4. Die *i*- und *u*-umgelauteten vokale werden gewöhnlich, besonders in älteren inschr., ganz wie die unumgelauteten, aus denen sie entstanden sind, bezeichnet (s. bei *u*, *ą*, *a* unten). 5. Homorgane stimmhafte und stimmlose konsonanten werden gewöhnlich durch dieselbe rune wiedergegeben (s. bei *f*, *þ*, *k*, *h*, *t*, *b* unten).

Ueber die aussprache der einzelnen runen — *f u þ ą r k*, *h n i a s*, *t b l m ʀ* — ist zu bemerken (vgl. die darstellung der aussprache der in den ältesten adän. denkmälern gebrauchten runenreihe bei Wimmer, Die runenschrift s. 315 ff.):

f bezeichnet vor *t* (*s*, *k*) und im anlaut (ältest bilabiales, dann dentilabiales) *f*, sonst *v* (bil., also *ƀ*, dann dentil.), z. b. *aft*, *faþir*, *lifiʀ*. Auslautend bezeichnet *f* in einigen von den ältesten inschr. noch *f*-laut (z. b. Rök *tualf* 'zwölf', aber *ub* 'über'), sonst aber *v*-laut; vgl. *b* unten.

u bezeichnet vor vokal (gewöhnlich) *w*, d. h. konsonantisches *u*, sonst (sonantisches, kurzes oder langes) *u*, *y*, *o*, *ø*, selten *ǫ*, z. b. *uas*; *ut* (d. h. *ūt*); *bu* (*bȳ*); *bruþir* (*brōðir*); *bruþr* (*brø̄ðr*); *ut* (*ǫnd*).

þ bezeichnet vor oder nach stimmlosem konsonanten sowie anlautend *þ*, sonst *ð*, z. b. *raisþi* (*ræisþi*), *þuriʀ* (*þōriʀ*); *uarþ* (*warð*).

ą bezeichnet ältest (kurzes oder langes) nasaliertes *a*, *æ*, *ǫ*, später — seit c. 1050 immer häufiger, allgemein um 1200 — (k. oder l.) unnasaliertes oder nasaliertes *o*, seltener *ǫ*, z. b. *stą(n)ta* (*stǫnda*); *trąki* (*drǿngi*); *bręþur* (*brōður*); *fąþur* (*fǫður*).

k bezeichnet sowol *k* und *g* wie, besonders in älteren inschr. (vgl. bei *h* unten), die stimmhafte spirans *ʒ*, z. b. *kunukaʀ* (*kunungaʀ*); *likia* (*liggia*); *tikiʀ* (*tiʒiʀ*).

h bezeichnet anlautend vor sonanten *h*, vor konsonantischem *i* und *u* wenigstens in den ältesten inschr. wol die stimmlose spirans *ch* (später auch hier *h*), vor *l*, *n*, *r* die entsprechenden stimmlosen laute (vgl. An. gr. I, § 38, 3), in- und auslautend, besonders in jüngeren inschr. (vgl. *k* oben), die spirans *ʒ* oder *j*, z. b. *hakun* (*Hākun*); *hialbi* (*hialpi*), *huar* (*hwar*); *hnaki* (*hnakki*), *hraiþulf* (*Hræiðulf*); *rahnfriþ* (*Raʒnfrīð*).

i bezeichnet vor vokal (gewöhnlich) konsonantisches *i*, sonst sonantisches (k. oder l.) *i* und *e*, etwas später auch *æ*, z. b. *hialbi* (*hialpi*); *i* (*ī*); *in* (*en* oder *enn*), *lit* (*lēt*); *iftiʀ* (*æftiʀ*), *kuin* (*kwǣn*).

a bezeichnet unnasaliertes, später auch nasaliertes (s. § 128) (k. oder l.) *a*, *æ*, *ǫ*, z. b. *faþi* (*fāði*); *akla(n)t* (*Ængland*); *hakua* (*hǫggwa*).

t bezeichnet *t* und *d*, selten *ð* (vgl. *þ* oben), z. b. *þat*; *trąki* (*drǿngi*), *strąntu* (*strandu* oder *strǫndu*); *fatur* (*faður* oder *fǫður*).

b bezeichnet *p* und *b*, in den inschr. von Rök und Kärnbo auch *ƀ*, z. b. *hialbi* (*hialpi*); *burin* (*burinn*); *ub* (*oƀ*), *nabnum*.

ʀ bezeichnet ein palatales *r* (vgl. An. gr. I, § 18), selten (k. oder l.) *e*, *æ* oder *i* (zur erklärung s. Wimmer, Die runenschrift s. 244), z. b. *iʀ* (*eʀ*), *uaʀ* (*waʀ*); *lʀt* (*lēt*); *trʀk* (*drængʀ*); *irfʀkʀ* (*ærvingi*).

l, *m*, *n*, *r*, *s* bezeichnen dieselben laute wie die entsprechenden lateinischen buchstaben der aschw. literatursprache. Beispiele sind überflüssig.

Erwähnenswert sind auch folgende digraphen:

ai bezeichnet *æi* (agutn. *ai*), etwas später auch (k. oder l.) *e* und *æ*, z. b. *stain* (*stæinn*, später *stēn*); *þaikn* (*þegn* oder *þægn*); *hailka* (*hælga* oder *helga*), *aiftiʀ* (*æftiʀ*).

au bezeichnet *ǫu* (agutn. *au*) und *øy* (agutn. *oy*), etwas später auch (k. oder l.) *o*, *ǫ*, *ø*, z. b. *austr*; *fraustain* (*Frøystæinn*); *faulk* (*folk*), *trau* (*trō*); *haukua* (*hǫggwa*), *fauþur* (*fǫður*); *auftr* (*øftr*).

ia bezeichnet nicht nur *ia*, *iæ*, *iǫ*, sondern auch, wiewol seltener, *e* und *æ*, z. b. *ian* (*en* oder *enn*); *miarki* (*mærki*).

§ 16. Wegen der jüngsten oder punktierten runen (23—26 zeichen) vgl. An. gr. I, § 21 und besonders Wimmer, Die runenschrift, s. 352 ff. Sporadisch schon um 1000 auftretend, werden sie erst um 1200 allgemein gebräuchlich; so z. b. in der Salebyer inschr. aus dem jahre 1228 (s. § 6). Somit bedient sich nur die minderzahl der aschw. inschr. dieses runenalphabetes (über dessen handschriftlichen gebrauch s. § 7 anm. 1 und § 11, 1). Von den 10 neu hinzugekommenen typen sind die zeichen für *z*, *æ* und *ø* durch differenzierung der alten *s*-, *a*- und *ą*- (*o*-)runen entstanden; die zeichen für *d*, *e*, *g*, *p*, *y* und die nicht sehr gebräuchlichen für *ð* und *v* durch punktierung der *t*-, *i*-, *k*-, *b*-, *u*-, *þ*- und *f*-runen geschaffen worden, wobei jedoch zu merken ist, dass die punktierten typen anfangs immer und auch später dann und wann in ganz derselben bedeutung wie die entsprechenden unpunktierten typen gebraucht wurden. Charakteristisch für dieses jüngste runenalphabet ist auch, dass die alte *ʀ*-rune als alternatives *y*-zeichen (neben dem punktierten *u*) vorkommt.

Anm. 1. Mehrere verschiedene arten von geheimschrift kommen ausser den schon erwähnten runenalphabeten vor, worüber s. J. G. Liljegren, Runlära s. 49 ff., Sthlm 1832; L. F. Leffler, Ant. tidskr. f. Sv. VI, nr. 2;

Bugge ib. V, 80 ff., Vitt. Hist. o. Ant. Ak.s handl. XXXI, 3, s. 52 ff., 55 ff. (vgl. Wimmer a. a. o. s. 238 f.).

Anm. 2. Über die entwicklung der runenschrift s. vor allem L. F. A. Wimmer, Die runenschrift, Berlin 1887 (vgl. auch die übrigen An. gr. I, § 21 anm. zitierten arbeiten).

Kap. 2. Das lateinische Alphabet.

§ 17. Wie schon oben (§ 7) gesagt, begann man erst im 13. jahrh. die aschw. sprache in lateinischer schrift aufzuzeichnen. Um den bedürfnissen der aussprache genüge zu leisten wurde dabei aus dem runenalphabete das zeichen *þ* beibehalten und erst im mschw. allgemein je nach der verschiedenen aussprache durch die digraphen *th* und *dh* ersetzt. Um die spirans *ʒ* wiederzugeben bediente man sich im allgemeinen des digraphen *gh* (wie im mschw. des *ch* um den entsprechenden stimmlosen laut zu bezeichnen), und für die laute *æ*, *ø* wurden *a'*, *o'*, spät mschw. auch *ȧ*, *ȯ* (beides im folgenden durch *æ*, *ø* wiedergegeben) verwendet. Aus dem anorw. (in letzter hand dem ags.) entlehnte man *y* und das nur im kaschw. dann und wann gebrauchte *ð* (s. § 31 anm., § 51 anm. 2). Erst im späteren mschw. zeigt sich das neu geschaffene *å* (s. § 18 anm. 2) als zeichen für langes offenes *o*.

Die orthographie ist in verschiedenen hdschr. sehr verschieden, oft in derselben hdschr. sehr inkonsequent. Von der sonstigen aschw. orthographie weichen die agutn. hdschr. ziemlich scharf ab durch u. a. folgende eigentümlichkeiten: 1. *æ* und *ø* fehlen natürlich ganz, da ja die betreffenden laute im agutn. nicht vorhanden sind (s. § 9, 3). 2. Normaler weise werden *c* für velares *k*, *f* für inlautendes *v* (vgl. das aisl. und anorw.), *g* für *gh* und *u* für *w* (vgl. das aisl. und anorw.) gebraucht. S. übrigens §§ 22, 2; 29; 33, 2; 34, 2, c und d; 42.

Das normal-alphabet, dessen wir uns, die besten hdschr. der kaschw. (unter berücksichtigung der mschw.) periode — ausser betreffs der quantitätsbezeichnung bei den vokalen (s. § 27 mit anm. 1) — folgend, in dieser grammatik bedienen, ist: *a ā b* (agutn. *c*) (mschw. *ch*) *d* (mschw. *dh*) *e ē f g gh h i ī k l m n o ō p* (agutn. *q*) *r s t* (mschw. *th*) *u ū v w x y ȳ z þ æ ǣ ø ø̄*. Über den lautwert dieser zeichen s. unten.

Anm. 1. Über die orthographie der aschw. hdschr. s. vorzugsweise die § 12, a) zitierten arbeiten, besonders Rydq. IV und Kock, Lj., ausserdem die wichtigen einleitungen zu Schlyter's textausgaben im Corpus I—VII, X—XII (mit faksimilen der betreffenden hdschr.). Ein treffliches paläographisches hilfsmittel ist E. Hildebrand, A. Börtzell und H. Wieselgren, Svenska skriftprof I, Medeltiden, Sthlm 1894), photolithographische faksimilia (nebst transskribiertem text) von 19 aschw. hdschr. enthaltend (nr. 10, 11, 13, 16, 17, 21, 23—25, 27, 29—35, 37, 39 der betreffenden publikation).

Anm. 2. Die bisherigen aschw. textausgaben, wörterbücher und grammatischen abhandlungen folgen im allgemeinen genau der orthographie der hdschr. Nur ist zu rügen, dass die laute *æ* und *ø* von einigen herausgebern durch die nschw., dem aschw. durchaus fremden, zeichen *ä* und *ö* wiedergegeben worden sind.

I. Aussprache der vokalzeichen.

§ 18. *a* bezeichnet kurzes offenes *a*, z. B. *falla* fallen, *taka* nehmen; *ā* bezeichnet im agutn. den entsprechenden langen laut, im sonstigen aschw. aber zunächst und zwar in der kaschw. periode langes geschlossenes *a*, mschw. dagegen den daraus entstandenen langen offenen *o*-laut, z. b. *tār* thräne.

Anm. 1. Dass *ā* — ausser im agutn. — von *a* qualitativ verschieden war, geht teils aus dem verschiedenen vokalharmonischen einfluss der beiden laute in gewissen hdschr. (Vg II und Biæ, s. § 137 und 139), teils aus deren verschiedener entwicklung im mschw. (s. § 110) hervor.

Anm. 2. *ā* wird in mschw. hdschr. zwar gewöhnlich durch *a* oder *aa* (s. § 27 anm. 1) wiedergegeben, ziemlich oft aber auch — der aussprache gemäss — durch *o* (gegen 30 beisp. aus Rk II, I, JB, Di, Sp u. a. hdschr. s. Leseb. s. 81 ff., z. b. 81, 6; 82, 6; 87, 4; 102, 14; 111, 5). Spät und selten tritt das nschw. zeichen *å* auf (beisp. s. Leseb. 97, 27; Klemming, Läke- och örteböcker, s. 121, 2 und 125, 31; Schlyter, Corpus XII, s. VI, X und XVI). Noch seltener ist *aå* (s. Historia Trojana hrsgg. von R. Geete, Sthlm 1892, z. b. s. 125, 28; 127, 3; 255, 10; 282, 1).

§ 19. *e* bezeichnet kurzes, *ē* langes geschlossenes *e*, z. b. *bōnde* bauer; *ēlder* feuer, *vēt* (ich) weiss.

Anm. Im späteren mschw. bezeichnet *e* in schwachtonigen silben denselben reduzierten vokal unbestimmter klangfarbe wie im nschw. in entsprechender stellung (vgl. nhd. *e* in *gabe, mutter, vogel* u. dgl.), z. b. *bōnden* der bauer, *mōdherne* mütterliche seite (s. weiter § 149 und 150).

§ 20. *i* hat dreifachen lautwert:

1. Kurzes sonantisches *i* vor konsonanten und im auslaut, selten vor vokalen, in welchen stellungen *ī* den entsprechenden,

aber wol etwas mehr geschlossenen (s. Kock, Lj. s. 461), langen laut bezeichnet, z. b. *liva* leben, *finna* finden; *bīta* beissen, *ī* in, *dīa* saugen.

Anm. 1. Die hdschr. haben nicht selten *j*, z. b. G oft im auslaut; besonders oft wird das wort *ī* so geschrieben (z. b. gewöhnlich in U, Sdm. fr und SK; häufige beispiele aus dem mschw. s. Leseb. s. 47 ff.). Sporadisch kommt auch *y* (z. b. Leseb. s. 21 ff. in den noten, s. 55, 9, 12 f., 17 f.) vor; vgl. auch § 27 anm. 1, § 108 anm. 4 und 5.

2. Konsonantisches *i*, im kaschw. gewöhnlich vor vokalen (vgl. jedoch 1 und 3), sonst nur in den seltenen verbindungen *ei, oi, æi, øi*, agutn. auch *ai*, z. b. *iak* ich, *vælia* wählen, *boia* fessel, *sæian* feines wollenzeug, agutn. *gait* geiss.

Anm. 2. Die hdschr. haben bisweilen *j*, z. b. Rk I gewöhnlich (andere beispiele s. Leseb. 81 f., 84 f., 93 ff., 98 f.). Hie und da steht auch *y*, z. b. regelmässig in starktoniger silbe in KP, intervokalisch in D4 (s. Leseb. s. 21, 36; 22, 14 f., 21, 23 etc.; 72, 21 f., 30 etc.; vgl. auch s. 13 ff. die noten, s. 107 ff.). Sehr selten kommt ein vereinzeltes *e* vor (s. Rydq. IV, 48).

3. Spirantisches *j*, im kaschw. nur anlautend vor vokal in lehnwörtern, z. b. *Iesus, Ierusalem*, und in den partikeln *æi* 'nicht', *næi* 'nein'; mschw. ausserdem wahrscheinlich in allen fällen, wo es im kaschw. kons. *i* bezeichnete (s. 2 oben), nur nicht nach tautosyllabischem kons. (z. b. *hiælpa* helfen).

Anm. 3. Die hdschr. haben anlautend vereinzelt *g* (s. Rydq. IV, 55 f., 265); in anderen stellungen nicht selten *gh* (z. b. Leseb. 19, 11, 24 etc., 29, 14, 16 f. etc.), *ghi* (s. Rydq. IV, 266), *g* (z. b. Leseb. 43, 11 ff.) oder *gi* (Leseb. 43, 15), selten *igh* (Leseb. 1, 13, 16 etc., 40, 9), *ig, ijg, ij* oder *y* (im mschw. öfter, s. Leseb. s. 45 ff.).

§ 21. *o* bezeichnet kurzes, *ō* langes geschlossenes *o*, z. b. *horn* horn; *bōt* busse. In den wenigen fällen, wo *o* einem aisl.-anorw. *ǫ* entspricht, bezeichnet es wahrscheinlich ein kurzes offenes *o*, z. b. *hovuþ* haupt, *hogga* hauen. Ueber langes offenes *o* in *siōr* see u. a. s. § 99.

§ 22. *u* hat zweifache geltung:

1. Kurzes sonantisches *u* im agutn. vor konsonanten und im auslaut, selten vor vokalen, im sonstigen aschw. in allen stellungen; *ū* bezeichnet den entsprechenden langen laut; z. b. *dugha* taugen, *fulder* voll; *sūpa* saufen, *nū* nun, *frūa* frau.

Anm. 1. Die hdschr. haben statt *u* im anlaut gewöhnlich (regelmässig z. b. in Sdm, Ög. fr. I, Sdm. fr, KP, Da, Biæ, MEL, G, Bu, Bir. A,

St, SK, O, P.I, ST, KS. fr, D4, MB.I, GO, RK.I, JB, Di), sonst selten *v*; selten ist auch *w* in dieser bedeutung (z. b. bisweilen in Da, oft in Linc. 39 und PM). Über *w* in der bedeutung *ū* s. § 27 anm. 1. Ausserdem wird *w* dann und wann statt der verbindungen *vu*, *uv*, *uvu* gebraucht (Rydq. IV, 254; Brate, Lj. s. 62).

2. Konsonantisches *u* nur im **agutn.** in der verbindung *au* sowie zwischen tautosyllabischem konsonanten und vokal, z. b. *auga* auge, *huer* wer.

Anm. 2. G. a schreibt *w*, G. I sehr oft *v*.

§ 23. *y* hat ebenfalls zweifache geltung:

1. Kurzes sonantisches *y* vor konsonanten und im auslaut, selten vor vokalen; *ȳ* bezeichnet den entsprechenden, aber wol etwas mehr geschlossenen, langen laut; z. b. *fylla* füllen, pl. *lytir* lose; *lȳsa* leuchten, ntr. *þrȳ* drei, *flȳa* fliehen.

Anm. Die hdschr. haben sehr selten *u* (Söderberg, Lj. s. 5 note) oder *ui* (nur in lateinischen urkunden der rschw. periode, s. Rydq. IV, 87 ote).

2. Konsonantisches *y* zwischen tautosyll. kons. und vokal (nur kurzem oder langem *o, u, ø*), sowie in der agutn. verbindung *oy*, z. b. *syū* sieben, *myølk* milch, agutn. *oy* insel.

§ 24. *æ* bezeichnet kurzes, *ǣ* langes *ä*, z. b. *vægher* weg, *ærva* erben; *knǣ* knie, *mǣla* reden.

Anm. Lateinische urkunden der rschw. periode verwenden in dort zitierten aschw. wörtern regelmässig *e* (Rydq. IV, 473), das auch in einigen von den ältesten aschw. hdschr. (wol durch lateinischen einfluss) ziemlich oft gebraucht wird (besonders im zahlwort *sæx*, *sex*, vgl. lat. *sex*), z. b. in Vg. I (sehr oft, besonders im ersten abschnitt), Sdm (besonders im früheren teil, s. Larsson Lj., s. 11 ff.), Biæ (Zetterberg, s. 3 ff.), Da (Brate Lj., s. 5 ff.), sonst aber selten ist (s. Rydq. IV, 37). Nicht selten kommt in Vg. I (vereinzelt auch in Ly) *e'* (nicht *é*! vgl. aisl. *ę*) vor, worüber s. Noreen, Arkiv VIII, 176 ff.; ebenso in einer mschw. hdschr. von 1387 (s. Schlyter, Corpus XI, s. v.) Vgl. übrigens § 17 oben.

§ 25. *ø* hat zwei etwas verschiedene lautwerte:

1. *ø*, *ø̄* bezeichnet in gewissen aschw. dialekten (s. § 8, b, c, g; vgl. dagegen d) kurzes, resp. langes offenes *ö*, wenn es einem aisl.-anorw. *au* entspricht, z. b. *nøgga* (aisl. *nauþga*) nötigen; prät. *skø̄t* (aisl. *skaut*) schoss.

2. *ø*, *ø̄* bezeichnet kurzes, resp. langes geschlossenes *ö* in allen übrigen fällen, z. b. *øx* (aisl. *øx*) axt, *fiøl* (älter *fiol*) fiel; *bø̄ta* (aisl. *bǿta*) büssen, *kø̄ra* (anorw. *køyra*) treiben.

§ 26. Nasalität, tonstärke und tonhöhe der vokale werden (in den hdschr. nie und daher auch) in dieser grammatik der regel nach nicht bezeichnet; nötigenfalls soll die stelle des haupttones (s. § 57, I) durch einen neben dem haupttonigen sonanten gesetzten accent (ʹ) bezeichnet werden. Den reduzierten lautwert, welcher ohne zweifel sowol dem in § 19 anm. erwähnten "*e*-vokal" wie auch den svarabhaktivokalen (s. § 160 bis 162) zukommt, bezeichnen wir ebenfalls gewöhnlich nicht, nötigen falls aber durch ein unter den vokal gesetztes pünktchen, z. b. *daghẹr, daghạr* u. s. w.

§ 27. Länge wird hier, so oft sie überhaupt bestimmbar ist und nicht die spezielle schreibung der hdschr. nachgeahmt werden soll, durch ein über den vokal gesetztes strichlein (¯) ausgedrückt. Die im späteren kaschw. und im mschw. eingetretenen veränderungen der älteren quantitätsverhältnisse werden hier der regel nach nicht in der bezeichnung berücksichtigt.

Anm. 1. Länge wird in aschw. hdschr. nie durch accentzeichen angegeben (über das vermeintliche *é* in Vg. I s. § 24 anm.; über zweimaliges *ó* in einer lateinischen urkunde s. Kock, Lj. s. 329 note). Dagegen kommt nicht selten, aber in keiner hdschr. konsequent durchgeführt (wenn auch fast alle etwas umfangreichere hdschr. wenigstens einige hierher gehörige beispiele bieten), doppelschreibung des betreffenden vokalzeichens vor, jedoch fast nur in geschlossener silbe oder im auslaut, z. b. *aar* jahr, *gaa* gehen. So z. b. häufig in Sdm, Da, MEL, SK, andererseits selten in U, Vm, Ög, Biæ, G, nie in Ög. fr. I, KP, Bir. A. Neben *ii* und *uu* stehen in derselben bedeutung die häufiger vorkommenden *ij* (z. b. oft in SK und D4, s. Leseb. 58, 12 f. etc., 72, 26, 29 etc.), *j* (s. § 20 anm. 1) oder *y* (z. b. in ST; s. auch § 108 anm. 4 und 5), resp. *w* (z. b. oft in SK, P. I, D4, Ve, bisweilen in St und ST, s. Leseb. 50, 9; 51, 4; 53, 6; 64, 28 ff. etc.; 70, 19, 25 etc.; 72, 31 f.; 83, 8, 16, 34 f.; 84, 5, 11 etc.). Vgl. Rydq. IV, 32 ff., 43 f. u. s. w. pass.; Kock, Lj. s. 1 ff., 344; Brate, Lj. s. 68 ff.; Larsson, Lj. s. 139 ff.; Zetterberg, s. 44; Söderberg, Lj. s. 5; Björkman, Sv. landsm. XI, 5, s. 46 ff.

Anm. 2. Das hie und da in den hdschr. vorkommende ı hat keine andere bedeutung als sonstiges *i*. Ebenso ist das nicht ganz seltene zeichen *ẏ* mit *y* gleichwertig (Rydq. IV, 117).

II. Aussprache der konsonantenzeichen.

§ 28. *b* ist etwa wie im deutschen auszusprechen, z. b. *brōþir* bruder, *lamb* lamm.

§ 29. *c* bezeichnet im agutn. den velaren *k*-laut (über dessen bezeichnung vor konsonantischem *u* s. § 42), z. b. *calla* rufen, *sic* sich, *gutniscr* gottländisch.

Anm. Die hdschr. haben oft *k* (so G. a gewöhnlich) oder *ch* (vgl. Söderberg, Lj. s. 35).

§ 30. *ch* bezeichnet im mschw. wahrscheinlich den deutschen *ch*-laut in *ach* u. dgl. (s. Kock, Lj., s. 82 ff.), z. b. *doch* doch, *aldrich* nie.

§ 41. *d* ist wie im deutschen auszusprechen, z. b. *dragha* ziehen, *giælda* bezahlen, *hand* hand.

Anm. Einige alte hdschr. schreiben (in übereinstimmung mit einigen runenschr., s. Bugge bei Torin III, 26) selten *þ* nach *l* und *n*; so Vg. I, Ly (diese beiden auch, wiewol sehr selten, im anlaut), Sdm, s. Rydq. IV, 285 f., Larsson, Lj. s. 102. Etwas häufiger ist in derselben stellung *ð*; so Vg. I, II (hier bisweilen auch im anlaut), Vh, Sdm (in dieser hdschr. gewöhnlich, wenn die verbindung im silbenauslaut steht), Biæ (hier auch ein paar mal im anlaut), s. Rydq. IV, 293, Larsson, Lj. s. 99 ff., Zetterberg, s. 33. Am häufigsten ist *ð* in Da, wo es im silbenauslaut öfter als *d* gebraucht wird, s. Brate, Lj. s. 47 ff., 53.

§ 32. *dh* bezeichnet im mschw. (vgl. § 51, 2) die stimmhafte (inter)dentale spirans *ð*, z. b. *bidhia* bitten, *hafdhe* hatte, *ordh* wort.

Anm. Die hdschr. haben selten *th* (z. b. bisweilen in Bil) oder *d*. Der anfang von O. V hat noch konsequent *þ*. — Über die bezeichnung des anlautenden *ð* s. § 46 anm. 2.

§ 33. *f* hat zweifachen (aber in beiden fällen dentilabialen) lautwert:

1. *f*-laut anlautend und vor *k, s, t* sowie geminiert (nur in lehnwörtern vorkommend), z. b. *fā* bekommen, *þæfka* kosten, *gifs* wird gegeben, *haft* gehabt, *offra* opfern.

Anm. 1. Die hdschr. haben im kaschw. sehr selten, im späteren mschw. häufig anlautend *ff*; so regelmässig z. b. Cod. Holm. B 92 b (Leseb. s. 99 ff.) und Sp. (Leseb. 109 ff.). Nicht selten ist *ff* vor *t* im mschw. (s. Leseb. s. 81 f., 99 ff.). Der späte Cod. Holm. A 9 hat vor *s* bisweilen *fh* (Rydq. IV, 251).

2. *v*-laut in übrigen stellungen (d. h. auslautend und inlautend vor anderen kons. als *k, s, t*; agutn. auch inlautend vor sonanten), z. b. *līf* leben, *hafþe* hatte, *afl* stärke, *kræfia* fordern, agutn. *hafa* haben. Vgl. § 47.

Anm. 2. Die hdschr. haben häufig *ff*; so sehr oft Vm, regelmässig U (auch Cod. Holm. Schildener) und die meisten mschw. hdschr. (s. Leseb. 9 ff. und 51 ff.) Vor kons. *i* steht bisweilen *u, v, w* (so regelmässig in Da), *fw, ffw*, vor andern kons. selten *u, v, w* (Rydq. IV, 245 f., 248); Cod. Holm. A 9 hat bisweilen auslautend *fh* (vgl. anm. 1). Selten hat G *u, fh* oder *w* (s. Söderberg, Lj. s. 39 f.).

§ 34. *g* hat sehr mannigfache geltung:

a) Tönender verschlusslaut (*g*) anlautend, geminiert und nach *n*:

1. Palataler vor palatalen vokalen (d. h. *e, i, y, æ* und geschlossenem *ø*), z. b. *gēsl* geissel, *giva* geben, *giūta* giessen, *liggia* liegen, *gyrþa* gürten, *gæster* gast, *gøþa* gut machen, *gøma* bewahren. Da schon im etwas späteren kaschw. das palatale *g* zur affrikata *gj* (im mschw. wol zu *dj* entwickelt; im späteren agutn. wieder zu *g* zurückgegangen) wurde, während die orthographie unverändert blieb, so ist dann dem *g* dieser veränderte lautwert unterzulegen.

Anm. 1. Die affrikata wird in den hdschr. nicht selten vor *æ* und *ø* durch *gi* (selten *gy*, vgl. § 20 anm. 2) wiedergegeben; so regelmässig in U, sonst sporadisch z. b. in Sdm (nie vor *ø*, aber sowol vor *æ* wie vor einem damit gleichwertigen *e*, s. § 24 anm.), Da (nur vor *æ*), Biæ. In G wird sehr oft *gi* vor dem aus *æ* entstandenen *e*-laut (nie aber vor dem einem *ø* entsprechenden *y*) geschrieben. Vgl. Rydq. IV, 263; Brate, Lj. s. 17; Larsson, Lj. s. 25; Zetterberg, s. 10; Söderberg, Lj. s. 30 f.

2. Velarer in den übrigen fällen, z. b. *gamal* alt, *grīpa* greifen, *gōþer* gut, *guþ* gott, *gōt* goss, *sang* gesang, *hugga* hauen.

Anm. 2. Die hdschr. haben bisweilen *gh* auslautend nach *n*; so regelmässig KP und GO (s. Leseb. 21, 22; 23, 13 f.; 24, 1, 14; 25, 8; 78, 27). Sehr selten ist dagegen *ngh* im inlaut. Indessen dürfte *ngh*, wenigstens im auslaut, eine veränderte aussprache der verbindung *ng* (nasal mit folgendem verschlusslaut > nasal ohne folg. verschl.) angeben; vgl. § 40 anm. 2 (andererseits Brate, Lj. s. 57 u. Kock, Tidskr. f. fil. N. R. VIII, 293), Rydq. IV, 260.

b) Velarer nasal (*ŋ*) inlautend vor *n*, z. b. *vagn* wagen, *gagna* nutzen, *lugn* ruhe.

Anm. 3. Wo *ghn* oder *ngn* statt *gn* geschrieben wird, sind im allgemeinen zwei andere aussprachen (*ʒn* und *ŋgn*) vorauszusetzen, s. § 35, a und § 40 anm. 2.

c) Stimmhafte spirans (*j*, *ʒ*, jenes vor palatalen vokalen, dieses vor velaren) nur im agutn. nach vokalen, *l* und *r* (ausser vor *s* und *t*, s. unten d), z. b. *þigia* schweigen, konj. *fylgi* folge; *dagr* tag, *sarga* verwunden, *helg* weihe.

Anm. 4. Die hdschr. haben oft *gh*, s. Söderberg, Lj. s. 35.

d) Stimmlose spirans („*ich*-, resp. *ach*-laut") nur im agutn. Nach vokalen, *l* und *r*, wenn *s* oder *t* folgt, z. b. gen. *dags* tages, *segt* gesagt.

§ 35. *gh* hat ebenfalls mehrfache geltung:

a) Stimmhafte spirans (*j*, *ʒ*) nach vokalen, *l* und *r* (ausser vor *s* und *t*, s. unten b):

1. Palatale (*j*) vor palatalen vokalen (*e*, *i*), z. b. *hælghe* der heilige, *draghit* gezogen, *sæghia* sagen.

Anm. 1. Die hdschr. haben bisweilen *g*, *i*, *y*, *igh*, *ghi*, selten *ij*, *ijh*, *ygh*. Vg. I, II schreiben einigemal nach analogie der runenschr. *h* (s. Rydq. IV, 262 und vgl. § 15).

2. Velare (*ʒ*) in übrigen stellungen, z. b. *lagh* gesetz, *dragha* ziehen, acc. *hælgha* den heiligen, *sargha* verwunden.

Anm. 2. Die hdschr. haben bisweilen *g*; Vg. I, II selten *h* (vgl. anm. 1).

b) Stimmlose spirans (*ch*-laut) nach vokalen, *l* und *r*, wenn *s* oder *t* folgt, z. b. *daghs* tages, *saght* gesagt.

§ 36. *h* hat dreifachen lautwert:

a) Hauchlaut (*h*) vor sonantischen vokalen, z. b. *hæster* pferd, *hūs* haus; später vielleicht auch vor kons. vokalen (vgl. unten b).

b) Stimmlose spirans (*ch*-laut) wenigstens in älterer zeit vor kons. vokalen (*i*, *u*):

1. Palatale („*ich*-laut") vor kons. *i*, z. b. *hiærta* herz.

2. Velare („*ach*-laut") vor kons. *u*, z. b. *hwat* (agutn. *huat*) was.

§ 37. *k* hat zweifache geltung:

1. Palatales *k* vor palatalen vokalen (s. § 34, a, 1), z. b. *skēn* schein, *kista* kiste, *kiurtil* kleidung, *þækkia* decken, *kyn* geschlecht, *kænna* kennen, *kø̄va* niederdrücken, *kø̄ra* treiben.

Da schon im etwas späteren kaschw. das palatale *k* zur affrikata *kch* (mschw. wol zu *tch* geworden; im späteren agutn. wieder zu *k* zurückgegangen) wurde, während die orthographie unverändert blieb, so ist dann dem *k* dieser veränderte lautwert unterzulegen.

Anm. 1. Die hdschr. haben bisweilen *ch* (so G. II nach *s*), selten *c* (so G. I gewöhnlich nach *s*) oder *gk*; s. Rydq. IV, 267, 280, 303, Kock, Lj. s. 110, Söderberg, Lj. s. 35. Die affrikata wird nicht selten vor *æ* und *ø* durch *ki* (selten *ky*, vgl. § 20 anm. 2) wiedergegeben; so regelmässig in U, sonst sporadisch z. b. (nur vor *æ*) in Vg. I, Sdm, Da, Biæ. In G wird sehr oft *ki* (*ch*, *c*) vor dem aus *æ* entstandenen *e*-laut geschrieben. Vgl. Rydq. IV, 274 und die § 34 anm. 1 zitierte literatur.

2. Velares *k* in übrigen stellungen (vgl. jedoch § 29 und § 42), z. b. *kasta* werfen, *kræfia* fordern, *sak* sache, *kwælia* quälen, *køpa* (offenes *ø*) kaufen.

Anm. 2. Die hdschr. haben sehr oft *c*, das besonders nach *s*, vor *l*, *r*, *t* (und *o*, *ø*) sowie in einzelnen wörtern (z. b. *oc* und, *sic* sich) äusserst häufig ist (vorzugsweise im kaschw., z. b. Vg. I, Sdm, Da, Bu, SK), s. Kock, Lj. s. 51 ff.; Larsson, Lj. s. 114 ff.; Björkman, Sv. landsm. XI, 5, s. 37. Bisweilen kommt *ch*, selten *gk* oder *ghk* vor, s. die anm. 1 zit. lit. Vor kons. *u*-laut steht weit überwiegend *q*, s. Rydq. IV, 281. Auslautend steht mit einer gewissen regelmässigkeit *kh* in GO, s. Kock, Tidskr. f. fil. N. R. VIII, 292.

§ 38. *l* hat zweifache geltung:

1. Dentales *l* anlautend, geminiert und in schon urn. verbindung mit einem dentalen konsonanten, z. b. *liūgha* lügen, *falla* fallen, *slā* schlagen, *vald* gewalt. Auslautend nach stimmlosen konsonanten, z. b. in *hasl* hasel, ist dies *l* im kaschw. wahrscheinlich noch (wie im aisl.-anorw.) stimmlos, im mschw. dagegen wol im allgemeinen schon stimmhaft geworden (vgl. § 161 anm.).

Anm. 1. Die hdschr. haben bisweilen *ll*, s. Beckman, Sv. landsm. XIII, 3, s. 54 f.; Larsson, Lj. s. 143; Björkman, Sv. landsm. XI, 5, s. 52 f.

2. Ein kakuminaler, zwischen *r* und *l* schwebender, laut („dickes *l*") in übrigen stellungen, z. b. *klȳva* spalten, *flȳgha* fliegen, *tala* sprechen, *øl* bier, *hwalper* junger hund, *balker* abschnitt, *vælia* wählen, *valde* (urn. **waliðē*) wählte.

Anm. 2. Vgl. Kock, Sv. landsm. II, 12, Lj. s. 464 ff.; Noreen, IF. IV, 320 f.

§ 39. *m* wird wie im deutschen ausgesprochen.

§ 40. *n* hat dreifache geltung:

1. Velare (*ŋ*) vor *g, k(x)*, z. b. *siunga* singen, *sang* gesang, *sænkia* senken, *kununx* königs.

Anm. 1. Die hdschr. haben bisweilen *ng*, z. b. Bu und GO nicht selten vor *g* (vgl. Rydq. IV, 333, Kock, Tidskr. f. fil. N. R. VIII, 293, Larsson, Lj. s. 109), Ög und MEL regelmässig vor *x*. Schreibungen wie *siuga* oder *siugga* (Rydq. IV, 332 f.; besonders oft in Bu) dürften darauf beruhen, dass der schreiber den über die zeile gesetzten, den nasal ausdrückenden strich übersehen hat (vgl. jedoch den in der konsonantenlehre zu erörternden lautgesetzlichen übergang *ŋg* < *g*), s. Leffler, Om *v*-omljudet, Ups. (univ. årsskrift) 1877, s. 34 note.

Anm. 2. Die buchstabenverbindung *ng* bez. sonach gewöhnlich *ŋ* + *g*. Nur wenn dieser lautkomplex vor einem *d, n, s, t* oder (dialektisch) im auslaut sein *g* verliert, muss *ng* als zeichen für nur *ŋ* auftreten, z. b. *længd* (*læŋd* oder *læŋgd* auszusprechen) länge, acc. *fangnan* (auch *fagnan* geschrieben, s. § 34, b) gefangenen, *þings* dings, *þungt* schwer, *þing* (auch *þingh* geschrieben, s. 34 anm. 2) ding. Ebenso wenn der durch *gn* (s. § 34, b) bezeichnete komplex *ŋn* vor kons. oder im auslaut sein *n* verliert, z. b. *gang* (d. h. *gaŋ*, statt *gagn*, d. h. *gaŋn*) nutzen, gen. *gangs* (*gagns*). — In diesen fällen wird ausnahmsweise der laut *ŋ* (statt durch *ng*) durch *ngh* (so regelmässig in KP, s. Leseb. s. 21, 25; 23, 29), *gn, kn* (*nk, nc*) bezeichnet.

2. Dentale (*n*) anlautend, geminiert und in schon urn. verbindung mit einem dentalen konsonanten, z. b. *nū* nun, *kænna* kennen, *sniō* schnee, *hand* hand. Auslautend nach stimmlosen konsonanten, z. b. in *vatn* wasser, ist dies *n* wahrscheinlich noch (wie im aisl.-anorw.) stimmlos und erst im späteren mschw. stimmhaft geworden (vgl. § 162, b mit anm.).

3. Alveolare („supradentales *n*") in übrigen stellungen, z. b. *knūter* knoten, *Danir* Dänen, *son* sohn, *vænia* gewöhnen, *vande* (urn. **waniðē*) gewöhnte. Ueber dies *n* im auslaut nach stimmlosen konsonanten, z. b. in *vapn* waffe, gilt das oben 2 über dentales *n* in derselben stellung bemerkte.

Anm. 3. Vgl. zu 2 und 3 Kock, Arkiv IX, 260 ff.

§ 41. *p* ist wie im deutschen auszusprechen, z. b. *pīna* peinigen, *up* hinauf, *hiælpa* helfen.

Anm. Auslautend wird in GO überwiegend *ph* geschrieben, s. Kock, Tidskr. f. fil. N. R. VIII, 292.

§ 42. *q* bezeichnet im agutn. velares *k* vor konsonantischem *u*, z. b. *quam* kam, *nequar* irgend einer.

§ 43. *r* hat wahrscheinlich (vgl. anm. 2) überall denselben lautwert und zwar den eines alveolaren *r*, z. b. *rīþa* reiten, *værk* werk, *faþir* vater, *siter* sitzt.

Anm. 1. Die hdschr. haben selten *ʀ* (so nicht ganz selten Sdm und KrL, aber nur anlautend), vgl. Rydq. IV, 326, Larsson, Lj. s. 129.

Anm. 2. Ob der unterschied der beiden im rschw. durch *r* und *ʀ* bezeichneten *r*-laute in einigen aschw. dialekten noch in literarischer zeit bewahrt ist, und das *r* der hdschr. also zum teil zweifache geltung hat, bleibt unsicher; vgl. Brate, Lj. s. 85 f., 94.

Anm. 3. Nach *r* und kakuminalem *l* (s. § 38, 2) bezeichnen die buchstaben *d*, *l*, *n*, *s*, *t*, *þ* (*dh*) eher alveolare („supradentale") als rein dentale laute. Wenigstens in mschw. zeit verstummen in gewissen dialekten das *r* und das *l* in den genannten verbindungen; da aber die orthographie im allgemeinen unverändert bleibt, bekommen also die gruppen *rd*, *rl* u. s. w. zum teil den lautwert einheitlicher laute (alveol. *d*, *l* u. s. w.).

Anm. 4. Im agutn. ist *r* auslautend nach konsonanten und interkonsonantisch wahrscheinlich sonantisch, s. § 160, 2, b mit anm. 2, 3 und 6.

§ 44. *s* ist wie im deutschen auszusprechen, z. b. *siū* sieben, *faster* fest, *īs* eis.

Anm. Die hdschr. haben selten *þ* (z. b. Ög mehrmals *syþkini* geschwister), *z* (auch im anlaut, s. Söderwall, Ordbok II, 296 ff., 307), *ps* (nur anlautend, s. ib. II, 296, 300), *sz*, *zs*. Das in drei hdschr. des stadtrechtes nicht selten vorkommende *sc* (sowie in Sdm. fr. einmal *sk*) statt *s* vor *l* soll vielleicht *sch*-laut angeben (s. Rydq. IV, 305; Kock, Lj. s. 68). Über *z* = *st* s. § 50 anm. 2.

§ 45. *t* ist wie im deutschen auszusprechen, z. b. *taka* nehmen, *āter* zurück, *ūt* hinaus.

Anm. Mehrere hdschr. haben, besonders im auslaut, sporadisch *th* (z. b. Vg. I, II, Ly, Vh, Sdm, Da, St, Bil), s. Rydq. IV, 296, Brate, Lj. s. 56, Larsson, Lj. s. 131 f. Sehr selten kommt in übereinstimmung mit gewissen runeninschr. (s. Bugge bei Torin, III, 26) *þ* statt *t* vor (z. b. in G, s. Söderberg, Lj. s. 39). Über *z* = *st* s. § 50 anm. 2.

§ 46. *th* bezeichnet im mschw. (vgl. § 51, 1) die stimmlose (inter)dentale spirans *þ*, z. b. *thing* ding, *thwinga* zwingen, ntr. *thrȳ* drei.

Anm. 1. Der anfang von O. V hat noch konsequent *þ*.

Anm. 2. Wo (in pronominen und pronominellen adverbien) anlautendes *ð* mit *þ* in der aussprache wechselt, steht fast ausnahmlos *th* (sehr selten *dh* oder *d*), auch wo die aussprache mit *ð* vorliegt, z. b. *thū* (d. h. *þū* oder *ðū*) du, *thæn* der, *thær* dort.

§ 47. *v* bezeichnet (die stimmhafte dentilabiale spirans) *v*, z. b. *varþa* werden, *hava* haben, *ærva* erben. Vgl. § 33, 2.

Anm. 1. Anlautend steht in den hdschr. sehr oft *w*; so regelmässig in U, Vh, Sdm, Sdm. fr, Vm, Da, G. II, SK, St, ST, KS. fr., D 4, MB. I, GO, Ve, Rk. I, Di, Linc. 39, PM. Selten ist *u*; regelmässig in Ög (Sdm bisweilen U anlautend). Sehr selten kommt in übereinstimmung mit gewissen runeninschr. (s. Bugge bei Torin III, 25) *f* vor, z. b. in Vg. I, Ly.

Anm. 2. Inlautend steht oft *w*; so regelmässig in U, Vh, Sdm, Sdm. fr, Vm, Da, Biæ, MB. I, GO, Rk. I. Häufig ist auch *u*, regel in Ög, Ög. fr. I, II, KP, Vg. II, MEL, Bu, KS. fr; ausserdem steht in vielen hdschr. *u* nur als anlaut eines späteren kompositionsgliedes (vgl. Kock, Lj. s. 3 ff.). Schon in kaschw. treten neben häufigerem *v*, *w* oder *u* in gewissen hdschr. (z. b. U, Sdm, Vm, Vg. II, Biæ) *fw*, *fu* (so schon fast regelmässig in SK) *ffw* oder *ff* auf, anfangs jedoch nur in solchen fällen, wo in nahe verwandten formen oder wörtern der *v*-laut bald auslautend (dann regelmässig *f* oder *ff* geschrieben, s. § 33, 2 mit anm. 2), bald inlautend (*v*, *w* oder *u* geschrieben) stand; demnach ist z. b. dat. *arf(f)we* (*arfue*) eine schon früh auftretende kompromiss-schreibung statt *arwe* (*arue*) nach *arf(f)* 'erbe', während z. b. *arvoþe* 'arbeit' erst spät und selten die schreibung *arfvodhe* zeigt. Solche schreibungen werden im mschw. ganz gewöhnlich; so ist *fw* regel in ST, *fu* in P. I, *ffw* in Linc. 39 und PM, *ffu* in Ve, JB, Di und Sp; in D 4 haben gewisse teile *fu*, andere *fw*, noch andere *ffw*. Ganz ausnahmsweise kommt *uu* vor; oft in Cod. Holm A 9 *fhw* (s. Rydq. IV, 251). Regel ist (wie im aisl. und agutn., s. § 33, 2) *f* in Bir. A, sonst sehr selten (s. Rydq. IV, 248).

Anm. 3. Über *w* als zeichen für *vu*, *uv*, *uvu* s. § 22 anm. 1.

§ 48. *w* bezeichnet konsonantisches *u*, z. b. *swæria* schwören, *hwat* was, *kwinna* weib, *Iōwan* Johann. Vgl. § 22, 2.

Anm. Die hdschr. haben oft *u*; so überwiegend Vg. I, regelmässig Ög, MEL, Bu, Bir. A, KS. fr, Sp. Auch mehrere hdschr., die sonst regelmässig *w* gebrauchen, haben jedoch *u* nach *q* (vgl. § 37 anm. 2); so z. b. U, Sdm, Ög. fr. I, SK, St, P. I. Übrigens ist *u* nach *h* ziemlich häufig, s. Kock, Lj. s. 1 ff.; Björkman, Sv. landsm. XI, 5, s. 40. Selten und sporadisch ist *uu*.

§ 49. *x* bezeichnet wie im deutschen die lautverbindung *ks*, z. b. *væxa* wachsen, *ex* axt.

Anm. Die hdschr. haben bisweilen *gx*, *ghx*, *kx*, *xs*, seltener *ks*, *cs*, *gs*, *ghs* (s. Rydq. IV, 282 f., Zetterberg, s. 41, Söderberg, Lj. s. 34). Einigemal kommen sogar *z* (z. b. Bu *daz* = *dax* 'tages'), *gz* (z. b. Vg. I *attungz*, Da *þriþiungz*, Vg. II *almænningz*), *ghz* (z. b. Ög *heghz*), *gzs* (z. b. Vg. I *vægzs* = *væx* 'wächst') vor; vgl. An. gr. I § 206 anm. (wo dieselbe orthographische eigentümlichkeit in Cod. AM. 655, 4°, III erwähnt wird), Zetterberg, s. 42 und § 50 anm. 1 unten.

§ 50. *z* bezeichnet wie im deutschen die lautverbindung *ts*, z. b. *gōz* güter, *gœ̄zl* verbesserung, *uplænzk* uppländisch, *ælzter* ältester, *bæzter* bester, *danz* tanz.

Anm. 1. Die hdschr. haben nicht selten *dz, tz, þz, zs*, seltener *ts, tzs, þzs, dhz, c, zc* (s. Rydq. IV, 281, 306, 308; Kock, Lj. s. 429, 432, 543; Larsson, Lj. s. 135 ff.; A. Andersson, Om J. Salbergs Grammatica, s. 37 note). Einigemal kommt sogar *x* vor (vgl. *z* statt *x* § 49 anm.), z. b. Vg. I 2-mal *fornæmix*, Sdm *bolstax*, 2-mal *pingix* (vgl. anm. 2), Bil. *hexlom*, Cod. Ups. Benzelianus 19, 4° *manx*.

Anm. 2. In einigen wörtern steht *z* neben oder statt etymologisch berechtigten *st*, z. b. *syzkin(e)*, *sizkin* neben *sys(t)kine* geschwister (mit *z* immer in Sdm, sporadisch z. b. in U, Vg. II, MEL; auch im anorw. kommt bisweilen *z* in diesem wort vor), *gnizla* neben *gnistlan* (vgl. aisl. *gnísta*) knirschen, *stekamæz* (mndd. *stekemest*) dolch, *thizil* (in H *þithstil*!) neben *thistil* distel, *pingiz* (so allgemein) neben seltenem *pingste* (aus mndd. *pinkest*, resp. *pinxte*) pfingsten. Da eine metathesis hier kaum anzunehmen ist, scheint *z* in diesen fällen eine orthographische variante zu *st* (oder vielleicht *s*) zu sein; vgl. das in einigen runeninschr. statt *st* auftretende *ts* (s. Rv. s. 216 note).

§ 51. *þ*, welches zeichen fast nur im kaschw. vorkommt (vgl. § 32 mit anm. und § 46 mit anm. 1), hat zweifache geltung:

1. Stimmlose (inter)dentale spirans (anorw. *þ*) anlautend sowie im inlaut vor *k*, z. b. *þing* ding, *þwinga* zwingen, *iþka* betreiben.

Anm. 1. Späte kaschw. hdschr. haben in übereinstimmung mit den mschw. *th*; so regelmässig SK, Vg. II K und St, sporadisch diplome seit 1344. Sehr selten ist *d* (z. b. einigemal in Vg. I und Ly), s. Rydq. IV, 385.

2. Stimmhafte (inter)dentale spirans (anorw. *ð*) in übrigen stellungen, z. b. *lēþa* leiten, *hafþe* hatte, *dygþ* tugend, *orþ* wort.

Anm. 2. Alte hdschr. haben bisweilen (wie die anorw.) *ð*, z. b. regelmässig Cod. Reg. Havn. n. s. 2237 des Södermannagesetzes, sehr oft Vg. I (im statute Bryniulf's), Vh (neben ebenfalls mehr oder minder häufigen *ðh, ðþ, d, dh, dð, dþ* und *þ*), Sdm (nur in der ersten hälfte), bisweilen Vm. Selten und sporadisch sind *d* und *z* (z. b. in Vg. I und

Og), s. Rydq. IV, 285, 290, 307; Larsson, Lj. s. 99, 103 f.; Siljestrand I, 41 note; Kock, Lj. s. 443 f. Späte kaschw. hdschr. haben teils *th*, z. b. regelmässig SK und Vg. II K, teils (wie die mschw.) *dh*, z. b. regelmässig St.

Anm. 3. In pronominen und pronominellen adverbien vertritt anlautendes *þ* bald den laut *þ*, bald den damit wechselnden laut ð (vgl. § 46 anm.), z. b. *þū* du, *þæn* der, *þær* dort.

§ 52. Länge wird hier durch doppelschreibung des betreffenden konsonantenzeichens ausgedrückt, aber nur in intervokalischer stellung (dann aber auch wenn der zweite vokal konsonantisch ist) sowie auch in übrigen stellungen bei *f* in lehnwörtern, z. b. *falla* fallen, *kænna* kennen, *liggia* liegen (agutn. *hagguin* gehauen), *offra* opfern; vgl. dagegen z. b. *fal* (aisl. *fall*) fall, *up* (aisl. *upp*) hinauf, pl. *falnir* (aisl. *fallner*) gefallene, *alt* alles.

Anm. 1. Statt *gg* kommt bisweilen *gh* (z. b. oft auslautend in GO) oder *ggh*, selten *kg*, *kgh* (beides z. b. in Vg. II) oder *k* (z. b. in Bir. A) vor, s. Rydq. IV, 267, Brate, Lj. s. 57, Larsson, Lj. s. 112 f., Kock, Tidskr. f. fil. N. R. VIII, 293, Arkiv XI, 338, Zetterberg, s. 34 f. Statt *kk* stehen hie und da *ck* (z. b. gewöhnlich in Sdm und SK), *cc*, *cch*, *kc*, *kch*, s. Rydq. IV, 280. Statt *ll* kommt im mschw. (seit der assimilation *ld* > *ll*) einigemal die umgekehrte schreibung *ld* vor. Statt *ss* kommt dann und wann *sz* oder *z*, selten *sc* vor, s. Rydq. IV, 306, Kock, Lj. s. 426 ff., 440, 543, Skandinavisches archiv I, 49 ff.

Anm. 2. Die hdschr. haben oft doppelschreibung um länge wiederzugeben auch in andern als den oben angegebenen normalfällen, besonders im auslaut; so z. b. oft U und G (auslautendes *ll* regelmässig als bezeichnung des dentalen *l* — s. § 38 anm. 1 — in Sdm und wol Ög), s. Rydq. IV, 348 ff.; Kock, Lj. s. 413 ff., 433 ff.; Brate, Lj. s. 71 ff.; Larsson, Lj. s. 142 ff.

Anm. 3. Bisweilen verwenden die hdschr. doppelschreibung in fällen, wo länge kaum anzunehmen ist, z. b. wenn in Sdm und Da oft *nn* zwischen konsonanten (*k*, *r*, *g*, *t*) und vokal geschrieben wird; s. Brate Lj. s. 73, Larsson, Lj. s. 145. Über *ll* vgl. § 38 anm. 1 und § 52 anm. 2.

Anm. 4. Einige hdschr., vor allen Bu (z. b. Leseb. 40, 12; 41, 2) und Bir. A (die betreffenden häufigen beispiele sind im Leseb. 43 ff. durch normalisirung entfernt), unterlassen nicht ganz selten die doppelschreibung auch bei intervokalischer stellung der konsonantischen länge; vgl. (zum teil) Rydq. IV, 259, 300, 350.

III. Phonetische übersicht.

Das altschwedische lautsystem war also — mit den jetzt erörterten normalalphabete ausgedrückt — folgendes:

§ 53. Sonanten (nur vokale):

	Velare oder hintere		Palatale: Mittlere		Palatale: Vordere
Ohne labialisirung:	(agutn. *a ā*)	off. *a*	*æ ǣ*	*e ē*	*i ī*
Labialisierte:					
	geschl. *ā*				
	off. *o* (mschw. *ā*)		off. *ø ø̄*		
	geschl. *o ō*			geschl. *ø ø̄*	
	u ū				*y ȳ*

Anm. Über einstigen sonantischen *r*, *l*, *n* s. § 160 anm. 6, § 161 anm. und § 162, b mit anm.

§ 54. Konsonanten:

	Labiale	(Inter-) dentale	Dentale	Alveolare (vgl. § 43 anm. 3)	Palatale	Velare
Halbvokale:	*w* (agutn. *u*); *y*	—	—	—	*i*; *y*	—
Liquidæ:	—	—	*l ll*	*l*; *r rr*	—	—
Nasale:	*m mm*	—	*n nn*	*n*	—	*n* vor *g*, *k* *g* vor *n* *ng* sonst
Spiranten: stimmhafte:	*v* anl. und inl. vor vok. *f* ausl. und inl. vor kons. (agutn. auch inl. vor vok.)	*þ* (mschw. *dh*)	—	*þ* (mschw. *dh*)	*gh* (agutn. *g*) *i* in lehnw. u. mschw.	*gh* (agutn. *g*)
stimmlose:	*f ff*	*þ* (mschw. *th*)	*s ss* (*z* = *ts*) (*x* = *ks*)	*s*	*h* vor kons. *i*	*h* vor kons. *u* (mschw. *ch*)
Explosivæ: stimmhafte:	*b bb*	—	*d dd*	*d*	*g gg*	*g gg*
stimmlose:	*p pp*	—	*t tt* (*z* = *ts*)	*t*	*k kk* (*x* = *ks*)	*k* (agutn. *c*; *q* vor kons. *u*) *kk* (agutn. *cc*) (*x* = *ks*)

Hierzu kommen der hauchlaut *h* und das kakuminale *l*. Uber stimmlose *l*- und *n*-laute s. § 38, 1, § 40, 2 und 3.

§ 55. Diphthonge, d. h. verbindungen von einem sonantischen mit einem konsonantischen vokale, kommen im agutn. häufig, im sonstigen aschw. ziemlich selten vor. Sie sind zweierlei art:

1. Fallende, die mit dem sonanten anfangen: agutn. *ai*, *au*, *oy*; im sonstigen aschw. nur die seltenen (und dem agutn. fast ganz fremden) *ei*, *oi* (nur in lehnwörtern), *æi*, * øi*.

2. Steigende, die mit dem konsonanten anfangen:

a) Kurze: *ia*, *io*, *iu*, *iæ* (fehlt im agutn.), *iø* (fehlt im agutn.), dialektisch auch *iy*, ausserdem agutn. *ie*; ferner *wa* (agutn. *ua*), *wi* (agutn. *ui*), *wæ* (fehlt im agutn.), ausserdem agutn. *ue*; endlich dialektisch *yo*, *yu*, *yø*.

b) Lange: *iā*, *iō*, *iū* (fehlt im agutn.), *iǣ* (fehlt im agutn.), *iø̄* (fehlt im agutn.), dialektisch auch *iȳ*, ausserdem agutn. *iē*; ferner *wā* (agutn. *uā*), *wē* (agutn. *uē*), *wī* (agutn. *uī*), *wǣ* (fehlt im agutn.); endlich dialektisch *yō*, *yū*, *yø̄*.

Anm. Triphthonge, d. h. verbindungen von einem sonantischen mit zwei konsonantischen vokalen, kommen nur im agutn. vor, nämlich *iau* und die seltenen *uai*, *uei*.

§ 56. Was die quantität betrifft, so treten — wie wir schon aus § 53 und § 54 ersehen haben — sämmtliche vokale sowol als kürzen wie als längen auf (*a* jedoch nur im agutn., während im sonstigen aschw. *a* und *ā* qualitativ verschiedene sind, s. § 18 mit anm. 1; vgl. auch § 20, 1 und § 23, 1); von den konsonanten kommen alle explosivæ (ausser den alveolaren, welche nur kurz sind), ferner dentales *n*, *l* und *s*, endlich *f*, *m* und *r* sowol kurz wie geminiert vor, während den übrigen die gemination abgeht.

Wenn wir im folgenden von langer oder kurzer stammsilbe sprechen, so ist hier (im gegensatz zu An. gr. I § 49) mit jenem ausdruck eine solche silbe gemeint, wo entweder ein langer vokal (oder ein diphthong) oder ein kurzer vokal vor zwei folgenden konsonanten (also in geschlossener silbe) steht, z. b. *ēgha* (agutn. *aiga*) besitzen, *bōa* wohnen, *halda* halten; mit diesem ausdruck dagegen eine solche, wo ein kurzer vokal vor nur einem konsonanten (also in offener silbe) steht, z. b. *fara* fahren.

§ 57. Über die aschw. (exspiratorische) betonung ist bis jetzt folgendes ermittelt worden (s. vorzugsweise Kock, Akc. II, 311—86, 394—403, 432—50, 496 f., Lj. s. 140 f., 226—32, 271, 297—310, 367 ff., Sprh. s. 48 f., 55 ff., 62 f., Arkiv IV, 165 f., V, 67 f., 74; Noreen, Arkiv I, 172 f., Grundriss[2] I, 565 ff.).

Eine silbe kann entweder haupttonig, stark nebentonig, schwach nebentonig oder endlich unbetont (mit 'unton' versehen) sein. Die haupttonigen und stark nebentonigen silben fassen wir als starktonige, die andern als schwachtonige zusammen.

I. Der hauptton ruht der regel nach:

A) In zusammengesetzten wörtern auf der wurzelsilbe des ersten gliedes. Jedoch gibt es sehr viele wörter mit einsilbigem erstem gliede, bei denen die wurzelsilbe des letzten gliedes den hauptton trägt. Solche sind:

1. Eine ganze menge von zusammensetzungen, deren erstes glied ein präfix oder eine partikel ist, und zwar besonders:

a) Alle mit den präfixen *be-* 'be-', *of-* 'allzu' und *æm-* 'ebenso', die meisten mit *for-* 'ver-' (aber nicht mit *for-* 'vor-') sowie viele mit *and-* 'gegen', *mis-* 'miss-', *ō-* (*ū-*) 'un-' und *unt-* 'ent-' zusammengesetzte wörter, z. b. *bevísa* beweisen, *ofstárker* allzu stark, *æmgōþer* ebenso gut; *forvárþa* vergehen; *anzwára* erwiedern, *miskúnd* erbarmung, *omák* ungemach, *untfā* empfangen.

b) Viele mit den partikeln *ā* 'an', *af* 'ab', *at* 'bei', *bort* 'weg', *fram* 'hervor', *in* 'hinein', *til* 'hinzu', *um* 'um', *up* 'hinauf', *ūt* 'hinaus' und *væl* 'wol' zusammengesetzte, besonders verben (und verbalsubstantive oder -adjektive), z. b. *āfínna* erfinden, *afskǽra* abschneiden, *atskília* unterscheiden, *bortgā́* weggehen, *framfǿra* vorführen, *inlḗþa* einleiten, *tilgā́* geschehen, *umvǽnda* umkehren, *upslúka* verschlingen, *ūtgrúnda* ergrübeln, *vælsígna* segnen.

2. Mehrere einzelne fälle wie z. b. *almóghe* das (ganze) volk, *buþórþ* gebot (Gottes), *dōmstṓl* gericht, *ēndrǽkt* eintracht, *hofmán* hofmann, *vīsdṓmber* weisheit, *falskhḗt* falschheit, *armṓþ*

armut, *vinskáper* freundschaft; *mēnlōs* unschädlich, *rætvís* gerecht, *selíker* (und sogar *slíker*) solcher, *sorghfúlder* kummervoll; *hughswāla* trösten, *ransáka* haussuchung vornehmen, *ōþmiúka* demütigen; *ællívu* (neben *ǽllevo, ǽllovo*) elf. Viele oder die meisten der hierhergehörigen wörter haben schwankende betonung, sodass alternativ das erste glied haupttonig sein kann, was mit der zeit immer gewöhnlicher wird. Mit hülfe teils der aschw. metrik, teils der nschw. aussprache, teils der lautlichen verhältnisse — wie sie im folgenden erläutert werden — können wir z. b. durch folgende doppelformen wenigstens das einstige vorhandensein dieser schwankenden betonung konstatieren: *brūþlop* (*brýllop*) : *brūþlǭp* (*brulǭp*) hochzeit, *múllogh* : *mullǭgh* handfass, *hūsprēa* : *hosprēa* hausfrau, *hūstro* : *hostrū* ehefrau, *bīlæte* : *belǽte* bild, *þōliker* (nschw. dial. *tåkken*) : *þȳlíker* (nschw. *dylik*) solcher, *líkame* : *likámi* (mschw. *lekáme*) körper, *nābō* (nschw. alt *nåbo*) : *nabṓ* (nschw. *nabo*) nachbar u. a. m. Besonders häufig sind solche doppelformen bei namen, z. b. *Gōtstaver* : *Go(t)stáver, Þórlāker* : *Þorlḗker, Ǿþælver* : *Oþǽlver* u. s. w.

B) In einfachen wörtern auf der wurzelsilbe. Jedoch ist in vielen fällen die ableitungssilbe haupttonig, nämlich:

1. Alle lehnwörter auf *-ēra, -inna* und *-issa* haben haupttonige pænultima, diejenigen auf *-erī* und *-nǣr* haupttonige ultima, z. b. *hantḗra* hantieren, *kēsarínna* kaiserin, *abbadíssa* äbtissin; *fiskerí* fischerei, *konstenǽr* künstler.

2. In vielen mit *-ing-* und *-ung-* (vielleicht auch in den mit *-ind-*, *-und-*) abgeleiteten wörtern ist diese silbe wenigstens alternativ haupttonig, z. b. *twilínger* zwilling, *pæníger* neben *pǽnninger* pfennig, *brylúnger* neben *brøllunger* geschwisterkind männlicher seite.

3. Einzelne wörter (von denen viele schwanken), z. b. *væþúr* widder, *mænískia* neben *mǽnniskia* mensch, *fiǽnde* neben *fiande* feind, *alrḗgh* (z. b. in ST) neben dem gewöhnlichen *áldrigh* 'nie'. Besonders gehören hierher eine menge von lehnwörtern, z. b. *bismán* handwage, *kapelán* kaplan, *pilagrímber* pilger u. a. m.

II. Starker nebenton tritt in folgenden fällen auf:

A) In zusammengesetzten wörtern auf der wurzelsilbe des nicht haupttonigen gliedes. Jedoch gibt es nicht wenige fälle, wo die betreffende silbe schwachtonig ist. Solche sind:

1. Der suffigierte artikel ist stets schwachtonig (die einsilbigen formen unbetont), z. b. *bōkin* das buch, *barnit* das kind, *konunxins* des königs, *næmdinnar* des ausschusses, *stōlenom* dem stuhle.

2. In wörtern, denen das gefühl der zusammensetzung abhanden gekommen ist, sinkt das nunmehr einer ableitungssilbe gleichgestellte nicht-haupttonige glied gewöhnlich bis zur schwachtonigkeit. Einige beispiele von derartigen ersten gliedern bietet I, A, 2 oben. Als beispiele von derartigen letzten gliedern mögen hier angeführt werden: *hwīl(i)kin* welcher, *þōlikin* (mschw. *tholkin*) solcher, *āsikia* (nschw. *åska*) donnerwetter, *læript* (nschw. *lärft*) leinwand, *vǿr(u)ld* welt, personennamen wie *Ē̄r(i)ker*, ortsnamen wie *Nȳbyle* (nschw. *Nybble*), *Nōr(e)ghe* u. a. m. Oft stehen formen mit starkem und schwachem nebenton (oder gar unton) nebeneinander, z. b. *vindəgha* : *-ogha* fenster, *hūsfrū* : *-fro* oder *hūstrū* : *-tro* ehefrau, *nəthūs* : *nətos* viehstall, *ōsæl* : *ūsal* elend, personennamen wie *Þorfaster* : *-vaster*, *Ingeləgh* : *-logh* u. dgl.

B) In einfachen wörtern in folgenden fällen:

1. Wenn die stammsilbe kurz (s. § 56) ist, hat die unmittelbar folgende silbe starken nebenton (der jedoch im kaschw. schon in einigen, im mschw. in den meisten dialekten zu schwachem nebenton reduziert worden ist), z. b. *koma* (alt *komā*, rschw. noch *kumą̄*) kommen, pl. *vinĭr* freunde, pl. *gatŭr* gassen, prät. *talđ̆þe* redete, *kolđ̆re* köhler u. s. w. Hievon gibt es jedoch folgende ausnahmen:

a) Der svarabhaktivokal ist immer unbetont, z. b. *dagher* tag, *siter* sitzt, pl. *fæþer* väter.

b) Einige zweisilbige wörter, die oft proklitisch oder enklitisch, also unbetont stehen, haben gewöhnlich, auch wenn sie betont gebraucht werden, keinen nebenton auf der ultima, z. b. *yvir, ivir* über, *fore* für, *huro* wie, *genom* durch, *mæþan* während.

2. Wenn die stammsilbe lang ist, hat die folgende silbe nur in folgenden fällen starken nebenton:

a) In ableitungen auf *-ind-* (vgl. oben I, B, 2), *-īne, -ing-, -isk-, -ist-, -und-, -ung-* und *-ærne* hat wenigstens im kaschw. gewöhnlich diese silbe starken nebenton, z. b. *sannind* wahrheit, *fæþrīne* väterlicher seite, *drotning* königin, *iūþisker* jüdisch, *þiǣnist* dienst, *āttunde* der achte, *kōpunger* stadt, *mōþærne* mütterliche seite. Von den zahlwörtern (ursprünglich zusammensetzungen) auf *-tān* haben die meisten nebenton, z. b. *sæxtān* sechszehn, aber nicht *siūtān* siebzehn, *atertān* achtzehn und *nītān* neunzehn. Die ableitungen auf *-and-* (und *-ast-*) schwanken sehr, so dass neben partizipien mit nebenton wie *ēghande* 'besitzend' stehen solche von 'verba pura', die keinen nebenton haben, z. b. *sēande* sehend, *flȳande* fliehend; neben *fræmmande* 'fremd' mit nebenton stehen mit oder ohne solchen *fīande* (vgl. *fiǣnde* oben I, B, 3) feind, *þūsand* tausend. In mehreren von diesen fällen geht der starke nebenton im mschw. in schwachen über oder schwindet ganz; so besonders in wörtern auf *-ande, -inde* und *-ist*.

b) In einzelnen wörtern wie z. b. *hēmul* von rechtswegen gestattet, *biskuper* bischof, *āpinia* äffin, *arvuþe* arbeit, gebühr, unter umständen auch *annar* ander.

III. Schwacher nebenton kommt in folgenden fällen vor:

A) Als späterer ersatz eines ursprünglich starken nebentones oder sogar haupttones. Beispiele s. oben.

B) In einfachen wörtern mit langer stammsilbe hat die folgende silbe regelmässig schwachen nebenton (sofern sie nicht nach II, B, 2 oben stark nebentonig ist), z. b. *siunga* singen, pl. *gæstir* gäste, pl. *tungor* zungen, prät. *kallaþe* rief, *fiskare* fischer u. s. w. Hievon sind jedoch auszunehmen folgende fälle, wo jedweder nebenton fehlt:

1. Der svarabhaktivokal ist unbetont, z. b. *valder* gewählt, *brȳter* bricht, pl. *brōþer* brüder.

2. Zweisilbige komparative haben in der regel unbetonte ultima, z. b. *stōrre* grösser, *yngre* jünger, *færre* weniger, *bætre* besser. Schwachen nebenton haben jedoch *flēre* zahlreicher und *mēre* grösser.

3. Einige zweisilbige wörter, die oft unbetont (proklitisch oder enklitisch) stehen, haben gewöhnlich, auch wenn sie betont gebraucht werden, unbetonte ultima, z. b. *undir* unter, *æptir* nach, *bāþe* sowol, *hwarke* weder.

4. Einzelne wörter haben wenigstens alternativ unbetonte ultima wie z. b. *nīo* (nschw. *nie*) neun, *tīo* (nschw. *tie*) zehn, *ūsal* (nschw. *usel*) elendig (vgl. II, A, 2 oben) und in gewissen stellungen *annar* ander (vgl. II, B, 2, b oben).

5. Wenn der haupttonigen silbe eine unbetonte vorsilbe oder ein proklitisches wort vorangeht, fehlt der nebenton, z. b. *hantéra* hantieren, *fiǽnde* feind; mschw. *medh alla* ganz (aber *allo* allem), *over ēna* überein (: *ēno* einem) u. a., s. § 148, § 154, I, C, 3, § 156, 2, a.

VI. Unbetont ist eine silbe in allen übrigen fällen; natürlich auch die wurzelsilbe proklitisch oder enklitisch gebrauchter wörter, z. b. *ike* (neben betontem *ēkke* > *ikke*) nicht, *leta* (neben betontem *lǣta*) lassen u. s. w.

II. Abschnitt.

Die sonanten.

Kap. 1. Gemeinaltnordische lautgesetze.

§ 58. Das urnordische besass zur zeit seiner ältesten denkmäler fünf sonanten: *a, e, i, o, u,* welche sowol kurz wie lang, nasaliert wie unnasaliert auftraten. Zwei von ihnen, *i* und *u*, kamen auch als konsonanten vor und bildeten dann in verbindung mit einem vorhergehenden (*u* auch — und dann durch *w* bezeichnet — mit einem folgenden) *a, e* oder *i* fallende (resp. steigende) diphthonge: *ai, au, eu, iu* (*wă, wĕ, wĭ*).

Anm. Des seltenen urnord. diphthongs *eo* wird im folgenden keine rechnung getragen, weil er für das aschw. von keinerlei bedeutung ist (vgl. jedoch § 82 anm. 1).

Die entwicklung dieser laute bis zur zeit der ältesten aschw. denkmäler wurde durch folgende lautgesetze bestimmt.

A. Qualitative veränderungen.

I. Umlaut.

Über den begriff umlaut im an. s. An. gr. I § 61 mit anm.

a. Verschiebung durch palatalisierung.

Über die voraussetzungen und arten dieser umlaute s. An. gr. I § 62, wozu jetzt Abriss § 1, 1 und 2 zu vergleichen ist.

1. *i*-umlaut.

§ 59. Die fälle sind:

1. *a* < *æ* (agutn. *e*, s. § 105), z. b. *kætil* (got. *katils*) kessel, *tælia* zählen zu *tal* zahl, *hælder* (got. *haldis*) lieber.

2. *ā* > *ǣ* (agutn. *ē*, s. § 105), z. b. *mǣlir* spricht zu *māl* sprache, präs. *lǣter* (got. *lētis*) zu *lāta* lassen.

3. *o* > *ø* (agutn. *y*, s. § 106, 1), z. b. pl. *sønir* zu *son* sohn, *førre* früher zu *for* vor, *følghia* folgen u. a. m., s. Brate, Lj. s. 36 ff.

Anm. 1. Ueber den scheinbaren umlaut *o* > *y* s. An. gr. I § 63 anm. 1.

4. *ō* > *ø̄* (agutn. *ȳ*, s. § 106, 1), z. b. *bø̄tir* büsst zu *bōt* busse, *sø̄kia* (got. *sōkjan*) suchen.

5. *u* > *y*, z. b. pl. *synir* zu *sun* sohn, *dylia* verhehlen zu *dul* verbergung, *fylla* (got. *fulljan*) füllen.

6. *ū* > *ȳ*, z. b. *hȳsir* beherbergt zu *hūs* haus, *sȳra* säure zu *sūr* sauer.

7. *ǫ* (über dessen entstehung s. § 65, 1) > *ø*, z. b. *ørtogh* (*ørt-* aus **aruti-*, ahd. *aruzzi* erz nach Lidén bei Larsson, Lj. s. 49) $^1/_{24}$ mark, *høfþinge* (neben *hofþinge*, aisl. *hǫfþinge*, worüber vgl. § 60 und 61) 'häuptling', der ortsname *Skøþve* (**Skǫðvī* < **Skaðu-wīh-*), die mannsnamen *Høþir* (**Haðu-wīh-?*), *Ølvir* (**Alu-wīh-?* neben *Alvir*, ahd. *Alawīh*; aisl. *Ølver*).

8. *ǫu* (über dessen entstehung s. § 81, 2), das im agutn. als *au* (s. § 123, 1), im sonstigen aschw. als offenes *ø̄* (s. § 123, 2) auftritt, > *øy*, das agutn. zu *oy* (s. § 126, 1), sonst zu geschlossenem *ø̄* (s. § 126, 2) geworden ist, z. b. *lø̄sir*, agutn. *loysir* löst zu *lø̄s*, agutn. *laus* los; *hø̄ra*, agutn. *hoyra* (got. *hausjan*) hören.

9. *ia* (nach § 76, 1 entstanden) > **iæ* > *æ*. Beispiele, wie der eigenname *Ærlinger* zu *iarl* häuptling, sind sehr selten, weil *ia* nur durch analogische übertragung oder in späten ableitungen vor einem *i* der folgenden silbe stehen kann (s. § 164).

10. *iu* (nach § 76, 2 entstanden) > **iy* > *y*. Beispiele sind selten wie prät. *byggi* (in Da; rschw. *buki* oft) 'wohnte', das wol dem anorw. prät. konj. *byggi* zu ind. *biuggi* (An. gr. I § 430) gleichzustellen ist; *ykil* aus **iukil*, kompromiss von **iukul* (wie im nnorw.; vgl. aisl. *iokoll*) und *ikil* (s. § 79 anm. 1) eiszäpfchen; *fȳr-*, *fǣmtyghi* vier-, fünfzig aus *tiughi*, kompromiss von pl. acc. *tiughu* (anal. auch *tyghu*) zwanzig und nom. *tighir* anzahl von zehn (s. Kock, Tidskr. f. Fil. N. R. VIII, 290 f.).

11. *iū* (nach § 82; agutn. *iau* s. § 122, 1) > **iȳ* > *ȳ*, z. b. *lȳsir* leuchtet zu *liūs* licht, präs. *bȳþer* (got. *biudis*) zu *biūþa* bieten.

12. *wa* > *wæ* (agut. *ue*, s. § 105), z. b. *kwælia* quälen neben prät. *kwalde*.

13. *wā* > *wǣ* (agutn. *uē*, s. § 105), z. b. *kwǣmber* (ahd. *biquāmi*) passend.

Anm. 2. Die umlaute der überhaupt seltenen *io* und *iō* sind nicht zu belegen.

§ 60. Der umlaut findet nur in starktoniger silbe statt — also auch in stark nebentoniger silbe, z. b. *ūtlænzker* ausländisch (zu *land* land), *faþærne, mōþærne* väterliche, resp. mütterliche seite — dagegen nicht in schwachtoniger, also weder in schwach nebentoniger silbe, z. b. die eigennamen *Ingemār*, *-mar* zu *mǣr* berühmt, *Styrkār, -kar* zu *kǣr* lieb, noch weniger in unbetonter silbe, z. b. *ūsal* (vgl. § 57, III, B, 4) elendig zu *sǣl* glücklich, *mæþan* (got. *miþþanei*; vgl. § 57, II, B, 1, b) während. Da indessen (nach § 57, II, A, 2 und B, 2, a) oft starker und schwacher nebenton mit einander wechseln, entsteht demzufolge nicht selten ein wechsel zwischen umgelauteten und nicht umgelauteten formen, z. b. *væryld* : *vær(u)ld* oder *væræld* : *værald* welt, pl. *fīænder* : *fīander* feinde, *skapære* (vgl. got. *-areis*) schöpfer : *dōmare* richter (dann durch ausgleichung sowol *skapare* wie *dōmære*), agutn. *fīlēþi* : aschw. *fǣlaþe* (zu aisl. *láþ* besitz) viehstand. Ebenso entstehen natürlich doppelformen, wo hauptton und unton (nach § 57, I, A, 1, a und 2 sowie B, 2 und 3) wechseln, z. b. *pænninger* : *paninger* (z. b. Leseb. 45, 6; analogisch *panninger* und *pæninger*) pfennig, *bryllop* : *brulōp* hochzeit, *Bryniolver* (**Bruniwulfʀ*, vgl. jedoch § 92, a) : *Brunulver* (durch kontamination *Brynulver*, *-olver*; vgl. aisl. *Bryniolfr* : *Brunolfr*), oder in bald (und zwar gewöhnlich) proklitischen, bald betonten wörtern wie *ym* (Leseb. 23, 9; ags. *ymb*): *um* (aisl. *umb*) um, rschw. *ind* (d. h. *ynd*; Rök): *unt* (d. h. *und*; aisl. *und*) unter.

§ 61. Dass *i*-umlaut nicht durch ein zur zeit des umlauts haupttoniges *i* bewirkt wird, ist klar (vgl. § 57, I); also z. b. *oflītin* zu klein. Dagegen ist es noch nicht ausgemacht, in welcher ausdehnung ein stark nebentoniges *i* umlaut hervorrufen kann. Zwar scheint in einfachen wörtern der umlaut lautgesetzlich einzutreten, z. b. pl. *synir* zu *sun* sohn, *kætil* kessel, *ypin* offen, und ausnahmen wie prät. konj. *buþi* (anorw. *byði*) böte und die nebenformen *Katil* (als personenname; ziemlich selten), *upin* können als analogiebildungen nach präs. konj. (s. Grundriss[2] I, 640), dat. sg. *Katle* und dat. sg., pl. *upnom* aufgefasst werden. Aber andererseits zeigen zusammengesetzte wörter fast nie umlaut, was allerdings in den meisten fällen nicht lautgesetzlich zu sein braucht, indem z. b. *fāvizker* 'unverständig' entweder eine analogiebildung nach sonstigem *fā-* 'wenig-' sein kann oder auf einer betonung *fāvizker* (s. § 57, I, A, 2) beruhen. Dagegen in fällen wie z. b. *þōliker* (aus *þó-lìker*) 'solcher' muss der unumgelautete vokal lautgesetzlich sein, da weder association mit dem nur ein mal belegten dat. sg. ntr. *þō* anzunehmen ist, noch das *i* je haupttonig gewesen sein kann (vgl. mschw. mit synkope *tholker*). Wo ausnahmsweise ein erstes glied einer zusammensetzung umlaut zeigt, dürfte die erklärung darin liegen, dass das zweite glied schon zur zeit des *i*-umlautes schwachtonig geworden war, z. b. nom. acc. ntr. *bǣþe* (**bā-þiu*, ahd. *bēdiu*) beide, *ǽnlite* (Leseb. 51, 11, 14) neben *an(d)líti* antlitz, *ǽntime*: *án(d)tìme* erntezeit, mehrere personennamen wie *Hølbiorn*: *Hol(m)-biorn*, *Þyrbiorn* (*-gils*, analogisch auch *-ger* u. a.): *Þorbiorn*, *Gyþbiorn*: *Guþbiorn*, *Gȳriþ* (wenn nicht vielleicht aus **Gyrðrīð* wie *Giuriþ* aus **Giurðrīð*, vgl. § 127, 2): *Guþrīþ*, *Høþir*: *Haþir*, *Ølvir* (aisl. *Øluer*): *Olvir*, der ortsname *Skøþve*: *Skaþvī* (vgl. wegen der drei letzten § 59, 7), agutn. *þoygi* (anorw. *þøygi* aus **þau-gi*) 'jedoch nicht'. Wiederum erklärt sich ein fall wie das eben besprochene *þōl(i)ker* — nicht **þøl(i)ker* — wol so, dass zur zeit des umlautes die das *i* (*ī*) enthaltende silbe noch stark nebentonig war.

Anm. Über diese schwierige und bei weitem noch nicht ausdebattierte frage s. An. gr. I, § 65; Wadstein, Sv. landsm. XIII, 5, s. 24 ff., Beitr. XVII, 423, Der umlaut von A bei nicht synkopiertem U im anorw. (in Skrifter utgifna af Humanistiska Vetenskapssamfundet i Upsala III, 5, Ups. 1894), s. 5; Kock, Beitr. XVIII, 459 f.

§ 62. In der historischen entwicklung des *i*-umlautes scheinen mehrere verschiedene perioden zu unterscheiden sein (vgl. An. gr. I, § 66; Grundriss[2] I, 562 ff.; Kock, Beitr. XVIII, 417 ff.,

Arkiv XII, 249 ff.; andererseits Wadstein, Beitr. XVII, 412 ff.) und zwar:

1. Eine zeit, wo umlaut nur durch ursprünglich (d. h. in urn. zeit) unbetontes und daher in der späteren sprache synkopiertes *i* bewirkt wurde, z. b. *gæster* (aus *gæstʀ*, urn. *ʒastiʀ*, vgl. got. *gasts* mit synkopiertem *i*) gast.

2. Eine zeit, wo umlaut nur durch ursprünglich betontes (neben- oder gar haupttoniges) und daher später — wenn auch als schwach nebentoniger (oder gar unbetonter) vokal — bewahrtes *i* bewirkt wurde, z. b. *formǣle* (aus *-*māli*, vgl. got. *faúramaþli* mit erhaltenem *i*) vorbehalt.

Da ein in der späteren sprache synkopiertes *i* — wol je nach dem es ursprünglich unbetont oder schwach nebentonig (also erst später zur unbetontheit herabgesunken) gewesen ist — teils schon in jener ersten periode (und dann umlaut bewirkend), teils erst in dieser zweiten periode (und dann ohne umlaut hervorzurufen) schwand, so stehen in scheinbar gleichartigen fällen umgelautete und unumgelautete formen einander gegenüber. So erklären sich fälle wie z. b. *bryllop* (aus **brūði-hlaupa*, vgl. got. *brūþ-faþs* mit synkopiertem *i*) hochzeit: *drōtsæte* (aus **drohti-setē*, vgl. got. *draúhti-witōþ* mit erhaltenem *i*) truchsess; *dø̄mde* (**dōmiðē*, vgl. ahd. *tuomta*) richtete: *talde* (**taliðē*, vgl. ahd. *zelita*) erzählte; *ēternætla* (*-*natilō*) brennessel: pl. *katlar* (**katilōʀ*) kessel; agutn. *ertaug* (anorw. *ærtug*; *ært-* aus **ariti-*, ahd. *erizzi* erz nach Lidén): aschw. *artogh* Ly. 1/24 mark u. a. m.

3. Eine zeit, wo kein umlaut mehr eintritt, also z. b. nicht von einem *i* bewirkt wird, das aus einem noch in der zweiten *i*-umlautsperiode vorhandenen *ai, e, ē, æ, ǣ* entwickelt worden ist. Daher steht kein umlaut in fällen wie *havir* (got. *habais*) hast, *valdir* (got. *walidēs*) wähltest, *bōkin* (aus *bōk en*) das buch, *āsikia* (aus **ækia*) donnerwetter u. dgl.

§ 63. Ein durch den umlaut hervorgerufener wechsel zwischen umgelautetem und unumgelautetem vokal innerhalb einer gruppe von nahe verwandten wörtern oder formen ist sehr häufig durch analogische ausgleichung aufgehoben worden, so dass bald jener, bald dieser vokal durchgedrungen ist, bald doppelformen entstanden sind. So findet man z. b. (das nähere s. in der flexionslehre):

1. Nur umgelautete formen in *færþ* (**farði-*), gen. *færþar* statt **farþar* fahrt; *sø̄ter* statt **sōter* (**swōtu-*; vgl. *Sōte* als name, s. Lundgren, Uppsalastudier s. 18f.) nach acc. *sø̄tan* (**swōtia-*) süss; *kǣr* statt *kār* (wol aus lat. *cārus*; vgl. *Kāre* als name) nach acc. *kǣran* lieb, u. a. m.

2. Nur unumgelautete formen in präs. *giūter* statt **gȳter* (aisl. *gýtr*, got. *giutis*) nach inf. *giūta* giessen; *farin* statt **færin* nach dat. *farnom* gefahren; *hǣrutter* nach einstigem **hǣritter* (ags. *hǣrehte*) greis, u. a. m.

3. Umgelautete formen neben den lautgesetzlichen unumgelauteten in pl. *kætlar* neben *katlar* nach sg. *kætil* kessel; dat. *ypnom* neben *upnom* nach nom. *ypin* offen; *syþer* neben *suþer* südwärts nach komp. *syþre* südlich(er); *lǣta* neben *lāta* lassen nach präs. *lǣter* lässt; agutn. fem. *bēþar* neben aschw. *bāþar* nach ntr. *bēþi* (*bǣþe*) beide; *fæþærne* neben *faþærne* nach dem gleichwertigen *fæþrīne* väterliche seite; *ærmber* neben *armber* arm nach *ærm* ärmel; *ærf* neben *arf* erbe nach *ærva* erben; *ærvoþe* neben *arvoþe* nach **ærviþe* (aisl. *erfeþe*) arbeit. Bisweilen ist der ursprung der analogiebildung schwer zu entdecken. *Synno-* neben *sunno-dagher* sonntag erklärt sich wol aus einer einstigen flexion wie im got. *sunnō* : dat. *sunnin* sonne (vgl. lat. *virgō* : *virginis* u. dgl.). *Synder, sunder* 'entzwei' entsprechen wol ahd. *suntir*, resp. *suntar*. *Køværne, køfræn* neben aisl. *kofarn* schoosshund setzen ohne zweifel eine ursprüngliche doppeltheit **kofærne*, **køfrīne* (vgl. *faþærne*, *faþrīne* oben) voraus.

4. Unumgelautete formen neben den lautgesetzlichen umgelauteten in pl. *bōnder* neben *bønder* nach sg. *bōnde* bauer; *upin* neben *ypin* nach dat. *upnom* offen; präs. *lāter* neben *lǣter* nach inf. *lāta* lassen; ntr. *bāþe* neben *bǣþe* nach fem. *bāþar* beide; *inlanzker* neben *-lænzker* heimisch nach *land* land; *ullin* neben *yllin* wollen nach *ul* wolle; *fulla* neben *fylla* füllen nach *fulder* voll; *liūsa* neben *lȳsa* leuchten nach *liūs* licht; *lāna* neben *lǣna* leihen nach *lān* leihe; *liūte* neben *lȳte* fehler nach *liūter* fehlerhaft; *þiūft* neben *þȳft* diebstahl nach *þiūver* dieb; *bliūghþ* neben *blyghþ* scham nach *bliūgher* schamhaft.

2. ʀ-umlaut.

§ 64. Dieser umlaut kommt nur sporadisch (vgl. An. gr. I, § 69) und selten vor. Die fälle sind:

1. *a* > *æ* (agutn. *e* § 105), z. b. prät. *vær* Vg I, Vh, Ög (rschw. *uaʀ*) neben gewöhnlichem *var* 'war'. Agutn. **ker* (got. *kas*) neben *car* (aschw. *kar*) gefäss wird durch das ngutn. *kær* bewiesen. Dem aisl. *gler* entspricht immer *glar* (oder das deutsche lehnwort *glas*) glas.

Anm. 1. Unsichere beispiele sind: *kæralde* geschirr, das von einer *i*-umgelauteten nebenform **kærilde* (nschw. *käril*) beeinflusst sein kann; *hæri* Vg. I, Ög neben gewöhnl. *hari* hase, *mærgher* mark und agutn. *bera* entblössen (vgl. ngutn. *bær*, aschw. *bar* nackt), wo ablaut vorliegen kann (s. An. gr. I, § 68 anm. 1), wie wol in *græs* gras, das kaum eine kontamination von *gras* Vg. I und einem nicht belegten **grær* ist.

2. *ā* > *ǣ* (agut. *ē*, s. § 105), z. b. *twǣ(r)* Vg. I, II (agutn. *tuēr*), neben *twā(r)* 'zwei' und wol auch *twiswǣr* (ahd. *zwirōr*) 'zweimal', *þriswǣr* (ahd. *drirōr*) 'dreimal' neben *-wār* (*-war*). Gegen aisl. *i gǽr*, *fǽr*, *lǽr*, *mǽr* stehen nur *i gār* gestern, *fār* schaf, *lār* schenkel, *mār* (wol adän. lehnwort) mädchen.

Anm. 2. Unsicher ist nom. acc. pl. *þǣ(r)* neben *þā(r)* 'die', das von *þæn* 'den', *þæt* 'das' u. a. beeinflusst sein kann. Ebenso Vg. I *sǣr* (neben *sār* und gew. *sā*) 'der, er', das dem ags. *se* entsprechen kann (vgl. rschw. *siʀ* L. 868).

3. *o* (nach § 84, 1, b und anm. 7 entstanden) > *ø*, z. b. das privativ-präfix *ør-* (got. *uz-*) neben *or-* und das präfix *tør-* (got. *tuz-*) Bu neben *tor-* 'schwer'. Gegenüber aisl. *køro*, *kørenn* stehen nur mschw. *koro* wählten, *korin* gewählt, die vielleicht vom deutschen beeinflusst sind.

4. *ō* (nach § 84, 2, c entstanden) > *ø̄*, z. b. *ø̄r* Vg. I neben gewöhnl. *ōr* 'aus'. .

Anm. 3. Unsicher sind *kø̄r* Rk. II (sonst *kōr*, s. § 84 anm. 5; vgl. aisl. *kør*, *kǿr*) wahl, das vielleicht von dem mhd. *kür* entlehnt sein kann, und nom. acc. pl. *þø̄r* Vg. II neben *þār* 'die', das zwar got. *þōs* entsprechen, aber auch eine analogische umbildung nach ntr. *þō̄* (aisl. *þau*) sein kann.

5. *ū* > *ȳ*, z. b. agutn. *ȳr* (aschw. *ūr*, aber im nschw. dial. von Dalarna *ȳr*) 'aus'. Aschw. **kȳr* neben *kō* kuh wird durch dal. *tjȳr* bewiesen.

6. *ǫu* > *øy* (woraus aschw. *ø̄*, agutn. *oy* s. § 126), z. b. agutn. *oyra* (anorw. *øyra*, got. *ausō*; aschw. *ø̄ra* ist zweideutig, weil *ø̄*

auch *ǫu* vertreten kann, aber die nschw. diall. von Dalarna und Burträsk setzen die umgelautete form voraus) 'ohr'. Agutn. **royr* (anorw. *røyrr*, got. *raus*; aschw. *rø̄r* ist zweideutig) rohr wird durch das ngutn. *royr* bewiesen.

7. *iū* > *ȳ*, z. b. *dȳrganga* Dipl. 1345 (1 mal) jagd neben *diūr* tier.

b. Verschiebung durch labialisierung.

Über die voraussetzungen und arten dieser umlaute s. An. gr. I, § 70, wozu Abriss § 1, 3 und 4 zu vergleichen ist.

1. *u*-umlaut.

§ 65. Die fälle sind:

1. *a* > *ǫ* (über dessen weitere entwickelung s. § 74, § 104 und § 109), z. b. rschw. *au*(*n*)*t*, *u*[*n*]*t* (d. h. *ǫnd*) seele; rschw. *Suarthaufþi*, *-hufþi*, *-hąfþi* (d. h. *hǫfði*), lit. *Knaphofþe* mannsnamen; *hofþa* (aisl. *hǫfða*) anfangen, *hofþinge* (vgl. § 59, 7) häuptling, dat. rschw. *þaum*, *þum* (d. h. *þǫm*), lit. *þom* (< **þammu*, got. *þamma*) dem, den; *ox* Vg. I einmal (aisl. *ǫx*, ahd. *acchus*) axt, *trol* (aisl. *trǫll*, s. § 111 anm. 4) zaubergeist; *ortogh* (*ort*- aus **arut*, ahd. *aruz* erz nach Lidén) Vg. I, II, U, MEL und öfter (z. b. Leseb. s. 99—101 pass.) $^1/_{24}$ mark; nschw. *Holdo* ein mannsname (mit lateinisierter endung; aisl. *hǫlþr* freier grundbesitzer). Sonstige beispiele s. die eben zitierten paragraphen und § 68, 3.

2. *ā* > *ǭ* (über dessen weitere entwickelung s. § 73, § 74 anm. und § 99), z. b. rschw. *saul*, *sąl* (aisl. *sǫ́l*) seele; beisp. aus nschw. dialekten s. Hultman, F. B. s. 239, 247. Sonstige beispiele s. die eben zitierten §§.

3. *e* > *ø* nur wo *e* wegen des mangelnden haupttones nicht gebrochen werden konnte (s. § 76, 2), z. b. mannsnamen wie *Ā*-, *An*-, *Guþ*-, *Kætil-børn*, wonach analogisch auch das simplex *Børn* neben *Biorn* (< **Bernuʀ*); ferner acc. sg. *kyndils*-, *kirk*-, *Marīo-møsso* (s. Siljestrand I, 144) zu nom. *-mæssa*, *-messa* (s. § 113 anm.; vgl. auch ohne umlaut *mæsso-bok* u. d.) messe.

4. *i* > *y* nur unmittelbar nach bilabialen konsonanten und wol nicht in allen dialekten durchgeführt, weil sämtliche beispiele nebenformen mit erhaltenem und in den meisten fällen häufiger als *y* auftretendem *i* zeigen, was nicht überall durch

die annahme von ausgleichung (s. § 68) erklärt werden kann, z. b. *byskuper* (und durch fremden einfluss *biskuper*) bischof, acc. *bykkio* zu nom. *bikkia* (analogisch *bykkia*) hündin, dat. *myklum* zu *mikil* (häufiger *mykil*) gross, *spynum* (z. b. Leseb. 93, 16, 22) zu *spini* (*spyni*, z. b. Leseb. 93, 21 ff. 5-mal) zitze, mschw. *smydher* neben *smidher* schmied. Ob (das einst bilabiale) *f* dieselbe wirkung ausgeübt hat im seltenen *fyghur-* (neben *fighur*) vier-, gen. pl. agutn. *fygura* (aisl. *figurra*)?

5. *ī* > *ȳ* nur unmittelbar nach bilabialen konsonanten, z. b. gen. dat. acc. (analogisch auch nom.) sg. *bȳ* (< **bȳu*, s. § 153, 4) zu dem fem. **bīa* (dal. und ahd. *bīa*) neben dem ntr. *bī* (analogisch auch *bȳ*) biene, *amȳobarn* kebskind zu *amīa* kebse.

6. *wa* > *wǫ* (über dessen weitere entwickelung s. § 72), z. b. rschw. *uaurþr*, *uǫrþr* (aisl. *vǫrþr*) neben durch ausgleichung entstandenem kaschw. *varþer* (vgl. aisl. gen. *varþar*) oder *værþer* (vgl. aisl. dat. *verþe*) wacht, mschw. *vogn* (möglicherweise aus dem adän.) neben *vagn* wagen; ferner nschw. (alt) *gräs-våll*, dial. *voll* (aisl. *vǫllr*) neben aschw. *valder* feld, dial. *vott* (isl. *vǫttr*) neben aschw. *vanter* handschuh. Sonstige beisp. s. § 72.

7. *wā* > **wǭ*, das nach § 73, 1 zu **wō*, woraus dann *ō* wird, z. b. *hōro* (Leseb. 41, 16) 'wie' zu *hwār* welcher, dat. *ōndum* zu *vānder* (anal. *ōnder*) schlecht, 3. pl. prät. ind. *kōmo* (agutn. auch *quāmu* zu sg. *quam*) kamen, *sōvo* (agutn. anal. *suāfu*) schliefen, *vōgho* (statt **ōgho* nach dem inf. *vægha* oder vielleicht aus dem mndd.) wogen, mschw. *sommo* (< kaschw. **sōmo* nach § 132) schwammen; ferner (alt) nschw. *vōfvo* (wie aschw. *vōgho* zu beurteilen) woben, *qvōdo* sangen, dial. *kōa* (aschw. **kōþa* neben *kāþa*, beides durch ausgleichung der flexion *kwāþa*, obl. **kōþo*) harz, *kangerō* (anorw. *kangur-váfa*, obl. *-ófo*) spinne.

8. *we* > **wø*, woraus dann *ø*. Nur ein paar sehr unsichere beispiele: *søfn*, *sømn* (aisl. *søfn* neben *suefn*, worüber s. An. gr. I § 71 anm. 3) neben *sompn* (nach *sova* schlafen), *symn* schlaf und der nur einmal belegte nom. pl. *kwør* Rk. II (vielleicht durch reimnot hervorgerufen) statt **kør* (got. *qairrus*) nach dem häufigeren *kwær* ruhig (oder nach § 104 aus **kwǫr* zu der häufigeren nebenform *kwar*).

9. *wi* > **wy*, woraus dann *y*, z. b. *syll* (**swillu*, gen. **swillar*, wonach aisl. *suill*) schwelle, *systir* statt **suistir* nach obl. *systor*

schwester, *þyril* (ahd. *dwiril*; s. weiter An. gr. I § 71, 7) quirl, *torþyvil* (ags. *tordwifel*) mistkäfer, *ymumaþer* Vg. II benebelter mann zu aisl. *vima* unwolsein, *ysæld* durch ausgleichung einer flexion **ysuld* (s. § 74), gen. **visaldar* (vgl. einerseits aisl. *vesǫlþ*, *-alþar* elend, andererseits dal. *wisæll* elendig) und anschluss an das synonyme *væsæld* elend, mschw. *vydher* neben *vidher* nach dat. acc. pl. **yþum*, *-u* holz, rschw. (Rv. s. 122) dat. pl. *sukum* (d. h. *sykum*) zu *swik* betrug.

10. *wī* > **wȳ*, woraus dann *ȳ*. Nur ein paar etwas unsichere beispiele aus alter zeit: dat. sg. ntr. *þȳ* wol aus **þwīu* (vgl. einerseits aisl. *þuí*, andererseits ahd. *diu*) 'dem', rschw. *igolð* (d. h. *ȳghold*) Rök aus **wīg-old* (**-aldu*, s. § 74) kriegsvolk. Aus dem nschw. gehört hierher dal. *kȳa* viehhürde, durch ausgleichung einer flexion **kwīa* (vgl. aisl. *kuí*), obl. **kȳ(u)* entstanden.

§ 66. Der umlaut findet nur in starktoniger — also auch in stark nebentoniger (beisp. s. § 65, 1 und 3) — silbe statt, dagegen nicht in schwachtoniger. Scheinbare ausnahmen erklären sich nach § 74, § 91, 7, a und § 165.

Anm. Der umlaut wird wahrscheinlich nur durch schwachtoniges *u* bewirkt, was jedoch das unzureichende material nicht ganz sicher feststellen lässt. Vgl. über diese schwierige frage An. gr. I § 77; Wadstein, Sv. landsm. XIII, 5, s. 24 ff., Der umlaut von A &c. (s. § 61 anm.), s. 3 ff.; Kock, Sv. landsm. XII, 7, s. 25 ff., Arkiv X, 326 ff.

§ 67. In der historischen entwicklung des *u*-umlautes sind wahrscheinlich zwei verschiedene perioden zu unterscheiden (vgl. An. gr. I § 78; Grundriss[2] I, 562 ff.; Söderberg, U-omlj. s. 1—46 ff.; Kock, Sv. landsm. XII, 7, s. 3 ff., Arkiv X, 288 ff.; Bugge, Kongl. Vitterhets &c. Akademiens handlingar XXXI, 3, s. 47; andererseits Wadstein, Fornnorska homiliebokens ljudlära, s. 43 ff., 153 note, Sv. landsm. XIII, 5, s. 3 ff.) und zwar:

1. Eine zeit, wo umlaut nur durch ursprünglich (d. h. in urn. zeit) unbetontes und daher in der späteren sprache synkopiertes *u* bewirkt wurde. Daher steht z. b. in der Rökerinschr. dat. (?) sg. *hosli* (d. h. *hǫsli* aus **hasulē*, vgl. lat. *corulus* < **cosulus*) hasel neben acc. (?) sg. *strantu* (d. h. *strandu*) ufer u. a. m. (s. Kock, Ark. X, 345 ff.). Wie im aisl.-anorw. so ist auch im aschw. nicht *i*, *ī* (wol aber *wi*, *wī*) von diesem umlaut betroffen worden.

2. Eine zeit, wo umlaut nur durch ursprünglich betontes und daher später bewahrtes *u* bewirkt wurde. Dieser jüngere umlaut tritt zwar sowol bei *i, ī* wie bei *a, ā* und *e* ein, ist aber im ostn. — im gegensatz zum westn. — immer durch die nähe gewisser konsonanten bedingt, indem *a* nur nach postkonsonantischem tautosyllabischem *w* umlaut erleidet (beisp. s. § 72); *ā* nach *w* (beisp. § 65, 7) und wo es nasaliert ist (beisp. § 73, 2); *e* wenigstens nach *m* (beisp. § 65, 3); *i* und *ī* nach allen bilabialen konsonanten (beisp. § 65, 4, 5, 9 und 10). Dagegen regelmässig z. b. *gatur* (aisl. *gǫtor*) strassen, *stapul* (aisl. *stǫpoll*) turm, *harund* (aisl. *hǫrond*) fleisch u. s. w.

Anm. 1. Eine ausnahme wie rschw. acc. sg. *fauþur, fuþur* (z. b. Forsheda, Täng), *fąþur* (d. h. *fǫður* wie im aisl.) dürfte als kontamination von den lautgesetzlichen nebenformen *fauþr* (d. h. *fǫðr* wie im aisl.) und *faþur* (wie im anorw.) zu erklären sein. Über den noch ziemlich dunklen mannsnamen rschw. *Usur*(ʀ), *Ą̨sur* (aisl. *Qzorr*) neben *Asur*, in der literatur *Azur, -or, -ar, -er, Answar* (vgl. adän. runisch *Ą̨ntsuar*) s. Rv., s. 18 f. note; Kock, Sv. landsm. XII, 7, s. 16 f., Arkiv X, 304. Auf die nur einmal belegte schreibung *Ogmund* (zu dem mannsnamen *Aghmunder*) ist wol nichts zu geben.

Anm. 2. Ob dialektisch der jüngere *u*-umlaut auch im aschw. in anderen fällen als den unter 2 oben angegebenen eintreten konnte, bleibt sehr unsicher; vgl. Kock, Arkiv X, 322 ff.

§ 68. Ein lautgesetzlich entstandener wechsel zwischen verwandten formen mit und ohne umlaut ist gewöhnlich durch ausgleichung beseitigt worden, sodass bald der umgelautete, bald der nicht umgelautete vokal durchgedrungen ist, bald doppelformen entstanden sind. So findet man z. b. (näheres in der flexionslehre):

1. Nur umgelautete formen in *syll, systir* u. a. (s. § 65, 9); *hovuþ* statt **havuþ* (vgl. 2 unten) nach dat. *hofþe* haupt u. a. m.

2. Nur unumgelautete formen in agutn. *hafuþ,* dat. *hafþi* statt **hǫfþi* (vgl. 1 oben) haupt; aschw. *hargher,* dat. *harge* statt **harugher,* dat. **horghe* (noch ein paar mal dat. pl. *horghum* aus dem kaschw. belegt) opferstätte; *hasl* (f., älter m. wie im aisl.), dat. *hasl* statt **hasul,* dat. *hosli* (so noch rschw., s. § 67, 1) hasel; die mannsnamen auf *-faster* statt **-foster* nach gen. *-fastar* (noch rschw. *Uifostr,* d. h. *Wéfǫstr,* aber gen. *Kuþfastaʀ,* d. h. *Guðfastaʀ*; vgl. Uppsalastudier s. 16); ferner *axl* achsel, *hal(l)*

saal, *sak* sache, *galter* eber, *katter* katze, *lagher* nass u. s. w. in grosser menge gegenüber aisl. — und wol einst aschw. — *ǫxl, hǫll, sǫk, gǫltr* u. s. w. nach gen. *axlar, hallar* u. s. w.

3. Doppelformen in *borker* Vg. II, sonst *barker* (nach gen. *barkar*) rinde; *bolker* Vg. I, II, Ly, sonst *balker* abteilung; *bolder* (s. § 111 anm. 4), gew. *balder* ball; nom. pl. *born* Ly, Vg. II, sonst *barn* kinder; *rost* Ög, Bm, *rast* halbe meile (vgl. aber Wadstein, Fno. homiliebokens ljudlära, s. 47); *logh-man* Dipl. 1344, *lagh-maþer* rechtsmann; die mannsnamen *Hofþe, Hafþe* (vgl. 1 und 2 oben) und *Hogne* (ahd. *Haguno*), *Hagne* (ahd. *Hagano*); *sys(t)kin, sizkin* (s. § 50 anm. 2) durch kontamination von den lautgesetzlichen *sys(t)kon* und **swistkin* (vgl. § 65, 9 und Kock, Arkiv IX, 333) u. a. m.; vgl. noch dal. *okkul*: aschw. *ankul* fussknöchel, dal. *trost* (aisl. *þrǫstr*): nschw. *trast* drossel u. a. m.

Anm. Dass formen, die den zu erwartenden umgelauteten vokal *ǫ* zeigen, in der aschw. literatur überhaupt ziemlich selten auftreten, dürfte möglicherweise nicht nur nach 2 oben zu erklären sein, sondern vielleicht mit Hultman, F. B. s. 94 ff. aus einem gewissen aschw. dialekten eigenen lautgesetz, wodurch *ǫ* schon vorliterarisch zu *a* zurückverwandelt worden ist.

2. *w*-umlaut.

§ 69. Die Fälle sind:

1. *a* > *ǫ* (über dessen weitere entwicklung s. § 74, § 104 und § 109), z. b. rschw. *haukua* (d. h. *hǫggwa*), kaschw. *hogga* hauen, vgl. aus dem nschw. dal. *sokk* (aisl. *sǫkk*) sank, *togg* (aisl. *tǫgg*) kaute. Weitere beispiele s. §§ 74, 104, 109 sowie § 71, 1 und 3.

2. *ā* > *ǭ* (über dessen weitere entwicklung s. § 73, § 74 anm. und § 99). Hierher wahrscheinlich *siōr* (**siāwʀ*, vgl. aisl. gen. *siáfar*) see, *sniōr* schnee, *sliōr* stumpf, *miōr* schmal; vgl. An. gr. I § 72, 2 und Hultman, F. B. s. 121 note. Weitere beisp. s. die eben zitierten §§.

3. *e* > *ø*, nur wo *e* wegen des mangelnden haupttones nicht gebrochen werden konnte (s. § 76, 2). Hierher wol *køt* fleisch, aus zusammensetzungen — wo es die regelmässige form ist — wie *kōkøt* rindfleisch oder *køtmáter* (vgl. § 57, I, A, 2) fleischspeise losgelöst, dann auch als simplex neben *kiot* (nach § 76, 2 aus **ketwa*) gebraucht; s. Wadstein, Fornnorska homiliebokens

ljudlära, s. 150 note. Auf dieselbe weise stehen *smør* neben seltnerem *smior* butter und *møl* neben weit häufigerem *miol* mehl.

4. *i* > *y* (über dessen weitere entwicklung s. § 127, 1), z. b. *trygger* (got. *triggws*) sicher, *myrkia* (aisl. *myrkua*) dunkel werden, *myrker* (as. *mirki*) dunkel, *bryggia* (**bryggwa*, ags. *bréowan*) brauen, *ryggilse* betrübnis (vgl. aisl. *hryggua* betrübt machen), *smyria* (aisl. *smyrua*) schmieren, *rynkia* (aisl. *hrøkkua*) falten, *skrynkiotter* (vgl. ags. *scrincan*, nnorw. *skrøkka* runzeln) runzelig; ferner nschw. *töre* < *tyre* (aisl. *tyrue*) kien. Weitere beisp. s. § 71, 3 und § 127, 1.

5. *ī* > *ȳ*, z. b. *blȳ* (ahd. *blīo*, *-wes*) blei; ferner nschw. dial. *mȳl* (aisl. *mýll*, *mýell*, *mýfell*) ball. Weitere beisp. s. § 71, 1 und 3 mit anm.

6. *æ* (s. § 59, 1) > *ø*, z. b. rschw. *kaurua* (d. h. *gørwa*, mhd. *gerwen*), kaschw. *gøra* machen zu *gør* (aisl. *gørr*, acc. *-uan*) gemacht, *sløkkia* (aisl. *sløkkua*) neben *slœkkia* (worüber vgl. § 72, 3) auslöschen, *øx* (vgl. got. *aqizi*) axt, präs. *høgger* (aus **haggwiʀ* neben anal. *hogger*) zu *hogga* hauen, *dyggia* (aus **døggia* nach § 106, 2, a; aisl. *døggua*) feuchten; nschw. *snygg* < **snøgger* (aisl. *snøggr*) reinlich.

Anm. 1. In einigen von diesen fällen ist *ø* vielleicht eher als *i*-umlaut von *ǫ* (s. 59, 7) aufzufassen; vgl. An. gr. I § 72 anm. 8.

7. *æi* (s. § 80, 2) > *øy*, das agutn. zu *oy* (s. § 126, 1), sonst zu geschlossenem *ø̄* (s. § 126, 2) geworden ist, z. b. in zusammengesetzten ortsnamen *Sø̄-* (got. *saiw-*, wie aisl. *ey* 'immer' dem got. *aiw* entspricht) See-, *frø̄* (got. *fraiw*) same; mschw. *snø̄* (ngutn. *snoy*, got. *snaiws*) schnee, *slø̄* (ngutn. *sloygur*, wäre got. **slaiws*) stumpf; nschw. (alt) *ökia* (aschw. **ø̄kia* — aisl. **eykua*, urn. **aikwiōn* — neben *ēkia*, aisl. *eikia*, s. weiter § 72, 3) kahn (aus eiche).

Anm. 2. Hierher gehört wol auch *ø̄pla* (anorw. *eyðla*: nnorw. *eila* aus **aiþwilōn*: *-ulōn*, vgl. ags. *áð-exe*; dagegen scheint aisl. *eðla* dem as. *ewith-essa* und ndän. *øgle*, nschw. dial. *ögl* dem ahd. *egid-ehsa* irgendwie zu entsprechen) eidechse.

8. *wa* > **wǫ*, über dessen weitere entwicklung s. § 72, woselbst die einschlägigen beispiele angeführt sind.

9. *wi* > **wy*, woraus dann *y*, z. b. *tyswar* (ahd. *zwirō*) zweimal.

10. *wī* > **wȳ*, woraus dann *ȳ*. Nur ein etwas unsicheres beispiel: *ȳkiœ āt* SK hinzutreten (aisl. *ýkua*, *víkia*) neben *vīka* (anorw. *víka*) sich wenden (s. Kock, Förklaring af fornsvenska lagord, s. 16 ff.).

Anm. 3. Wie der *u*-umlaut (s. § 66) findet auch der *w*-umlaut nur in starktoniger — also auch in stark nebentoniger (beisp. s. 3 oben) — silbe statt. Vgl. z. b. starkton. aisl. *ey* (got. *aiw*): schwachton. aisl. *ei*, aschw. *ē* 'immer'.

§ 70. Auch in der entwicklung des *w*-umlautes dürften zwei verschiedene perioden zu unterscheiden sein (vgl. die § 67 angeführte literatur) und zwar:

1. Eine zeit, wo umlaut nur von einem — durch die synkopierung des einst auf das *w* folgenden vokals — tautosyllabisch gewordenen und daher geschwundenen *w* bewirkt wurde. Zu dieser zeit also stand noch neben dem nom. **hǫgg* (urn. **haggwa*) hieb der dat. **haggwe* (urn. **haggwē*), ein wechsel, welcher später durch ausgleichung (s. § 71) agutn. *hag*, *haggi* (aschw. dagegen *hog*, *hogge* nach 2 unten) ergab. — Wenn dieser ältere *w*-umlaut nie bei einem dem *w* unmittelbar vorhergehenden kurzen (und erst später durch den schwund des *w* lang gewordenen) vokal auftritt, so beruht dies verhältnis darauf, dass in diesem falle die synkope des auf *w* folgenden vokals erst in der nächsten periode (s. 2 unten) stattfand. Daher ohne umlaut z. b. *strā* (**strawa*, ahd. *strao*, *-wes*) stroh, *fā* (vgl. got. pl. *fawai*) wenig, *dānar-arf* (**dawan-*, vgl. got. *diwan* sterben) heimgefallenes gut, *trǣ* (aus **trē*, **trewa*, aisl. *tré*, got. *triu*, *-wis*) baum, *Signī* (ahd. *-niwi*) ein frauenname u. a. m.; s. Kock, I. F. V, 153 ff.

2. Eine zeit, wo umlaut nur von einem — wegen der nicht-synkopierung des auf das *w* folgenden vokals — heterosyllabisch gebliebenen und daher einstweilen bewahrten (wiewohl später meistens analogisch entfernten) *w* bewirkt wurde. Dieser jüngere umlaut ist im ostn. — im gegensatz zum westn. — durch die nähe gewisser konsonanten bedingt, indem er allgemein (vgl. aber anm. 2 unten) nur nach postkonsonantischem tautosyllabischem *w* (beisp. s. § 69, 6 und § 72)

sowie vor velaren und zwar vor *ggw* (z. b. *haukua* § 69, 1, *togga* § 71, 1, *bryggia* § 69, 4, *dyggia* § 69, 6), *k(k)w* (z. b. *nōkwar* § 73, 2, *ȳkorne* § 71 anm., *ökia* § 69, 7, *ȳkiæ* § 69, 10, *sløkkia* § 69, 6), *ngw* (beisp. s. § 109) und *nkw* (beisp. s. § 69, 4) eintritt. Dagegen regelmässig z. b. *vaþve* (aisl. *vǫþue*) muskel, *staþva* (aisl. *stǫþua*) festsetzen, *Īvar* ein mannsname, *ǣve* lebenszeit u. a.

Anm. 1. Eine ausnahme wie *þryswar* neben *þriswar* 'dreimal' dürfte auf anschluss an *tyswar* 'zweimal' und *þrȳ* 'drei' beruhen, gleichwie seinerseits *tyswar* nach *þriswar* die form mschw. *tiswær*, nach dem präfix agutn. *tuī-*, aschw. *twē-* wiederum die formen *twiswær*, mschw. *tweswar* angenommen hat. Der noch nicht hinreichend erläuterte mannsname rschw. *Saului* (d. h. *Sǫlwi*), *Sulfi*, lit. *Solve* neben *Salve* (aisl. *Sǫlue*, kurzname zu *Sǫluer* < **Sǫl-wér*, s. Lind, Arkiv XI, 270 f.) gehört wahrscheinlich nicht hierher, sondern zu § 68, 3, indem *Solve* (**Salu-wīhaʀ*) sich zu *Salve* (ahd. *Selwich*, **Sali-wīhaʀ*) verhält wie z. b. ahd. *Salu-man* : *Seli-man* (und ags. *salor* : ahd. *seli*, s. Noreen, Uppsalastudier, s. 201 f.); ebenso steht aschw. *Olvir* (und *Ølvir*, s. § 61 und § 104) neben *Alvir*. Über die unklare schreibung rschw. *Haąsui* (d. h. *Hǫswi?*) neben *Hasui* ein mannsname (vgl. aisl. *hǫss* grau) s. Kock, Sv. landsm. XII, 7, s. 17.

Anm. 2. Ob der jüngere *w*-umlaut in einigen dialekten auch in anderen fällen als den oben 2 angegebenen eintreten konnte, ist unsicher. Wiederum ist es auch unsicher, ob im agutn. überhaupt dieser umlaut vor velaren konsonanten stattfand, denn formen wie *hagguin* (aisl. *hǫgguenn*) gehauen, *nequar* (aisl. *nøkkuarr* und *nekkuarr*) irgend ein, *stinqua* (aisl. *støkkua*) springen, ngutn. *bregga* brauen u. a. sind sonst nur durch zum teil sehr komplizierte ausgleichungen zu erklären (vgl. § 71).

§ 71. Ein lautgesetzlich entstandener wechsel zwischen verwandten formen mit und ohne umlaut ist gewöhnlich durch ausgleichung beseitigt worden. Man findet z. b. (näheres in der flexionslehre):

1. Nur umgelautete formen in *hog*, dat. pl. *hoggum* statt **haggum* (das — vom agutn., s. § 70, 1, abgesehen — einmal mschw. belegte *hag* dürfte nur schreibfehler sein); *togga* (**tǫggwa*), 1. pl. präs. *toggum* st. **taggum* kauen (vgl. *tagger* zahn, stachel); nom., dat. *blȳ* st. *blȳ*, *blīve* blei u. a. m.

2. Nur unumgelautete formen in *arf* statt (wie im aisl.) **ǫr* nach gen. *arvar* (aisl. *ǫruar*) pfeil; *fal* (aisl. *fǫlr*) falb und *rasker* (aisl. *rǫskr*) rasch nach acc. *falan*, *raskan* (einst **falwan*, **raskwan*, aisl. *fǫluan*, *rǫskuan*); dat., acc. *iþer* (aisl. *yþr* euch) nach gen. *iþar* (**iðwar*, aisl. *yþuar*) euer; *Ingwar* (aisl. *Ynguarr*)

nach *Inge* (vgl. aisl. *Inge-biǫrg, Ingunar-freyr*) u. a. personennamen; mschw. *nakwidher* (aisl. *nøkkueþr*, vgl. adän. *neghæn*) nach *nakudher* nackt; nschw. *sparf* (aisl. *spǫrr*) nach pl. *spar(f)-var* (aisl. *spǫruar*) sperling. Aschw. *tīsdagher* (aisl. *týsdagr*) dienstag setzt eine dem aisl. *tír* (neben lautges. *Týr*), dat. *tífe*, pl. *tífar* entsprechende ausgleichung voraus. *Kwiker* (aisl. *kykr, kuikr*) lebendig, *sanger* (aisl. *sǫngr*) gesang, *þrang* (aisl. *þrǫng*) bedrängnis, *þranger* (aisl. *þrǫngr*) eng, *tagger* (s. 1 oben und gleich unten) zahn, stachel sind wie agutn. *hag* (s. 1 oben) zu erklären, d. h. vor dem eintritt der jüngeren *w*- und *u*-umlaute wurde der wechsel **kykr* (aisl. *kykr*), dat. **kwik(w)um* (woraus aisl. *kuikr*), acc. *kwikkwan* (rschw. *kuikuan*) zu *kwikr, kwikum, kwikkan* ausgeglichen. Vgl. noch aus dem nschw. *nagga* (: aisl. *hnǫggua*, wie agutn. *hagga* : aisl. *hǫggua*) stossen, stechen, das ablautend sich zu dal., nnorw. *negga* und aisl. präs. *hnyggr* (vgl. das subst. aisl. *hnǫggr*, nnorw. *nagg* : *negg* : *nygg* stoss, stich) verhält wie aschw. *togga* : dal. *tegga* : aisl. *tyggua* kauen und aschw. *tagger* : nnorw. *tegg* : *tigg* stachel.

3. Doppelformen in *gor* (aisl. *gǫrr*) Vh neben *gar* G u. a. nach formen wie acc. sg. f. *garva* gemacht; *dog* (aisl. *dǫgg*) MB. I, sonst *dag* tau; *siōr*, agutn. *siār* see; *Lyng-* (**lingwa*) neben *Ling-* (**lingu*, vgl. nschw. *lingon* preiselbeere) in ortsnamen zu aisl. *lyng, ling* heidekraut; *stynger, stinger* stich; dat. *yþrom* KP (Leseb. 24, 22), *iþrom* zu *iþar* euer; *þrysk(i)a þriska* (aisl. *þryskua, þriskia*) dreschen aus urspr. präs. sg. *þrysker* (**þriskwiʀ*), pl. *þriskum*, wozu *thryskule* : *þriskulde* schwelle; *þykla, þikla* 'oft' zum adj.-stamme *þykkwa-* (aisl. *þykkr*), *þik(w)u-* dick; *klȳ* (ahd. *klīwa*), *klī* kleie; präs. *spȳr* (got. *speiwis*) zu *spīa* (anal. statt **spīva*), dann (mit noch näherem anschluss an das präs., vgl. aisl. *spýia*) *spȳ*; *gøra, gæra* (aisl. *gørua, gerua*) machen u. a. m. Ferner noch nschw. *ökia* (s. § 69, 7): aschw. *ēkia* kahn aus urspr. nom. **øykwa*, obl. **æiku*; nschw. *hybb(e)le* (aisl. *hýbýle* zu got. *heiwa-*) hütte : aschw. *hīskaper* (vgl. aisl. *híbýle*, s. An. gr. I, § 79) familie; dal. *logg* (aisl. *lǫgg*) kimme : aschw. *lagg-are* wer kimmen macht; dal. *snogg* (aisl. *snǫggr*) fein : nschw. *snagg-hårig* mit kurzem haar. Vgl. übrigens Söderberg, U-omlj. s. 18 = 63 ff.

Anm. Die dreiheit *īkurni* Ly, *-orn(e)* Sdm, G, MEL u. a., *ȳkorn(e)* U, Vm, Rk. I u. a., *ēkorne* Sdm, Da u. a. eichhorn erklärt sich folgendermassen:

Wie neben **aikurn-* in ahd. *eichorn*, nnorw. *eikonn*, aschw. *ēkorne* steht **aikwern-* in ags. *ácweorna*, so stand einst neben dem durch wurzelablaut gebildeten **īkurn-* in aschw. *īkorne* auch ein **īkwern-*, woraus aschw. **ȳkwœrne* werden musste; durch den einfluss der form *īkorne* wurde dies **ȳkwœrne* zu *ȳkorne* umgebildet.

3. Nochmalige labialisierung der umgelauteten vokale.

§ 72. Postkonsonantisches *wǫ* wird vor (erhaltenem) *u* oder *w* der folgenden silbe zu *wo*, woraus dann *o*, z. b. *koster* neben *kwaster* und *kwœster* zweig, ast durch ausgleichung einer *u*-stamms-flexion (die bei dem entsprechenden, durch ablaut gebildeten aisl. *kuistr* thatsächlich belegt ist) sg. nom., acc. **kwǫstr, *kwǫst* (nnorw. *kvost*), sg., pl. gen. **kwastar, -a* (aschw. *kwaster*), sg. dat., pl. nom. **kwœsti, -ir* (aschw. *kwœster*), pl. dat., acc. **kostum, -u* (aschw. *koster*, ndän. *kost*); durch kontamination von *kwǫst-* und *kost-* entsteht ferner nschw. dial. *kåst* (mschw. *kaasth* PM geschrieben). Ebenso nschw. *sopp* (aisl. *soppr* neben *suǫppr*) pilz; vgl. ndän. *sort* nach *sortum, -u* zu adän. *swart* schwarz. Ferner nschw. dial. *solva* (ahd. *swalawa*, ags. *swealwe*) schwalbe neben nschw. *svala*, aisl. *suala*, das (wie *gata* statt **gǫtwa*, got. *gatwō* u. a., s. An. gr. I, § 79 anm. 2) vor dem eintritt des jüngeren *u*-umlautes zu obl. **swalu* analogisch neugebildet ist; nachdem dies (im westn., durch einfluss des nom., als anorw. *sualu*, aisl. *suǫlo* erhaltene) **swalu* durch den jüngeren *u*-umlaut zu **swǫlu* und dies nach § 72 zu **solu* (wozu nschw. dial. *såla*) geworden ist, entsteht durch kontamination von nom. **swala*, obl. **solu* endlich dal. *sala*.

Anm. Wenn agutn. *hurvi(t)na* 'wo auch immer' mit aisl. *horvetna* (neben dem nach *huar* 'wo' aufgefrischten *huarvetna*) auch formell identisch ist, so ist für jenes eine ursprüngliche betonung **hwǫrvi'tna* (s. § 57, I, A, 2) anzunehmen, und nachdem dann die urspr. stark nebentonige erste silbe schwachtonig geworden war, wurde sie (vor dem übergange *wǫ* > *wo*) nach § 74 behandelt. Ob das sehr seltene *hut* (und *hutske*) Ög statt *hwat* was (*hwatske* weder) ein ebenso entwickeltes **hutvitna* (aisl. *hotvetna* was auch immer) voraussetzt, aus welchem es losgelöst wäre wie vielleicht agutn. *hur* statt aschw. *hwar* 'wo' aus *hurvitna*, bleibt unsicher.

§ 73. *ǭ* wird zu (geschlossenem) *ō* in folgenden stellungen:

1. In der verbindung *wǭ*; beispiele s. § 65, 7.

2. Wo es — durch den einfluss eines einst oder noch vorhandenen, nachfolgenden oder vorhergehenden nasal (s. An. gr. I § 50) — nasaliert ist, z. b. _ōl_ (aus _*ǭhlu_ < _*anhlō_, gr. _ἀγκύλη_) riemen, _þōtter_ (_*þǭhtuʀ_, ahd. _dāht_) neben _þātter_ nach gen. _þāttar_ docht, faden, _hōs_ bei (got. _hansa_ gesellschaft, finn. lehnw. _kansa_ bei, mit), _ōsmunder_ (nisl. _ásmundr_ zu aisl. _óss, áss_, germ. _ansuz_ gott, also eigentlich 'gottesgabe') roheisen, prät. pl. _nōmo_ neben anal. _nāmo_ zu _nima_ nehmen, _hōn_ neben agutn. _hān_ (nach dem acc. _hāna_ gebildet, wie umgekehrt aschw. acc. _hōna_ nach _hōn_) sie, dat. sg. m. _hōnom_ neben _hānom_ ihm, _nōk(w)ar_ neben _nāk(w)ar_ (_*nākkwarr_ < _*naitkhwarʀ_, s. An. gr. I § 57, 4, a) irgend ein; vgl. noch nschw. dial. _ōn_ (aisl. _ón, ván_) hoffnung, _spōn_ (aisl. _spónn, spánn_) span, _slō_ (_*slǭhu_ < _*slanhō_ 'schlange') blindschleiche.

Anm. Ein durch ersatzdehnung aus _ǫ_ enstandenes _ǭ_ hat dieselbe entwicklung, z. b. die personennamen m. _Ōlāver_ (aisl. _Óláfr, Áleifr_ aus _*Anulaibaʀ_, air. lehnw. _Amlaib_, ags. _Anláf_), f. _Ōlof_ (vgl. § 75 anm.).

§ 74. _ǫ_ wird, wo es durch akzentreduktion schwachtonig geworden ist, zu (geschlossenem) _o_ und dann dies zu _u_ (das nach §§ 139, 143 mit _o_ wechselt), z. b. rschw. _iȝolð_ (d. h. _ȳghold_ s. § 65, 10) kriegsvolk zu aisl. _ǫld_ generation, kaschw. _forþum, -om_ (got. _faúr þamma_) ehedem zu _þom_ dem (§ 65, 1), _huvuþ_ (anorw. _hufuð_, urspr. schwachtoniges glied einer zusammensetzung) neben _hovuþ_ (aisl. _hǫfoþ_) und agutn. _hafuþ_ (vgl. § 68, 1 und 2) kopf, nom. sg. f. (dann auch m.) _nākur, -or_ (aus _*-hwǫr_) zu _nākwar_ (aus _*-hwarr_) irgend ein, _ennor_ neben _enhwar_ (vgl. aisl. _einnhuerr_) irgend ein, _væruld_ (aisl. noch _verǫld_) neben _værald_ (vgl. aisl. gen. _veraldar_) welt, _hinnugh_ neben _-vagh_ (vgl. § 173 anm. 1) dorthin, _daghurþer_ frühstück und _nātorþer_ abendmahl neben _-varþer_ (vgl. § 117 anm.), die mannsnamen auf _-ulder_ (z. b. _Gunnulder, Ingulder_) neben _-valder_ (z. b. _Ingvalder, Ragnvalder_) und _-vælder_ (z. b. _Ragvælder_) aus urspr. nom. _*-vǫldr_, gen. _-valdar_, dat. _*-vældi_ (s. Uppsalastudier, s. 19 f.), auf _-urþer, -varþer, -værþer_ (z. b. _Sighurþer, Halvarþer, -værþer_) aus _*-vǫrðr_ (rschw. _uaurþr_, s. § 65, 6), _-varðar, -værði_, auf _-uster, -vaster, -væster_ (z. b. _Ōruster, -æster, Āvaster, -æster_) aus _-fǫstr, -fastar, *-fæsti_ (s. Uppsalastudier, s. 15 f. und oben § 68, 2), _þræskulle_ (aisl. _þrøskoldr, -uldr_ neben _þreskǫldr, -aldr_) schwelle sowie _Azur, -ar, -ær_ aus _*-vǫrr_.

**-varar, *-væri* und der frauenname *Gunnur* (aisl. noch *Gunnvǫr*), *-ar* aus **-vǫr, *-varar.* S. Noreen, Arkiv VI, 307.

Anm. Ein durch kürzung aus ǭ entstandenes ǫ hat dieselbe entwicklung, z. b. der frauenname rschw. *Ąlauf* (aisl. *Álǫf* aus **-lǿf* < **-lāƀu* < **-laiƀu*), kaschw. *Ōluf, -of* (vgl. § 73 anm.), nom. sg. f., nom. acc. pl. ntr. *ūsul* (vgl. aisl. *vesǫl, -sol* zu *vesall,* anorw. auch *vesáll,* s. An. gr. I § 121, 1 und § 357 anm. 3) elend, *ærvoþ, -uþe, -aþe* (vgl. anorw. *ærfuð* aus **-ǿð* < **-āðu* < **aiðu,* s. An. gr. I § 121, 6) arbeit und vielleicht (vgl. § 112 anm. 1) *ambut, -ot* (neben *ambat* durch ausgleichung von urspr. nom. **ambǭtt,* gen. **ambāttar*; vgl. ahd. *ambaht*) sklavin.

II. Brechung.

§ 75. Über den begriff und die arten der brechung s. An. gr. I § 88. Demnach sind die beiden fälle:

1. Durch *a*-brechung wird *e* (zunächst zu dem fallenden diphthong **ea,* dann) zu dem steigenden diphthong *ia,* z. b. *hialpa* helfen, *hiarta* herz, *tialdra* (in einem lat. dipl. aus 1225 *teldra*) grenzstein, *sialver* (**selƀaʀ*) selbst, *iak* (**eka*) ich, *tiald* (**telda*) zelt.

2. Durch *u*- und *w*-brechung wird *e* (zunächst zu dem fallenden diphthong **eu,* dann) zu dem steigenden diphthong *iu,* welcher dann, ausser vor einem in der späteren sprache erhaltenen *u* oder *i* der folgenden silbe (s. Kock, Arkiv XI, 323), zu *io* übergeht, z. b. *tiughu* zwanzig, *fiughur* ntr. vier, der mannsname *Iuwur* (aisl. *ioforr*), dat. pl. *fiunom* (< **fenum*) Bir zu gen. pl. **finna* (wie aisl. gen. pl. *kuinna* gebildet), wonach nom. sg. *fin(n)a* finne; aber *miok* sehr, *i fiorþ* im vorigen jahre, *hiorter* hirsch, *miolk* milch. Durch ausgleichung eines lautgesetzlichen wechsels *iu* : *io* können doppelformen entstehen wie z. b. *kiutliker* KS: *kiøtliker* (< **kiotliker,* s. § 98) fleischlich zu *kiot* fleisch; *iurþrīki* Vh (Leseb. 13, 3, 5, 9, 15): *iorþrīke* erdreich zu *iorþ* erde; *fiuþæ[r]tigher* (<**fiuðr-,* got. *fidur-*) Vm: *fioþertiogher* eine anzahl von 40 enthaltend; *fiurþonger* Vm : *fiorþonger* (nach *fiorþe* Vm vierte) Vm, Da viertel (vgl. § 118); *tiugher* (nach dat., acc. pl. auf *-um, -u*) anzahl von zehn: nschw. *tjog* (vgl. das eben angeführte *fioþertiogher*) anzahl von zwanzig; *þiukker* (nach dat. u. a.) : *þiokker* dick; prät. pl. *fiullo* fielen, *hiuldo* hielten : *fiollo, hioldo* nach sg. *fioll, hiolt* (und *fiull, hiult,* dem pl. nachgebildet statt urspr. *fæl, hælt,* wie umgekehrt aisl. pl. *fello, heldo* sich

nach dem sg. *fell, helt* gerichtet haben; nschw. dial. *juling* (< **hiurþinge*) neben alt nschw. *hiordinge* hirt nach aschw. *hiorþ* herde. Über die weitere entwicklung des *iu, io* s. § 100, resp. § 118 und § 98, wo auch weitere beispiele.

§ 76. 1. Die brechung unterbleibt unmittelbar nach *l, r, v* oder *w* sowie vor heterosyllabischem *h*, z. b. *læsa* lesen, *vræka* treiben, *værþa* werden, *swælta* hungern, *sēa* sehen (vgl. dagegen obl. *siātta* aus **siahta* < **sehtan* sechste).

2. Die brechung scheint nur in haupttoniger silbe stattzufinden. Daher stehen einander gegenüber z. b. *iamn* eben: *æmvǽl* (s. § 57, I, A, 1, a; aus **eƀn-*) ebensowol, *giald* geldsumme: *ingeld* (Leseb. 33, 11; 34, 24) einkunft; der mannsname *Ingiálder*: *I'ngelder*; *diarver* dreist: *-derver* in mannsnamen wie *Ās-, Sighderver*; *biorn* bär: *-bern* in mannsnamen wie *Ā-, Frø̄-, Þōr-, Øþbern* (vgl. § 57, I, A, 2). Vgl. noch § 65, 3 und § 69, 3.

§ 77. Wo lautgesetzlich innerhalb eines paradigmas formen mit *a-* und mit *u-* (*w-*)brechung neben einander standen, ist fast immer ausgleichung eingetreten, sodass bald jene, bald diese vokalisation durchgedrungen ist, bald doppelformen vorkommen:

1. Nur *ia*-formen, z. b. *hialp* statt **hiolp* nach gen. *hialpar* hülfe; pl. *stiarnor* (statt **stiurnur*) zu sg. *stiarna* stern.

2. Nur *io-* oder *iu*-formen, z. b. *hiorþ*, gen. *hiorþar* statt **hiarþar* herde; gen. pl. *tiugha* (statt **tiagha*, wonach dal. *tiæg*) nach dat. *tiughum* zu *tiugher* (statt **tiogher*, s. § 75, 2) anzahl von zehn.

3. Doppelformen, z. b. *fiorþer, fiarþer* aus urspr. nom. *fiorðr*, gen. *fiarðar* meerbusen, bucht; *fiol, fial* brett; der mannsname *Biorn* : *Biærn*; ortsnamen wie *Biork* : *Biærk-ø̄*; *iorþa* : *iarþa* Ly beerdigen. Vgl. weiter die flexionslehre. Durch kompromiss zwischen *Iurunder* (*Iorunder*, aisl. *Iorundr*) und (dem nur im adän. belegten) *Iarander* erklärt sich wol der mannsname *Iarunder* (und mschw. *Iøran* aus **Iorander*?).

§ 78. Wo lautgesetzliche formen mit und ohne brechung wechselten, hat ebenfalls fast immer ausgleichung stattgefunden:

1. Nur gebrochene formen, z. b. *tiald*, dat. *tialde* statt **telde* zelt; *bialke* statt **belke* nach obl. *bialka* balken.

2. Nur ungebrochene formen, z. b. *gælla* (aisl. *gialla*) gellen nach konj. *gælle* u. a.

3. Doppelformen, z. b. *biargh* : *bærgh* berg; *fiat* : *fæt* spur; *miarþe* : *mærþe* reuse; *biarter* : *bærter* hell; adj. *fiarre* : *færre* (danach adv. *færran* statt *fiarran*) fern; *siätte* (danach *siax* statt *sæx* sechs): *sǣtte* sechste; *stiala* : *stæla* stehlen u. a. m. (s. die flexionslehre und Rydq. IV, 120 ff.). Hierher auch fälle wie *urfælder* und *-fialder* nach dem simplex *fialder* privater grundbesitz, *ingeld* und *-giald*, *þorbern* und *-biorn* u. d., s. § 76, 2.

Anm. 1. Bisweilen kann der neben dem gebrochenen stehende ungebrochene vokal durch *u-* oder *w*-umlaut zu *e* geworden sein, s. § 65, 3 und § 69, 3; bisweilen wiederum durch urgermanischen *i*-umlaut (s. § 164) zu *i* verwandelt, z. b. *giata*, *gæta* und (nach dem präsens) *gita* bekommen; *giaf*, *gæf* (nach *gæva* geben), *gif* (nach *giva* geben) gabe; *siaghl*, *sæghl*, *sighl* (nach *sighla* segeln) segel; *skial*, *skæl*, *skil* (nach *skilia* scheiden) unterschied; *snialder*, *snælder*, *snilder* (nach *snille* klugheit) klug; *spiall*, *spill* (nach *spilla* schaden) schade; *tiugher*, *tigher* (nach dat. *tighi*, nom. pl. *-ir*) anzahl von zehn; **iukul* (s. § 59, 10), *ikil* eiszäpfchen; die mannsnamen *Siugh-* und *Sighurþer*, *Siugh-* und *Sighus* (aisl. *Sigfúss*). Bisweilen endlich kann der ungebrochene vokal sowol *w-* wie *i*-umgelautet sein, z. b. *myrker* (**mirkwi-*) neben mschw. *miørker* (kaschw. **miorker*; vgl. aisl. *miorkue* : *myrkue* dunkelheit) dunkel; adv. *þykla* 'oft' neben *þiokker* dick.

Anm. 2. Andererseits können bisweilen die brechungen *ia* und *iu* durch den jüngeren an. *i*-umlaut zu resp. *æ* und *y* geworden sein. Beispiele s. § 59, 9 und 10.

Anm. 3. In fällen wie *sældan* selten, *gærna* gern neben *sialdan*, *giarna* beruht wol der ungebrochene vokal zum teil auf mndd. einfluss (*selden*, *gern*).

§ 79. Auch in der geschichte der brechung dürften — wie bei den umlauten — zwei verschiedene perioden zu unterscheiden sein (s. Söderberg, U-omlj. s. 50 f. = 95 f.):

1. Eine periode, wo brechung nur durch ein in der späteren sprache geschwundenes *a* oder *u* (*w*) bewirkt wurde. Zu dieser zeit also stand z. b. einem nom. sg. **teuȝ(u)ʀ* > **tioghr* (nschw. *tjog*) ein dat. pl. **teȝumʀ* > **teghum* (wonach aisl. nom. sg. *tegr*) gegenüber.

2. Eine periode, wo brechung nur durch ein in der späteren

sprache erhaltenes *a* oder *u* (*w*) bewirkt wurde. In dieser zeit also wurde der dat. pl. **teghum* zu *tiughum* (wonach aschw. nom. sg. *tiugher* anzahl von zehn).

III. Entwicklung der urn. diphthonge.

§ 80. *ai* wird zunächst in doppelter weise entwickelt:

I. In *ā* (woraus durch *i*-umlaut *ǣ* § 59, 2) kontrahiert in folgenden stellungen:

1. Vor (später geschwundenem) *h*, z. b. rschw. *fāþi* (urn. *faihiðo*) schrieb, kaschw. *ā* (urn. *aih*) besitze, *lān* an-, darleihe (*lǣn* lehn ist d. lehnw.), *māke* (zu aisl. *már*, ahd. *mēh*) möve, *rā* reh, *sāld* (*sald* § 90, 1) eimer zu *sār* (litau. *saĩkas*, s. Lidén, Uppsalastudier s. 81 f.) zuber, *slān* schlehe, *tā* zehe.

2. Vor (ursprünglichem) *r*, z. b. *ār* (finn. *airo*) ruder, *ārla* (*arla* § 90, 1; zu got. *air*) früh, *sār* (got. *sair*) wunde, *sār* (lapp. *sairas*) verwundet, *skǣr* (**skairi-*, vgl. got. *skeirs*) hell, *ǣrna* (got. *airinōn*) neben anal. *ārna* (nach **ār*, got. *airus* bote) auswirken.

Anm. 1. Vor rschw. *ʀ* (kaschw. *r*) bleibt einstweilen der diphthong, weshalb kaschw. (nach § 124, 2) *ē* steht, z. b. *ēr* (got. *aiz*) bronze, *mēre* got. *maiza*) grösser; *lǣra* lehren, *ǣra* ehre sind nämlich d. lehnw. Unklar ist dagegen der erhaltene diphthong vor urspr. *r* im rschw. namen (gen. sg.) *Airnaʀ* Rök sowie im mschw. *ērna* (schlechte orthographie? oder einfluss des mndd. *ernen*?) neben *ǣrna*, *ārna*.

3. Vor heterosyllabischem *w*, z. b. *hā-* (**haiwa-*, vgl. batavisch *Haeva* 'gattin' und got. *heiwa-*; s. Siebs, ZfdPh. XXIV, 461, Brate, Arkiv IX, 134) in *hāsskaper* Ög familie, wirtschaft, *lǣrikia* (mhd. *lēwerich*) lerche, *Sǣ-* (**saiwi-*, got. *saiws*) See- in ortsnamen, *ǣ* (vgl. got. acc. pl. *aiwins*) oder *ā* Vg. I, Ög u. a. (vgl. got. d. pl. *aiwam*) immer, *ǣve* (vgl. got. *aiweins*) lebenszeit; ferner der rschw. mannsname *Uamuþʀ* (d. h. *Wāmōþʀ*, vgl. finn. *vaiva* weh) Rök. Unsicher ist *haraþ* (*hāraþ*?), *-eþ* Vg. I (z. b. Leseb. 6, 29), Ly, Dipl. 1402 u. a., sonst *hær(r)aþ*, *-eþ* (aisl. *heraþ*, anorw. *hærað*) 'bezirk', das vielleicht zu *hær* 'heer' gehört und nach § 60—63 zu erklären ist.

Anm. 2. Tautosyllabisches *-aiw* wird (über *-æiw*, s. unten II) zu *-ey*, woraus agutn. *-oy*, aschw. *-ø̄*. Beispiele s. § 69, 7.

Anm. 3. Rschw. *sal*, *saul* 'seele' ist ags., die nebenform *sil* mndd. lehnw. (s. Brate, Uppsalastudier s. 6 ff.). Aus dem d. stammt auch kaschw. *vē* weh.

4. In stark nebentoniger silbe (s. § 57, II) und zwar:

a) Vor dem haupttone (vgl. § 57, I, A, 2), z. b. *nāk(w)ar* (vgl. § 73, 2) irgend ein, der mannsname *Swānalder* (zu aisl. *Sueinn*) und das erst nschw. belegte adv. *skaffēttes* aus **skāf-fǣtis* (vgl. ags. *scáf-*, *scábfót*) 'schief mit den füssen liegend' (zu aisl. *skeifr* schief).

Anm. 4. Über *bāþir* beide s. An. gr. I § 57 anm. 3. *Vrassvili* Vg. I neben *vrēz-* und *vræsvili* (s. II, 2 unten) zorn ist vielleicht nur ein schreibfehler statt *vræss-*.

b) Nach dem haupttone, z. b. in den zahlreichen mannsnamen auf *-lāver* neben (einst) haupttonigem *-lēver* (**-laiƀaʀ*, aisl. *-leifr*), *-lāker* neben *-lēker* (aisl. *-leikr*), *-stān* neben *-stēn* (aisl. *-steinn*), *-āmber* neben *-ēmber* (ahd. *-heim*) wie *Ōlāver, Þorlāker, Halstān, Onāmber*; ferner z. b. *Asgār* neben *-gēr* (aisl. *Ásgeirr*), *Ōvāgher* neben *Ōfēgher* (aisl. *Ófeigr*), rschw. (agutn.) *Sihrafʀ* (d. h. *Sigrāfʀ*) neben *-raifʀ* (aisl. *reifr*), kaschw. *forrǣþe* (**-aiþia*; Leseb. 4, 12) neben *-ēþe* (Leseb. 4, 17; zu aisl. *eiþr*) früherer eid, der ortsname *Sundāþ* oder *-ǣþe* neben *Sundhēþ(e)* zu *hēþ* haide, mschw. *ærvādhe, -a* arbeit, -en und mit später verkürztem *ā* z. b. *afraþ* neben *-rēþ* abgabe (zu aisl. *afreiþa* abtragen), *navar* (vgl. ahd. *nabagēr* < **-ȝaizaz*) bohrer, der mannsname *Īvar* (air. lehnw. *Īmhair*) neben *Īvir* (aus **Īwēʀʀ*).

Anm. 5. Wol aus den zahlreichen zusammensetzungen losgelöst ist *klǣþe* kleid und vielleicht *tāgher* Sdm. fr. neben *tēgher* ackerbeet. Ags. lehnw. ist *sāpa* seife und vielleicht *bāter* boot. Unklar sind *þrāva, þrǣva* neben nschw. *trēfva* (aisl. *þreifa*) tappen und (trotz einerseits Falk, Arkiv VI, 114 note, andererseits Kock, ib. IX, 165 f.) *hās* neben *hēs* heiser.

II. Zu *æi* (vgl. § 59, 1) in übrigen starktonigen (vgl. anm. 8 unten) stellungen. Über die spätere entwicklung dieses diphthongs s. § 124. Gemeinaltnordisch sind ausser dem schon (§ 69, 7) behandelten *w*-umlaut folgende vorgänge:

1. Wo *æi* durch den schwund eines (schon in urn. zeit) auslautenden *ȝ* in den auslaut tritt, wird es zu *ē* (woraus aschw. *ǣ*, s. § 114, 1) kontrahiert, z. b. präs. *ǣ* Biæ (got. *aig* neben *aih*, aschw. *ā* nach I, 1 oben; s. Läffler, Arkiv IV, 191 f.), mit anal. präsensendung *ǣr* Ly, SK neben gew. *ǣgher*, wo *gh* aus dem

inf. *ēgha* (aisl. *eiga*) oder anal. (nach präs. *ǣ*, resp. *ā*) *ǣgha*, *āgha* 'besitzen' entlehnt ist. Ebenso setzt wol prät. *stǣgh* 'stieg' Biæ, Bu und Cod. Holm. A 54 ein älteres **stǣ* (aisl. *sté* neben *steig*, aschw. *stēgh*) mit aus dem pl. *stighum* entlehntem *gh* voraus (s. Tamm, Arkiv II, 345).

2. Vor einer tautosyllabischen oder durch synkope entstandenen konsonantengruppe oder geminata (vgl. § 90) wird *æi* zu *e* (woraus aschw. *æ*, s. § 113), z. b. *flæsk* (schweine)fleisch, *mæst* (agutn. *mest*) am meisten, sup. *flæstęr* (agutn. *flestr*) zu *flēre* (agutn. *flairi*, aisl. *fleire*) mehrere, *ænkia* wittwe und *ænkil* (vgl. got. *ainakls* 'verlassen') wittwer, der mannsname *Hælghe* oder (mit in g. d. a. entstandener brechung, s. § 78, 3) rschw. *Healgi*, kaschw. (latinisiert) *Hielgo* (aruss. entlehnt *Oleg* mit dem fem. *Olga*, s. Arkiv I, 171; anorw. *Hiælgi*) 'der heilige', *ællivu* (got. *ainlif*) elf, nschw. *skädda* (**skaiðiðōn* zu aisl. *skeiþ* scheit, s. Hellquist, Språkv. Sällsk. i Upsala förhandl. 1891—1894, s. 83 ff.) buttfisch. In den weitaus meisten fällen kommen durch ausgleichung entstandene doppelformen mit *æ* und *ē* (agutn. *ai*, aisl. *ei*) neben einander vor, z. b. *bæskęr* und *bēskęr* (aisl. *beiskr* nach a. *beiskan* u. a.) bitter; ebenso bei *fætme* (zu aisl. *feitr* fett) fettigkeit, *fræst* aufschub, *hæl* (aisl. *heill*) glück, *hælsa* (aisl. *heilsa*) grüssen, *hæm(p)ta* (aisl. *heimta*) holen, *hæster* (s. § 93, 1) pferd, *hæzla* (so aschw., aber agutn. *haizla*) feierliche ankündigung, *hæþne* (aisl. *heiþne*) heidentum, *rænsa* (aisl. *hreinsa*) reinigen, die mannsnamen *Stænkil* (z. b. Leseb. 13, 33; aisl. *Steinkell*), *Swæn* (aisl. *Sueinn*), adv. *sænna* (aisl. *seinna*) später, *væzla* (so aschw., aber agutn. *vaizla*) bewirtung, *ægn* eigentum, *ægna* eignen, *ække* nicht(s), *æn* ein(er), *ænge* (ahd. *einag*) einzig, *ængin* kein, *ænkom* (aisl. *einkom*) besonders u. a. m.; vgl. nschw. *gränsle* (*grensle*) rittlings zu aschw. *grēn* verzweigung, *gäspa* (aus **gæpsa* wie aschw. *gēspa*, aisl. *geispa* aus **gæipsa* zu aisl. *geipa* schwatzen) gähnen, *ärg* (*erg*) kupferrost zu aschw. *ēr* (s. anm. 1 oben). In vielen fällen ist das lautgesetzliche *æ* nur ausnahmsweise (neben gew. *ē*) belegt, z. b. *bæzl* O oder mit metathesis *bælz* (agutn. *baizl*, aisl. *beisl*, *beils*) gebiss, *hæl* (aisl. *heill*) Ly u. a. ganz, der mannsname *Hæmfaster* zu *hēm* heimat, *hæþer* (aisl. *heiþr*) ehre, *lækmaþer* (aisl. *leikmaþr*) U u. a. laie, prät. *upræste* (z. b. Leseb. 47, 7) und part. *upræstęr* Bu zu *uprēsa* (aisl. *reisa*) aufrichten, *stæktęr* P. I u. a. zu *stēkia* braten, *stænka*

MEL steinigen, *sænka* (aisl. *seinka*) Bir, P. I verspäten, *vræþer*, g. *wræʀ* (aisl. *reiþr*) Vg. I, Biæ, MEL (anal. a. *vrǣþan* Bu) m. m. zornig, *ælder* (aisl. *eldr*, aber ags. *ǣled*, aschw. *ēleþer*, gew. *ēlder*) feuer, *æþer* (aisl. *eiþr*) U, Ly m. m. In anderen fällen ist das anal. *ē* alleinherrschend geworden, z. b. *rēn* (aisl. *hreinn*) rein u. a. m.

Anm. 6. Umgekehrt steht in vielen fällen durch kompromiss ein anal. *ǣ* neben lautges. *ē*, z. b. *hǣlagher* (nach a. *hælghan* u. a.) neben *hēlagher* heilig; ebenso bei *lǣta* (nach pret. *lætte*; aisl. *leita*) suchen, *mǣre* (nach sup. *mæster*; aisl. *meire*) grösser, *ǣghin* (aisl. *eigenn*) u. a. Selten sind diese *ǣ*-formen (neben gew. *ē*) in fällen wie a. *bræþan* P. I (nach n. *bræþer*, ntr. *bræt*) breit, *bǣn* (nach g. *bæns*, zusammens. *bænbrutin* u. dgl.) bein, *bǣþa* (aisl. *beiþa*) Vm, O m. m. bitten, *dǣl* teil, *flǣre* U, MEL mehrere, *fǣta* (z. b. Leseb. 78, 33; aisl. *feita*) das fette, *gǣt* geiss, a. *hǣtan* (Leseb. 84, 3) heiss, *hǣþin* MEL (z. b. Leseb. 34, 32), O heidnisch, *lǣþa* Vg. I (z. b. Leseb. 2, 19), Bu m. m. leiten, *rǣþa* Vg. I (vgl. Leseb. 62, 30) bereiten, *swǣpa* A 49 einhüllen, *sǣnast* (nach komp. *sænna*) Bir am spätesten, präs. *vǣt* (nach 2. sg. *væst*) Vg. I, U, Vm weiss, *vǣtir* (aisl. *veiter*) Vg. I zufügt, *ǣk* eiche u. a. m. Andererseits giebt es fälle, wo ein kurzes *æ* dem *ē* gegenüber alleinherrschend geworden ist, z. b. *læsta* (lat. *lædere* < **laizd-*) verstümmeln nach prät. *læste*, part. *læster*; adv. *sǣrlæstom* zu got. *laists* spur, nschw. *läst*, aisl. *leistr* (Brate, Böj. s. 15) fuss.

Anm. 7. Unklar ist *fræsta* (aisl. *fresta*) neben *frēsta* (aisl. *freista*) versuchen. Ob jenes aus **fraisatjan* (vgl. got. *fraisan*), dieses aus **fraistōn* (vgl. got. *fraistō-bni* entstanden ist?

Anm. 8. Über die behandlung des diphthongs *ai* in urspr. schwachtonigen silben s. § 91, 2.

§ 81. *au* wird ebenfalls zunächst in doppelter weise entwickelt:

1. Zu *ō* kontrahiert vor *h*, z. b. *þō* (got. *þauh*) jedoch, rschw. *flu* (d. h. *flō*, got. *þlauh*) floh.

1. Zu *ǫu* (vgl. § 65, 1) in übrigen starktonigen (vgl. anm. 3 unten) stellungen. Über die spätere entwicklung dieses diphthongs s. § 59, 8, § 64, 6 und § 123. Gemeinaltnordisch ist ausser den schon (§ 59, 8 und § 64, 6) behandelten *i*- und *ʀ*-umlauten folgender vorgang (s. Kock, Akc. II, 328 ff., Arkiv IX, 139 und die daselbst zitierte literatur; Wadstein, Tidskr. f. Fil. N. R. X, 231):

Wo die silbe zur schwachtonigkeit niedersinkt, wird *ǫu*, wo nicht association den diphthong erhält, zu *o* (dial. und selten *u*) und zwar:

a) Vor dem haupttone, z. b. *brot* U (*brut* Vg. II) oder mit metathesis wegen der schwachtonigkeit *bort* (*burt,* z. b. Leseb. 43, 17; 44, 27) neben *brøt* Vg. I 'weg', aus den zahlreichen zusammensetzungen (s. § 57, I, A, 1, b) losgelöst und urspr. mit dem subst. *brø̄t* (aisl. *braut*) identisch; *dozdrāp* Vm, Biæ totschlag, *dozø̄ker* Vg. II todeskampf zu *døþer* (aisl. *dauþer*) tod; *Go(t)staver* neben *Gøtstaver* Gustav; *loghadagher* (alt nschw. *logerdag* 1538, nschw. dial. *lōrda*) neben *lø'gha(r)dagher* (aisl. *laugardagr*) sonnabend; *loghokarl* neben *lø̄'ghokarl* bader zu *lø̄gh* (aisl. *laug*) bad; *ok* (*uk* Dipl. 1316 und ngutn.) aus rschw. *auk* und, auch; der name *Oþælver* neben *Øþælver* (vgl. anorw. *Oðfinnr* neben *Auðfinnr*); *skotkonunger* (einmal *skut-*) neben *skøtkonunger* 'könig der noch schosskind ist' und *skutrā* Da 'grenzzeichen im winkel des hofes' neben gew. *skø'trā* zu *skø̄t* (aisl. *skaut*) schoss, winkel.

b) Nach dem haupttone, z. b. *brūþlop* neben *bru(l)lø̄'p* (aisl. *brullaup*) hochzeit; die ortsnamen *Falukoponger* Vg. I neben *Falukø̄'punger* und *Lynkopunger* neben *Lin(g)kø'punger* (vgl. aisl. *kaupangr* stadt); ? pl. *lø̄sorar* neben *-ø̄'rar* (aisl. *aurar*) bewegliche habe, anal. auch simplex *ōre* Vg. I, II, Ly, Vm, Biæ m. m. neben *ø̄re* (aisl. *eyrer*) 1/8 mark (s. Kock, Arkiv XII, 88; vgl. aber Zetterberg, s. 15); *mullogh* (*mollugh* Dipl. 1483) neben *mullø̄'gh* handfass; der ortsname *Uphogha* (*-hugha* Sdm) zu *høger* (aisl. *haugr*) hügel; *valruf* Ög (ntr. wie adän., anorw. *valrof,* ags. *wælréaf*; vgl. rschw. fem. pl. *ualraubaʀ* Rök) leichenplünderung; *vindogha* neben *-ø̄'gha* (aisl. *vindauga*) fenster; *ørtogh* (*-tugh* Ög m. m., *yrtugh* Sdm m. m., anorw. *ærtug*) neben *ørtø'gh* Vg. I, II, agutn. *ertaug* 1/24 Mark; ferner die zahlreichen personennamen auf *-goter* (*-guter*) neben *-gø̄ter* (aisl. *-gautr*), *-logher* (*-lugher*) neben *-lø̄gher* (aisl. *-laugr*) und *-logh* neben *-lø̄gh* (aisl. *-laug*) wie z. b. *Algoter, -guter, Asgoter, -guter, -gø̄ter, Gunlogher, Hærlogher, -lugher, -lø̄gher, Aslogh, Ingelogh, -lø̄gh.*

Anm. 1. Von obigen beispielen sind mehrere (besonders solche, wo nebenformen mit *u* vorkommen) vielleicht eher durch ablaut (s. § 170 und Urg. lautl., s. 93 f.) zu erklären. Zu *brot, brut* (auch *burt,* später *bort* nach § 120) vgl. aisl. *brott* (schwerlich aus *braut*) 'weg'; zu *Got-, -goter, -guter* vgl. aisl. *Gotar* Goten, *got(n)ar* männer, aschw. *Gutar* einwohner von *Gotland,* nnorw. *gut* knabe; zu *-hogha, -hugha* vgl. aschw. *Hugha, Hoghaby* ortsnamen, *hogher?* hoch, aisl. *Hugleikr* mannsname, *hugr* (hoch)mut; zu *-logher, -lugher* vgl. aschw. *loghi, lughi,* aisl. *loge* lohe (neben *leygr* wie

Háloga-land neben *Háleyger*); zu *-ruf* vgl. aisl. *rof*, aschw. *ruf* reissen, bruch; zu *skot-*, *skut-* vgl. aisl. *skot-* vorsprung, *skutr* steven; zu *-togh*, *-tugh* vgl. aschw. *tugh*, aisl. *tog* seil (neben *taug* wie aschw. *ertogh* neben agutn. *ertaug*, d. h. **ert-taug* 'erzdraht' als geld gebraucht).

Anm. 2. Wahrscheinlich d. lehnw. sind *Kōpman* (mndd. *kōpman*), *kætilōdh*, *-hōt* (mndd. *kettelhōt*), '*til overlops*' (mndd. *overlōp*) neben *Kø̄pman* ein mannsname, *kætilhø̄þ* eisenhut, *ivirlø̄ps* überschüssig. Vermutlich nur schreibfehler ist *ostbytta* Biæ (statt **ø̄st-*, vgl. aisl. *austker*) schöpfeimer.

Anm. 3. Über die behandlung des diphthongs *au* in urspr. schwachtonigen silben s. § 91, 3.

§ 82. *eu* und *iu* werden beide spät und vielleicht einzelsprachlich in starktonigen silben (vgl. anm. 2 unten) zum steigenden diphthong *iū* (über dessen spätere entwicklung s. § 122), z. b. *liūver* (urn. *-leuƀaʀ* Skärkind), fem. *liūf* (urn. *liuƀu* Opedal) lieb, *siūker* (got. *siuks*) krank, *kiūsa* (got. *kiusan*) entzücken.

Anm. 1. Durch eine frühe dialektische spaltung tritt in gewissen gegenden des nordens statt *iū* vielmehr *iō* ein, bald wie im aisl. nur vor gewissen konsonanten, bald wie im dal. in allen stellungen. Aus solchen dialekten (oder vielleicht aus urnord. *eo*, s. § 58 anm., § 163 anm. 3) stammt wol das im aschw. ganz ausnahmsweise auftretende *iō*, z. b. *tiōþer* (wozu das verb *tiōþra*) Vm., *tiūþer* spannstrick, *skiōter* Dipl. 1344, MB. I, D 4, Rk. I, *skiūter* schnell, *liōver* (dies oft), *liūver* lieb, *liōr* oder *liōmber*, *liūmber* lau, rschw. mannsnamen auf *-niōtr* (s. Rv., s. 37).

Anm. 2. Über die behandlung dieser diphthonge in schwachtonigen silben s. § 91, 5.

Anm. 3. Entsprechend werden *ia* und *io* (in lehnwörtern) zu *iā*, resp. *iō*, z. b. *þiāna* (as. *thianōn*) dienen, rschw. *siul*, d. h. *siōl* (as. *siola*) seele; s. § 118 mit anm. 2.

IV. Sonstige veränderungen.

§ 83. Ein übergang *ĭ* > *ĕ* tritt in starktoniger silbe, ausser wo in der folgenden silbe *ĭ* oder *j* noch in urn. zeit steht (vgl. Lindgren, Sv. landsm. XII, 1, s. 154 ff.; Lidén, Uppsalastudier, s. 80 f.), in folgenden fällen ein:

1. *i* wird zu *e* (aschw. *æ* § 113) in folgenden stellungen:

a) Vor einem durch assimilation geschwundenen nasal, z. b. *klæpper* klöppel neben *klimper* klumpen, *brækka* neben *brinkia* (durch kontamination *brikka*) brink, *vætter* Vg. I neben *vinter* (kont. *vitter* Vg. I) winter.

Anm. 1. Bisweilen ist *e* durch anal. *i* ganz verdrängt worden, z. b. imperat. *stik* nach inf. *stinga* stechen, *drik* (aisl. *drekk*) trinke nach präs. *drikker* (**drinkiʀ*; umgekehrt aisl. *drekkr* nach dem inf. *drekka*). In *kriplinger* (vgl. aisl. *krepp-hendr*) neben *krimplinger* krüppel ist *i* wegen des folgenden *i* lautgesetzlich.

b) Vor heterosyllabischem ʀ, z. b. 3. pl. (urspr. starktonig) *æru*, agutn. *ieru* (vgl. § 98 anm. 2; aisl. *ero*, urg. **izunþ*, s. Brugmann II, 908) neben (urspr. schwachton.) agutn. *iru* 'sind'.

2. *i* wird zu *ē* (aschw. *ǣ* ausser vor vokal, s. § 114, 1) in folgenden stellungen:

a) Vor (später geschwundenem) *h*, z. b. *vǣtter* neben agutn. *vītr* (aus formen mit *i* in der endung) wicht, *frǣt* (aisl. *frétt*) nachricht, subst. *rǣtter* (aisl. *réttr*) recht, *stǣtta* (vgl. aisl. *stétt*) steige, *vǣt* (aisl. *vétt-* zu *víg* kampf) totschlag. Vgl. mit lautges. *ī*, z. b. präs. *sīr* (**sihiʀ*) siehst, sieht (neben *sēr* nach inf. *sēa*, wie umgekehrt inf. *sīa* nach dem präs.); *īl* (< **jihil-*) neben *ǣl* (< **jihl*) windstoss; vgl. dal. *raita* (**rītta* < **rihtian*) aufrichten (neben aschw. *rǣtta* nach *rǣtter* aufrecht, wie *slǣtta* schlichten nach *slǣtter* eben).

Anm. 2. In obigen beispielen kann das *e* (> *ē* > *æ*) auch zum teil durch urg. *a*-umlaut (s. § 163, 1) erklärt werden. — Über den diphthong *ai* s. § 80, I, 1.

b) Vor einem mit ersatzdehnung geschwundenen nasal, z. b. a. f. *þrǣ* (got. *þrins*) drei, *fǣm* fünf (rschw. noch *fim* Rök, d. h. *fēm* statt **fēf*, got. *fimf*, nach **fimpte* fünfte, das seinerseits nach *fǣm* zu *fæmpte* umgebildet worden ist). Vgl. mit lautges. *ī* z. b. *mīl* (**minþila*, ahd. *mindil*; vgl. aisl. *mél* aus **minþla*) mundstück des gebisses; mit lautges. *i* in schwachtoniger silbe präpos. *i* (dann auch starktonig *ī* nach § 87) 'in'. Bei wechselnder betonung entstehen doppelformen wie bei dem präfix (urspr. starktonig) *sǣ-*, (urspr. schwacht.) *si-*, *sī-*, (got., ahd. *sin-*) 'allgemein, immer', z. b. in *sǣvinter* langer und strenger winter, aber *sīval* ganz rund.

c) Vor tautosyllabischem ʀ, z. b. *mǣr* (aisl. *mér*, urn. *meʀ* Opedal, got. *mis*, ahd. *mir*) mir, *þǣr* dir, *sǣr* sich (dativ) neben den urspr. schwachtonigen (dann auch starktonigen und gedehnten) nebenformen agutn. *mīr*, *þīr*, *sīr*; vgl. 3. sg. aisl. *ér* (s. Larsson, Ordförrådet s. 358, 361; gew. *es* oder nach dem pl. *er*) neben agutn. *ir* 'ist'.

Anm. 3. Urspr. langes ī wird von dem übergang nicht betroffen, z. b. aschw., agutn. *vīr* (got. *weis*) wir, *īr* ihr. Aisl. *vér*, *ér* setzen daher wie ahd. *wir*, *ir* kurzvokalische formen voraus (s. Brugmann II, 810).

3. ī wird zu ē (aschw. ǣ ausser vor vokal, s. § 114,1) in folgenden stellungen:

a) Vor (später geschwundenem) *h*, z. b. *fǣl* (aisl. selt. *fēl*, ahd. *fīhala*; spät mschw. *fīl* ist wol aus mndd. *vīle* entlehnt) feile, *lēa* (got. *leihvan*) leihen, *lǣtter* leicht, *tēa* (got. *teihan*) zeigen, *twǣ-* und (urspr. antevokalisch) *twē-* (aisl. *tué-*, got. *tweih-*; aisl., agutn. *tuī-* entspricht ags. *twi-*, ahd. *zwi-*) zwei-, *twǣni* Vg. I, Vh (got. *tweihnai*) zwei, *vǣ* (zu got. *weihs* heilig) neben *vī* (aus lokativ **wīhi*) heilige stätte, *þǣtter* neben dal. *tīt* (mhd. *dīhte*) dicht. Vgl. mit lautges. *ī*, z. b. *þīstil* (aisl. *þīsl*, ahd. *dīhsila*) deichsel, nschw. *tīta* (**tīhtiōn*) meise zu dal. *tēta* (**tīhtōn*) zwitschern.

b) Vor geschwundenem nasal, z. b. *lǣræpt* (agutn., aisl. *lérept*) neben aisl. *líript* (durch kombination aschw. *lǣript*) leinwand zu *līn* lein.

§ 84. Ein entsprechender übergang ŭ > ŏ tritt in starktoniger silbe, ausser wo in der folgenden silbe ĭ oder *j* noch in urn. zeit steht (in welchem falle ŭ nach § 59, 5 und 6 zu y̆ wird), in folgenden ganz analogen fällen ein:

1. *u* wird zu *o* in folgenden stellungen:

a) Vor einem durch assimilation geschwundenen nasal, z. b. *roppa* neben *rumpa* schwanz, *þokke* neben agutn. *þunki* (durch kontam. aschw. *þukke*) unehrerbietigkeit, *oker* (wegen schwachtonigkeit aus **okker*, aisl. *okkr*, kontam. von **okk*, got. *ugk* und **ykkr*, got. *ugkis*) uns beide. Vgl. mit lautges. *y*, z. b. *kryplinger* krüppel zu *krumpin* krüppelig, *þykkia* dünken, *drykker* (**drunki-*) trunk, *forstytta* verkürzen zu *stunter* kurz u. a. m. (s. Kock, Arkiv XI, 315 ff.).

Anm. 1. Vielleicht bleibt *u* vor einem *u* der folgenden silbe (so Kock, a. a. o.), z. b. *okkar* (got. *ugkar*) uns beiden zugehörig, aber fem. *ukkur* neben (eventuell analogischem) *okkor*. Jedenfalls ist prät. pl. *drukku* 'tranken' nicht lautges., sondern nach sg. *drak* umgebildet statt **drunku*, wie part. prät. *drukkin* statt **drunkin*, welche form tatsächlich dem verb *drunkna* 'ertrinken' zu grunde liegt.

b) Vor heterosyllabischem ʀ, z. b. 3. pl. prät. _koro_ (aisl. _køro_, vgl. got. _kusun_) wählten, part. _korin_ (aisl. _kørenn_, vgl. got. _kusans_) gewählt.

2. _u_ wird zu _ō_ in folgenden stellungen:

a) Vor (später geschwundenem) _h_, z. b. _drōtsæte_ truchsess, _lō_ luchs, _sōt_ sucht. Vgl. mit lautges. _ȳ_, z. b. _sȳta_ (*_suhtian_) besorgen.

Anm. 2. In obigen beispielen k a n n das _o_ (> _ō_) auch zum teil durch urg. _a_-umlaut (s. § 163, 2) erklärt werden.

Anm. 3. Das konsonantische _u_ in den diphthongen _eu, iu_ wird von dem übergang nicht betroffen, z. b. _liūs_ licht, _liūre_ lichtöffnung (zu got. _liuh-aþ_ licht); vgl. § 82. Über den diphthong _au_ s. § 81, 1. — Vor _s_ geht _h_ so früh in _k_ über, dass es keinen übergang bei vorhergehendem _u_ bewirken kann, z. b. _uxe_ (got. _aúhsa_) ochs.

b) Vor einem mit ersatzdehnung geschwundenen nasal, z. b. präfix _ō-_ neben urspr. schwachton. (s. § 57, I, A, 1, a) _ū-_ un-; d. a. pl. _ōs_ (z. b. Leseb. 47, 16) neben urspr. schwachton. _ūs_ (got. _uns_), durch kontam. von _ōs_ und *_yss_ (got. _unsis_) auch _os(s)_ und _us(s)_ (beides nach § 90, 3 und § 112 aus *_ōss_) uns; _ōsk_ neben _ūsk_ (nach *_unskian_ > _ȳskia_ wünschen, wie umgekehrt nach _ōsk_ die verbalform _ø̄skia_, wonach dann die substantivform _ø̄sk_) wunsch; _tōft_ Vg. I (_topt_ Vg. I, II) neben _tompt_ (kontam. von _tōft_ und *_tumpt_, ahd. _zumft_) bauplatz; (_fram_)_fōs_ (ahd. _funs_) neben _fūs_ (nach *_funsian_ > aisl. _fýsa_ begierig machen, _fýse_ begierde u. a.) eifrig; _þōrsdagher_ (ags. _þunresdæȝ_) donnerstag neben _Þyrgils, Þūrir_ (anal. _Þorgils, Þōrir_) mannsnamen (vgl. aisl. _Þórr : Þuríþr_, adän. _Thōr : Thȳri_).

Anm. 4. Vielleicht bleibt _u_ als _ū_ vor einem _u_ der folgenden silbe, was das (konstante) _ū_ in _ūsal_ (neben _ōsæl_) 'elend', dem fem. und ntr. pl. _ūsul_ (vgl. oben anm. 1 über _okkar_ : _ukkur_) nachgebildet, erklären würde.

Anm. 5. Ags., resp. mndd. lehnw. ist _hūsl_ (got. _hunsl_) sakrament, _dust_ (ahd. _dunst_) staub.

c) Vor tautosyllabischem ʀ, z. b. präpos. _ōr_ (_ø̄r_ s. § 64, 4; got. _us, uz-_) neben urspr. schwachton. _ūr_ (agutn., dal. _ȳr_ s. § 64, 5) aus, _snōr_ (nnorw. _snør_ < *_snuz-_; vgl. mengl. _snēsen_ < *_sneusan_ niesen) nasenschleim. Vgl. noch anm. 7 unten.

Anm. 6. Unsicher ist _kōr_ (_kø̄r_ § 64 anm. 3) wahl, das vielleicht mndd. lehnwort ist.

Anm. 7. In schwachtonig gewordenen silben unterbleibt die dehnung (oder tritt früh kürzung ein), z. b. die präfixe *or-* (*ør-*, got. *uz-*) und *tor-* (*tør-*, got. *tuz-*), s. § 64, 3.

Anm. 8. Urspr. langes *ū* wird von dem übergang nicht betroffen, z. b. dal., aisl. *kȳr* neben a. *kū* kuh (vgl. § 83 anm. 3). Ebenso das *u* der diphth. *eu*, *iu*, z. b. *diūr* (got. *dius*) tier; vgl. § 82 und anm. 3 oben.

3. *ū* wird zu *ō* vor (später geschwundenem) *h*, z. b. *ōtta* (got. *ūhtwō*) frühe morgenzeit, *þōtte* (got. *þūhta*) dünkte, *stēnþrō* (ags. *þrúh*) steinsarg; vgl. *mōghe* schar, durch kontam. von **mōe* (ags. *múha*) und *mūghe* (aisl. *múge*, ags. *múʒa*), s. Urg. lautl. s. 179.

Anm. 9. Von *ū* > *ō* vor geschwundenem nasal fehlen zufällig beispiele.

§ 85. Wegen der übergänge *ē* > *i*, *ō* > *a* und *ō* > *u* in schwachtonigen silben s. § 91, 4 und 7.

B. Quantitative veränderungen.

I. Dehnung starktoniger vokale.

§ 86. Sog. ersatzdehnung tritt ein, wo unmittelbar nach dem vokal ein konsonant schwindet ohne sich einem folgenden zu assimilieren, z. b. *gās* gans, *ō-*, *ū-* un-, *fǣ* vieh. Ebenso einst in (später gewöhnl. schwachtonig gewordenen) endsilben nach kurzer stammsilbe wie z. b. *komā* (später *koma*) kommen; vgl. § 57, II, B, 1.

§ 87. Jeder auslautende vokal wird gedehnt, z. b. *sā* 'der', f. *sū* aus schwachton. *su* (got. *sō*, s. § 91, 7, a), a. sg. f. *þā* (got. *þō*, s. § 91, 7, b) 'die', *þū* du.

§ 88. Vor tautosyllabischen konsonanten tritt dehnung in folgenden fällen ein:

1. Vor (später zu *tt* assimiliertem) *ht* bei allen vokalen, z. b. *ātta* acht, *rǣtter* recht, *dōtter* tochter.

2. Vor tautosyllabischem *ʀ* nur bei *i* und *u*, welche (über *e*, *o*) zu *ē* und *ō* werden. Beispiele s. § 83, 2, c und § 84, 2, c.

§ 89. Ueber *eu*, *iu* > *iū* s. § 82.

II. Kürzung.

§ 90. Vor einer tautosyllabischen oder durch synkope entstandenen konsonantengruppe oder geminata wird ein (urspr. oder nach § 80, I, § 83, 2, § 84, 2, § 86 und § 88, 1) langer vokal gekürzt. Jedoch wird sehr oft durch assoziation mit formen, wo die genannten bedingungen nicht vorhanden sind, die länge erhalten. Beispiele:

1. *ā* > *a* wie in *han* (aisl. *hann*) er, g. *hans* seiner neben d. *hānom* ihm, *hwarke* (aisl. *huártke* nach *huárge*) weder, *sargha* verwunden zu *sār* wunde, *halka* schlüpfrigkeit zu *hāl* schlüpfrig, *arla* (anal. *ārla* zu aisl. *ár*) früh, ntr. *fat* D 4 (*fāt*, aisl. *fátt*) mangelnd zu *fār* gering, *nat* (*nāt*) nacht, *vapn* (*vāpn*) waffe, *vaþmāl* kleiderstoff zu *vāþ* stück zeug; vgl. noch nschw. *ramsa* reihe (zu aisl. *rǽma* riemen), *skaffōttes* (s. § 80, I, 4, a).

2. *ī* > *i* wie in *min* (aisl. *minn*) mein, *þin* dein, *sin* sein neben f. *mīn* u. s. w.; *litle* der kleine zu *lītin* klein.

3. *ō* > *o* wie in *drotning* königin zu *drōtin* (aisl. *dróttenn*) herr, *os* (aisl. *oss*) neben *ōs* (anorw. *ós*; vgl. § 84, 2, b) uns, *got* (aisl. *gott*) neben anal. *gōt* (woraus später *gut* § 112) zu *gōþer* gut, *topt* (s. § 84, 2, b) bauplatz, namen wie *Þorkil* zu *Þōr*.

4. *ū* > *u* wie in *brullop* hochzeit zu *brūþ* braut, ntr. **skiutt* > *skyt* (§ 100) zu *skiūter* hurtig.

5. *ȳ* > *y* wie in *ymse* neben *ȳmis-* wechselnd, *bryllop* hochzeit zu *brūþ* braut, pl. *lys* (aisl. *lýss*), *mys* (aisl. *mýss*) zu *lūs* laus, resp. *mūs* maus.

6. *ǣ* > *æ* wie in g. *hænnar* ihrer, d. *hænne* ihr neben *hānom* ihm, pl. *gæs* (aisl. *gǽss*) zu *gās* gans, *sǣl* (aisl. *sǽll*) glücklich.

Anm. Über die analoge behandlung des diphthongs *æi* s. § 80, II, 2.

§ 91. In schwachtonigen silben werden alle langen vokale und diphthonge in der weise reduziert, dass sie samt und sonders zu *a*, *i* oder *u* werden und zwar: *ā*, *au* zu *a*; *ē*, *ī*, *ai*, *eu*, *iu* zu *i* (das später nach §§ 137, 142 mit *e* wechselt); *ū* zu *u* (das später nach §§ 139, 143 mit *o* wechselt); *ō* nach besonderen regeln zu *a* oder *u* (*o*). Also beispielsweise:

1. *ā* > *a* in schwachtonigen (wiewol oft früher stark nebentonigen) zusammensetzungsgliedern, teils vor dem hauptton, z. b. *nabō´* neben *nā´bō* (aisl. *nábúe*) nachbar, der ortsname *Skanø̄´r* neben *Skā´nø̄* Schonen; teils nach dem hauptton, z. b. *afraþ* (aisl. *afraþ* und *-rāþ*; vgl. § 80, I, 4, b) abgabe, a. pl. m. *bāþa* beide zu *þā* die, *ēlaker* neben *-lāker* (dal. *iælåk*; mit starkem nebenton) schlecht, *hǣraþ* (vgl. ahd. *hīrāt*) bezirk, *ūsal* (zu got. *sēls*) elendig, die mannsnamen *Ingemar*, *-mār* (nschw. dial. *-mår*), *Īvar*, *Ōlaver*, *-lāver*, *navar* bohrer (über die drei letzten vgl. § 80, I, 4, b). Vgl. An. gr. I, § 121, 1.

2. *ai* > *i*, z. b. 3. sg. präs. konj. *binde* (got. *bindai*) binde, n. pl. m. *blindir* (got. *blindai*) blinde, *bāþir* (got. *bai þai*, vgl. An. gr. I, § 57 anm. 3) beide.

3. *au* > *a*, z. b. *ātta* (got. *ahtau*) acht, g. sg. *sonar* (got. *sunaus*) sohnes. Hierher wol auch rschw. *ak* 'und' neben *auk* 'auch' (Kock, Om några atona, s. 17 note; anders, aber kaum richtig, Rv. s. 119).

4. *ē* > *i*, z. b. *valdir* (got. *walidēs*) wähltest, mannsnamen wie *Ivir*, *-ēr* (vgl. § 80, I, 4, b), *Kældir* (vgl. aisl. *Hamþér*, *-dir* u. dgl.), *hǣriþ* (zu *hǣraþ*, oben 1, wie ags. *hieréd* zu ahd. *hīrāt*) bezirk.

5. *eu*, *iu* > *i*, z. b. *ø̄re* (aus lat. *aureus* entlehnt) $^1/_8$ mark, d. sg. *syni* (alt *synī*, s. § 57, II, B, 1; ahd. *suniu*) sohn.

6. *ī* > *i*, z. b. *gæstir* (got. *gasteis*) gäste, *hirþe* (got. *haírdeis*) hirt, *likámi* neben *lī´kame* körper, *þō´likin* (mschw. *tholkin*) solcher zu *līker* gleich, namen wie *Rø̄riker* (aisl. *Hrørekr*, ags. *Hréðríc*) Roderich.

7. *ō* wird in zweifacher weise entwickelt:

a) Zu *u* vor *m*, vor (erhaltenem oder geschwundenem) *u*, *o* der folgenden silbe und in unnasaliertem auslaut, z. b. d. pl. *tungom* (got. *tuggōm*) zungen, 3. pl. prät. ind. *kalloþo* Bu, Bil (aisl. *kǫlloþo*, got. *-ōdun*) nannten, *at ēnost(o)* Bu, O (vgl. got. superl. auf *-ōsts*) 'einzig und allein', d. sg. *iorþo* erde, d. sg. ntr. *blindo* blindem.

Anm. Fälle wie *kalloþo* und *ēnost(o)* sind äusserst selten und ausser den schon angeführten beispielen bisher nur durch *fulkomnoþo* Bu 'vollkommneten' und *hannoþo* Bu 'behandelten' belegt. Sonst ist durch einfluss der übrigen formen des paradigmas *a* statt *o*, *u* eingeführt worden, also *kallaþo* nach sg. *kallaþe*, *ēnast*(*o*) nach nom. *enast* u. s. w.

b) Zu *a* in übrigen stellungen, z. b. pl. *rūnar* (urn. *runoʀ*) runen, prät. *-aþe* (got. *-ōda*), komp. *-are* (got. *-ōza*), superl. *-aster* (got. *-ōsts*), *tunga* (got. *tuggō* aus *-*ōn*) zunge. Ebenso bei dem nach § 81, 1 oder § 84, 3 entstandenen *ō*, z. b. (*æn*) *þā* 'jedoch', nach § 87 aus schwachton. **þa* (im aisl. *enda*) gedehnt, neben (*æn*) *þō* (got. *þauh*); d. sg. pl. *þæmma* (vgl. got. *þammūh* und aisl. *þeima* aus **þaimūh*) diesem, -n, *hǣrna* (got. *hēr nūh*) eben hier.

8. *ū* > *u*, z. b. pl. *tungor* (ahd. *zungūn*) zungen, *nøtos* viehstall zu *hūs* haus, *brulø̄'p* hochzeit zu *brūþ* braut.

9. *ȳ* > *y*, z. b. der ortsname *Nȳbȳli* > *-byli* (> *bili* § 101 anm. 2, nschw. *Nybble*).

III. Hiatuserscheinungen.

§ 92. Wo durch schwund intervokalischer konsonanten, durch zusammensetzung oder sonst ein kurzer vokal mit einem folgenden (kurzen oder langen) zusammentrifft, wird — sofern nicht synkope nach § 94 eintreten soll — der hiatus in folgender weise beseitigt:

a) Wenn die vokale gleich sind, wird der schwächer betonte elidiert, z. b. der mannsname *Bryniulver* (aisl. *Bryniólfr*), vielleicht (vgl. jedoch § 60) aus *bryniu ulver* 'wolf der brünne'; agutn. *gutnalþing* aus *Gutna alþing* die allgemeine rechtsversammlung der einwohner Gottlands, *þaigin* aus **þa* (s. § 91, 7, b) + **aigin* 'jedoch nicht', *vitorþ* (aisl. *vitorþ*) neben aschw. *vitu orþ* beweisungsrecht.

b) Wenn die vokale nicht gleich sind entsteht ein diphthong und zwar ein fallender, wenn der erste vokal *a* ist, sonst ein steigender. Belegt sind folgende fälle:

1. *a* + *u* > *au*, z. b. *høker* aus **haukʀ* (aisl. *haukr*, ahd. *habuh*) habicht, *høþingi* (**haƀuðingē*) Ög häuptling, dat. *høþe* (**haƀuðē*) Sdm haupte.

2. *e*, *i* + *u* > *iū* (vgl. § 82), z. b. *siū* (got. *sibun*) sieben,

biūr biber, ntr. *þrȳ* aus **þriū* (s. § 122, 2, a; aisl. *þriú* aus **þriju* < **þrijō* § 91, 7, a, got. *þrija*) drei.

3. *u* + *ī* > *wī*, z. b. rschw. (agutn.) *Ruþuisl*, d. h. *Rōþwīsl* < **Hrōþu-*[*ʒ*]*īsl* ein mannsname; vgl. aisl. *Bǫþuarr* aus **Baðuharr* u. dgl.

§ 93. Wo ein **langer** vokal mit einem folgenden (kurzen oder langen) zusammentrifft, bleibt einstweilen der hiatus in den meisten fällen (über die spätere entwicklung s. §§ 153, 154). Nur in folgenden fällen entsteht ein diphthong nach dem § 92, b angegebenen prinzip:

1. *ā* + *i* > *ai* nur wo *i* in urspr. unbetonter und daher nach § 94 synkopierender silbe steht. Demnach entwickelt sich ein urn. **hą̄'hi`staʀ* hengst durch *\*hą̄istʀ* zu aschw. *hǣister* (geschrieb. *heisth* Dipl. 1401) > *hǣster*, während dessen pl. *\*hą̄'histō`ʀ* durch **haistaʀ*, **hæistaʀ* zu *hēstar* wird, wonach sg. *hēster* (Vg. I, Sdm (und nschw. dial.), wie schon früher zu **hæistaʀ* (und dat. sg. **hæiste*) ein sg. **hæistʀ*, woraus nach § 80, I, 2 die gewöhnliche form (*histʀ* Rök, d. h.) aisl. *hestr*, aschw. *hæster* pferd neu gebildet worden ist. Wie *hǣ(i)ster* zu *hēster* verhalten sich *hǣl* (aus **hǣill*, urn. **hą̄hilaʀ*) : *hēl* Sdm, Vm u. a. pflock, *þrǣl* : *þrēl* Vg. I, Ly sklave, *nǣst* : *nēst* Vg I, Biæ u. a. (vgl. adän. runisch pl. *nistiʀ*, d. h. *nēstiʀ*, L. 1442) nächst; vielleicht auch *sǣng* (aisl. *sǽing*) : *siang* nach g. sg. *siangar* (gebrochen aus **sengaʀ* < **sæingaʀ*) bett. Vgl. aisl. *þrell* neben *þrǽll*, *nestr* neben *nǽstr* (und durch kontamination *néstr*; anders Kock, Arkiv XIII, 166).

2. *ē*, *ī* + *a* > *ia* nur wo *a* stark nebentonig oder gar haupttonig ist, z. b. *fiánde* (später *fiǽnde*) neben *fī'ande* (vgl. § 57, I, B, 3) 'feind', mschw. *friæls* cod. Holm. A 33 (aisl. *frials*, anorw. *fréals*) aus **frēhalsʀ* < **frīhalsaʀ* (ahd. *frīhals*) nach § 83, 3, a 'frei' (neben gew. *fræls*, das auf anschluss an das verb *frælsa* < **friælsa* < **frēhælsa* < **frīhalsian* und dem subst. *frælse* beruht).

3. *ē*, *ī* + *ō*, *ū* > *iō*, *iū*, z. b. pl. *hiōn* (ahd. *hīwun*, got. **heiwōna*) ehegatten, hausleute; vgl. dal. *fiōs* (mit nasaliertem *ō*) viehhof aus **fēhōs* zu *hōs* (s. § 73, 2) 'gesellschaft', nschw. dial. *fiūs* viehstall aus **fēhūs* zu *hūs* haus.

IV. Synkope.

§ 94. Jeder urspr. unbetonte k u r z e vokal wird auslautend oder vor einfacher konsonanz (vgl. anm. 2 unten) synkopiert, und zwar:

1. In vorsilben, z. b. *granne* (got. *garazna*) nachbar), *lōt* (got. *lailōt*) liess, *slīker* (got. *swaleiks*) solcher. Vgl. An. gr. I § 131.

Anm. 1. Über rschw. *ftiʀ*, *btir* neben *aftiʀ*, *iftiʀ* 'nach' s. Brate, Bezz. Beitr. XI, 182 und Bugge, Ant. ak. handl. XXXI, 3, s. 36 f. note.

2. In der ultima, z. b. a. sg. *stēn* (urn. *staina*) stein, *gæster* (urn. *-ʒastiʀ*) gast, *fǣ* (got. *faíhu*) vieh. Vgl. An. gr. I § 132 mit anm.

3. In der pænultima, z. b. *fagna* (got. *faginōn*) grüssen, *ældre* (got. *alþiza*) älter, g. pl. *øghna* (ags. *éaʒena*) augen. Vgl. An. gr. I § 133 mit anm.

4. In der antepænultima und ultima zugleich, z. b. d. sg. m. *bundnom* (got. *bundanamma*) gebundenem, a. sg. m. *valdan* (got. *walidana*) gewählten. Vgl. An. gr. I § 134 mit anm.

Anm. 2. In pænultima und antepænultima tritt synkope auch vor antesonantischem *sk*, (*sp*,) *st* ein, wol weil diese verbindungen, die ja auch sonst oft (z. b. in der alliteration) mit einfacher konsonanz gleichwertig sind, tautosyllabisch zu der folgenden silbe gezogen werden, z. b. a. sg. m. *ænskan* aus **ænglskan* zu *ænglisker* (anal. *ænsker*) englisch, *kærstan* zu *kærister* (anal. *kærster*) liebst u. a. (s. die flexionslehre).

5. In enklitischen (einsilbigen) wörtern, z. b. *āk* (Leseb. 6, 13) ich besitze, rschw. *falk* Skärfvum ich verbarg zu aisl. *ek* ich; *slāss* aus **slā-seʀ* (got. *sis*) sich schlagen; rschw. *i*[*n*]*taþisk* L. 1254, d. h. *ændaðisk* 'endete sich', starb zu *sik* sich; rschw. *sas* L. 624 'welcher' aus **sā-es* 'der, welcher'; *hīt* hierher, *þīt* dorthin zu präpos. *at* 'zu' (s. Noreen, Arkiv VI, 373 f.); *swāt* 'sodass', *þōt*, *þȳt* (z. b. Leseb. 12, 15), *þīt*, agutn. *þaut* 'wiewol' zu konj. *at* (agutn. *et*) 'dass'; agutn. *þaun* 'jedoch' zu *en* 'aber'.

§ 95. Urspr. l a n g e r vokal in unbetonter silbe wird nur im ursprünglichen, absoluten und demnach auch unnasalierten auslaut synkopiert; dies wol weil in dieser stellung die nach § 91 eintretende kürzung früher als in übrigen fällen stattgefunden hat. Also z. b. 2. sg. imperat. *søk* (got. *sōkei*) suche, a. sg. m. *æn*, *ēn* (got. *ainnō-hun*) einen.

Kap. 2. Altschwedische lautgesetze der starktonigen silben.

A. Qualitative veränderungen.

I. Palatalisierung.

a. Progressiver *i*-umlaut.

§ 96. *ia* (nach § 75, 1 und § 118 entstanden) wird zu *iæ* (> agutn. *ie* § 105) in gewissen gegenden schon vor 1100, wie aus rschw. *hielba* (d. h. *hiælpa,* aisl. *hialpa*) helfen, *bierg* (aisl. *biarg*) berg u. a. (Hauggrän; andere beisp. s. Rv. s. 23 note) hervorgeht; andererseits z. b. noch Åkirkeby *hiar* hier, *þiaþan* von dort, *giarþu* machten. Im kaschw. wird der übergang allgemein durchgeführt. Zwar kommt in Vg. I noch *ia* 7-mal so oft vor, aber schon Ög und Ög. fr. II haben regelmässig *iæ,* so wie G dem entsprechend *ie* (aus *iæ* nach § 105), ausser wo *ia* vor gewissen konsonantengruppen (s. § 129, 1) gedehnt worden ist, also z. b. *biærgha* retten, *miæta* messen, *fiæþer-* vier-, aber *giālda* bezahlen, *giārna* gern, *iārl* jarl u. a.; in Ög bleibt *ia* (gedehnt?) auch vor kakuminalem *l,* z. b. *stial* stiehlt. Andere hdschr. haben regelmässig *iæ* ausser im absoluten anlaut, wo sie entweder ausschliesslich (so Sdm und Biæ) oder überwiegend (so U und Da) *ia* haben, was vielleicht auf eine in dieser stellung eingetretene spirantische aussprache des *i* beruht; also z. b. *fiæt* spur, aber *iamn* eben. Etwas spätere hdschr. haben der regel nach überall *iæ*; so MEL und SK. Nur *iæ* zeigt St und die mschw. denkmäler, ausser in dem urspr. schwachtonigen und also nicht hierhergehörigen *iak* (*iagh*) neben dem urspr. starkton. (im mschw. seltenen) *iæk* ich. Über *ia, iā* 'jawol' s. § 97. — Vgl. u. a. Kock, Arkiv V, 371 ff.; Tamm, Uppsalastudier, s. 25.

Anm. Bisweilen ist *ia* gegen obige regeln erhalten vor einem *a* der folgenden silbe, z. b. gen. *þiala* zu nom. *þiæli* Sdm frost in der erde; s. Kock, a. o. 378. — Über *ia* > *iæ* in schwachton. silbe s. § 144.

§ 97. *iā* wird zu *iǣ* (> agutn. *iē* § 105), dies aber wol erst um 1300 und später. Vg. I, Ög, Ög. fr. II und G haben noch nur *iā,* während spätere hdschr. gewöhnlich *iǣ* zeigen.

Einige denkmäler haben anlautend *iā*, inlautend überwiegend (so U, Sdm, Da) oder ausschliesslich (so Biæ) *iǣ*, z. b. *þiāna* > *þiǣna* dienen, aber *iākwǣþe* beifall. Mschw. steht fast nur *iǣ*, ausser in *iā* 'jawol' (und danach *iāka* bejahen; aber gew. regelmässig *iǣta*, aisl. *iáta*, versprechen), das auf sekundärer dehnung des urspr. schwachtonigen *ia* beruht (s. Lidén, Arkiv III, 236 f.); *diākn* neben gew. *diǣkn* diakon beruht natürlich auf einfluss des lat. grundwortes.

§ 98. *io* (nach § 75, 2 entstanden) wird zu *iø*, dies aber in den meisten dialekten erst um 1350 und später. Von den ältesten hdschr. zeigt nur U hie und da *iø*, z. b. *fiøl* fiel, *hiøg* prät. hieb, *kiøt* fleisch, *skiølder* schild; sonst tritt es erst in späten kaschw. hdschr. sporadisch auf, z. *miøl* Bu mehl, *miøþer* Vg II K met. Mschw. dringt *iø* allmählich durch, ausser vor *g*, *k*, *ʒ* und wo es vor gewissen konsonantengruppen (*ŋg*, *ŋk*, kakum. *l* + *s*, *rð*, *rt*, in GO auch *rn*) schon zu *iō* gedehnt worden ist, also z. b. *miølk* milch, *biørn* (*biōrn* GO) bär, *fiøl* brett, aber *hiog* prät. hieb, *miok* sehr, *þiokker* dick, *siōnga* singen, *siōnka* sinken, *iōrþ* erde, *hiōrter* hirsch; vgl. noch nschw. *tjog* anzahl von zwanzig, *jolster* (aisl. *iolstr*) weidenbaum. Vgl. Kock, Lj. s. 481 ff., Beitr. XX, 117 ff.; Hultman, F. B. s. 121 note.

Anm. 1. Spät und dialektisch kommt *iø* auch in fällen wie *hiøg* (D 4, MB. I, II, Rk. II, Linc. 39), *thiøkker* vor. Vgl. auch § 99 anm. — Über *io* > *iø* in schwachton. silbe s. § 144 anm. 1.

Anm. 2. Das verhältnis des agutn. zu dem betreffenden lautgesetz ist unklar (trotz einerseits Söderberg, Lj. s. 27, U-omlj. s. 9 note, andererseits Kock, Beitr. XX, 123 ff.). Gegen sonstiges *iø* steht nämlich durchgehends *ie* (aber agutn. *iorþ* > *iōrþ* erde, ngutn. *tiokkur* dick, wie sonst). Zwar kann dies *ie* in einigen fällen durch *a*-brechung (nach § 75, 1, § 96 und § 105) entstanden sein, so dass z. b. agutn. *biern* bär, *mielk* milch dem aschw. *biærn* (s. § 77, 3), *miælk*, nicht *biørn*, *miølk* entsprechen, aber für fälle wie *fiel-* sehr, *miel* mehl, *smier* butter scheint diese annahme Söderbergs sehr bedenklich. Wiederum mit Kock einen übergang *io* > *iø* > *ie* zu statuieren ist deshalb kaum möglich, weil man (nach § 106, 1) ein aus *iø* entwickeltes *iy* (nicht *ie*) erwartet, und besonders weil das betreffende *ie* schon vor 1100 bezeugt ist durch Hauggrän *kierua* (aisl. *giorua*) machen und *biern* (3-mal; so auch schon Sjonhem III) bär; wäre nun dies *ie* aus *iø* entstanden, so wäre der umlaut *io* > *iø* im agutn. wenigstens 250 jahre früher als im sonstigen aschw. eingetreten. Am wahrscheinlichsten scheint mir daher ein irgendwie zu begrenzender übergang *io* > *ia* (vgl. § 118) > *ie* (§ 105).

§ 99. *iǭ* (s. § 69, 2) wird mschw. zu *iø̄*, dies aber erst nach 1400, z. b. *siø̄* see, *sniø̄* schnee, *sliø̄* stumpf, *miø̄* schmal aus kaschw. *siōr* (aisl. *siór*) u. s. w., wo *iō* eine offenere aussprache (*iǭ*) als sonst gehabt haben muss; s. Hultman F. B. 121 note.

Anm. Selten und dialektisch wird auch geschlossenes *iō* zu *iø̄*, z. b. in U: *hiø̄n* (sonst *hiōn*) hausgenossen und mit unurspr. länge *iø̄rþ* erde, *hiø̄rþ* herde (vgl. § 98); im mschw. *iø̄dhe* neben *iōdhe* (gew. *iūdhe*) jude, *siø̄nga* (oft in cod. Holm. A 29) singen, *i fiø̄rdh* (gew. *fiōrdh*) im vorigen jahre u. a. — Das allgemeine *Iønis* neben *Iōn* erklärt sich aus der verschiedenen quantität der grundformen *Io(h)a'nnes* und *Iō'(h)an*. Das schon in den ältesten hdschr. auftretende adv. *skøt* (*skø̄t*, komp. *skø̄tare*, sup. *skø̄tast*) hurtig ist wegen seines alters (und seiner vokallänge) natürlich nicht mit Kock (Arkiv XI, 324) einem dem aisl. *skiótt* entsprechenden und nach § 98 entwickelten **skiott*, sondern mit T. E. Karsten (Studier öfver de nordiska språkens primära nominalbildning I, 110) dem aisl. *skeytt* gleichzustellen.

§ 100. *iu* (nach § 75, 2 und § 127 entstanden oder in lehnwörtern auftretend) wird ebenfalls um 1350 zu *y* (aus **iy*, vgl. § 59, 10), z. b. die ortsnamen *Iunabækker* > *Ynabækker* (> *Ønabækker* s. § 116) und (latinisiert) *Iuno-*, *Iunicopia* > **Yni-* > *Ønekøpunger* (neben *Ionacopia* > *Iønekøpinger* nach § 98 und **Iana-* > *Iænækopunger* nach § 96). Andere kaschw. beisp. sind *gynum* Ög (: aisl. *giognom* = aschw. *gønum* : aisl. *gøgnom*) durch, ntr. *skyt* (< **skiutt* § 90, 4) MEL, Bu ff. zu *skiūter* hurtig (vgl. jedoch § 106, 2, b), dat. *kyti* (< *kiuti*) Bu zu *kiot* fleisch, dat. sg. ntr. *gyru* Bu zu *gior* gemacht, 2. pl. imper. *gyrin* Bir. A (Leseb. 44, 1), konj. präs. *gyri* St zu *giora* machen. Mschw. beisp. sind noch *hiult* > *hylt* hielt, die personennamen *Iuliana* > *Yliana*, *Iurian* > *Yrian* (> *Ørian*; daneben *Iorien* > *Iørien*), *Iurius* (d. h. *Georgius*) > *Yrius*, der ortsname *Yrva* neben *Iærva* (aus **Iarva*, obl. **Iurvu* > *Yrvu*). Vgl. noch nschw. (alt) *mödh* < **mydh-* (**miuþ-*) neben *mjöd* (*mioþer*) met, dial. *Yvor* aus aschw. *Iuwur* (s. § 75, 2). Wie bei *io* (s. § 98) unterbleibt der umlaut vor *g, k, ʒ* und dehnung bewirkenden konsonantengruppen; also z. b. *biug* gerste, *þiukker* dick, *tiughu* zwanzig, *siūnga* singen, *siūnka* sinken.

Anm. Über die — nicht auf umlaut beruhende — entwicklung des alten diphthongs (*iu* >) *iū* (s. § 82) zu *ȳ* s. § 122, 2, a. Erst spät mschw. zeigt sich in südschwedischen diall. (wie heute) ein übergang *iū* > *iȳ*, bezeugt durch Cod. Holm. A 29, wo *liȳs* licht, *biȳdha* bieten, *siȳk* krank u. a.

(s. Leffler, Om *v*-omljudet, s. 35 note, Ups. 1877) statt sonstigen *liūs* u. s. w.; ebenso bei durch sekundäre dehnung entstandenem *iū*, z. b. pl. präs. konj. *siȳngen* zu *siōnga* (s. § 99 anm.) singen.

b. Regressiver *i*-umlaut.

§ 101. *y* wird schon vor 1300 zu *i* vor einem *i* der folgenden silbe (s. Noreen, Arkiv I, 168 note; Kock, ib. IV, 163 ff.) und zwar:

1. Allgemein in nebentoniger silbe, z. b. *køtstikki* Vg. I stück fleisch zu *stykki* (anal. auch mschw. *stikki*) stück, präs. *misfirmir* : -*fyrma* misshandeln, dat. pl. *fēanitium* aus dem viehstand gezogener nutzen : *nyt* nutzen, *ofdrikkia* trunksucht : *drykkia* trunk, *niþerþrikkia* niederdrücken : *þrykkia* drücken, pl. *iamn-*, *ō-skildir* gleich, nicht verwandt : *skylder* verwandt, *ōsini*, -*num* neben *ūsýni*, -*niom* unglücklicherweise, *ørlighi* (aisl. *ørlyge*) krieg, agutn. pl. *nauþsinar* (aisl. -*syniar*) notfall. Durch ausgleichung steht oft *y* statt *i* und umgekehrt, z. b. dat. pl. *hēmkynnum*, -*kinnum* zu -*kinni* heimat.

Anm. 1. Wo ausnahmsweise *ȳ* zu grunde liegt, ist zunächst kürzung nach § 90, 5 anzunehmen, z. b. prät. *fænitte* zu -*nȳta* vieh ausnutzen.

Anm. 2. Derselbe übergang tritt auch in schwachtoniger silbe ein, z. b. *firir* für, *ivir* über, *þikkia* (Leseb. 44, 13) dünken neben urspr. starktonigen *fyrir*, *yvir*, *þykkia*. Wo ausnahmsweise *ȳ* zu grunde liegt, ist zunächst kürzung nach § 91, 9 anzunehmen, z. b. die ortsnamen *Nȳbili* (vgl. § 91, 9), *þigbili* zu aisl. *býle* aufenthaltsort; so vielleicht auch *firitighi* vierzig aus *fyri-*, *fȳriti'ghi*. Auch das nach § 106, 2 aus *ǿ* entstandene *y* wird von dem übergang betroffen, z. b. *fātikisfolk* arme leute zu *fātōker*, -*tyker* arm.

2. Dialektisch scheint der übergang sporadisch auch in haupttoniger silbe aufzutreten. So besonders in denkmälern aus Västergötland, z. b. Vg. I pl. *sillir* zu *syl* (kann auf ausgleichung des wechsels **swill* : *syll*, s. § 65, 9, beruhen) schwelle, *skildir* zu *skylder* verwandt, Vg. II *firri* frühere, *kindilmæssa* lichtmesse, *sizkin* (vgl. anm. 3) geschwister, Biæ präs. *biggir* baut, *mīþir* (durch dissimilation aus **mirþir*) zu *myrþa* morden, *til riggiæ* statt *ryggia* zurück u. a. m. Wo bisweilen in anderen denkmälern *i* statt *y* auftritt, ist es wol in nebentonigen zusammensetzungsgliedern oder sonst analogisch entstanden, z. b. *ipin* Ög offen nach *ippinbár* offenbar, *likkia* Vm, Da schliessen nach *āterlikkia* zuschliessen, *filghia* KS folgen nach *fulfilghia* verfolgen, *biggia* (Leseb. 57, 14, 16) bauen nach *nȳbiggia* von

neuem bauen, *digdhelīker, -ligher* (Leseb. 54—56 fünfmal) tugendhaft nach *ōdigdhelīker* (Leseb. 55, 7) untugendhaft, *find* St fund nach *finna* finden, *ifrit* Bil überschüssig nach *ivir* über u. s. w.

Anm. 3. Über das nicht seltene *sizkin, siskane* geschwister s. § 68, 3. Über die wahrscheinlich nicht hierhergehörigen *klif* : *klyf, lif* : **lyf* s. § 172 und § 178. Spät mschw. *krikke* krumstab stammt nicht aus kaschw. *krykkia* krücke, sondern aus alt nhd. *kricke*. Unklar bleibt *sisla* (Leseb. 59, 9, 11) statt *sȳsla* geschäft.

§ 102. *æ* wird ebenfalls schon vor 1300 zu *i* vor einem *i* der folgenden silbe (s. Kock, Arkiv IV, 171 ff.; VI, 19) und zwar:

1. In haupttoniger silbe nur vor *ʒj*, z. b. *þighia* (aisl. *þegia*) schweigen, *sighia* (aisl. *segia*) sagen neben *sæghia* nach präs. *sægher* (aisl. *segr*).

2. In nebentoniger silbe vor palatalen, z. b. *āsik(k)ia* donnerwetter aus *-ækia* (aisl. *ekia* das fahren), agutn. *vagnikil* wer auf wagen fährt, präs. konj. *tiki mæ'þ* Vg. II 'mitnehme' aus *tæki* Ly (nach ind. *tæker* Vg. I, aisl. *tekr,* wie umgekehrt ind. *tiker* Vg. I nach dem konj.; sonst *taki* und *taker* nach dem inf. *taka*), acc. *ōthikk(i)an* KS zu *ōthækker* widerwärtig; *anatt(w)iggia* entweder, *bāþet(w)iggia* sowol, *hwartiggia* weder zu gen. *twæggia* (analogisch *t(w)iggia*) zweier, nschw. (alt) *thorvigge* donnerkeil zu aschw. *væggi, -e* keil, nschw. *argbigga* widerspenstiges weib zu dial. (und alt nschw.) *bägga* schafmutter (aschw. **bæggia* zu *bagge* schafbock; nach Lidén); präfix *gin-'* (aus **gighn-'*, vgl. aisl. *gegn-*; beides kompromiss zwischen **gæghin* > **gighin* : dat. **gaghnum*, anal. **gæghnum*, **gighnum*) 'gegen', präp. *ginum* (**gighnum,* vgl. aisl. *gegnom*) 'durch', nschw. *ogin* (vgl. aisl. *úgegn*) ungefällig, vgl. noch adän. dat. *dø̄zdighi* todestag neben aschw. *dæghi* (aisl. *dege*); aschw. *gāsa-, væþer-, ørna-vinge* zu nschw. dial. *väng* (nnorw. *veng,* vgl. aisl. *vǽngr*) flügel, vgl. noch adän. *iamlingi* ebenso lange zu *længi* lange.

Anm. Der übergang scheint auch nach *k, g* einzutreten. Beisp. wären mannsnamen wie rschw. *Brunki(ti)l*, kaschw. *þorkil* u. dgl. neben *Kætil* (vgl. nschw. *kittel* — aschw. *kætil* — kessel nach zusammensetzungen wie *kopparkittel* u. a.; nschw. *kitte* — neben *kätte,* aschw. *kætti, -e* — verschlag nach *kalfkitte*), *halfgirþi* Ög halber zaun zu *gærþi* eingezäunter platz. Unklar bleiben jedenfalls die lehnwörter *kirtil* (adän. *kertel,* lat.

cartilago) drüse und *kirvil* (mndd. *kervelde*, lat. *cerefolium* und *chærophyllum*) kerbel, wo der übergang in haupttoniger silbe stattgefunden zu haben scheint.

c. Sonstiges.

§ 103. *ē* wird in folgenden zwei fällen zu *ĭ*:

1. Das nach § 124, 2 aus *æi* entstandene (dem agutn. fremde, s. § 124, 1) *ē* wird während der ganzen literarischen zeit zu *i*, sobald es (nach §§ 131—133) vor doppelter konsonanz gekürzt werden soll, wiewol sehr oft durch den einfluss verwandter formen mit einfacher konsonanz ein *ē* oder *e* neben *i* auftritt (vgl. Kock, Sprh. s. 39 ff. und die dort zitierte literatur). Kaschw. beisp. sind *ēngin* (aisl. *einginn*) > *ingin* (schon Vg. I) kein, *ēkke* > *ikki* Vg. I ff. 'nicht', *gēsl* Vg. I > *gisl* Ög ff. geissel, *ēt* (aisl. *eitt*) > *it* MEL ff. ein, *gnista* (vgl. aisl. *gneiste*) Bu ff. funke, *ēn-* > *insamin* Vg. II. K einsam. Mschw. beisp., ebenfalls kronologisch nach ihrem auftreten geordnet, sind *Gēr-* > *Girmunder* ein mannsname, *hēlsa* > *hilsa* grüssen, *hēl-* > *hilbri(g)dha* gesund, *frēsta* > *frista* versuchen, *krista* (aisl. *kreista*) drücken, *ēlder* > *ilder* feuer, ntr. *hēt* > *hit* heiss, *Swērīke, -righe* > *Swirghe* Schweden, prät. *swittis* zu *swētas* schwitzen. Vgl. noch aus dem (älteren) nschw. *flisk* (aus mndd. *vlēsk*) schweinefleisch, *girs* (zu aisl. *geirr* stachel) kaulbarsch, *gispa* (aschw. *gēspa*) gähnen, *illak* (aschw. *ēlaker*) bös, *imma* (vgl. aschw. *ēmber*, aisl. *eimr*) dunst, *inkom* (aschw. *ēnkom*) besonders, *iskra* (aisl. *eiskra*) schaudern *rimsa* (zu aschw. *rēm* riemen) streifen, *sinka* (aschw. *sēnka*) verspäten, *svinn* (aschw. *swēn*, aisl. *sueinn*) knabe, *vifta* (aschw. *vēfta*, nnorw. *veifta* zu aisl. *veifa*) wedeln.

Anm. 1. Über nebenformen mit *æ* s. § 80, II, 2. Über *ē* > *i* in schwachtoniger silbe s. § 146, 1.

2. Das gemeinnordische *ē* (s. An. gr. I § 154) wird im agutn. wenigstens um 1200 (vgl. Åkirkeby *trī* unten) zu *ī* unmittelbar vor *a* und *u* (s. Noreen, Grundriss I, 476; Kock, Sv. landsm. X, 4), z. b. *sīa* (aschw. *sēa*) sehen, *frīadagr* (anorw. *fréadagr*, aschw. *frēadagher*) freitag; pl. *Svīar* die schweden kann sowol aschw. *Swēar* wie aisl. *Suíar* entsprechen. Durch ausgleichung steht bisweilen *ē* statt *ī* und umgekehrt, z. b. gen. sg. *fēar* nach *fē* vieh, *fīlēþi* viehstand nach **fīar* u. a., gen. sg.

knīs nach dat. pl. *knīum* neben ngutn. *knē* knie, Åkirkeby *trī* (nach **trīa*, **trīum*) neben ngutn. *trē* holz.

Anm. 2. Präs. konj. *sī* G. a neben *sēi* G entspricht aschw. *sī* Ly, Sdm neben gew. *sē(e)* 'sei'.

Anm. 3. Über (auch aschw.) *ē* > *i* in schwachton. silbe s. § 153, 3.

§ 104. *ǫ* wird um 1300 zu *ø* vor *r* (vgl. anm. 3) und kakuminalem *l* (s. Kock, Lj. s. 469 ff.), z. b. pl. *born* Vg. II 2-mal (aisl. *bǫrn*) > *børn* (schon Vg. I, Ly und Ög) kinder, *borker* Vg. II 1-mal (aisl. *bǫrkr*) > *børker* Vg. II rinde, *gor* Vh 1-mal (aisl. *gǫrr*) > *gør* Vg. I ff. (kann auch aisl. *gørr* entsprechen) gemacht, *hør* Sdm (aisl. *hǫrr*) lein, *hørf* Dipl. 1316 (nnorw. *horv*) egge, *ørn* Ly, Vg. II ff. (aisl. *ǫrn*) adler, *før* GO (aisl. *fǫr*) reise; *øl* Vg. I ff. (aisl. *ǫl*) bier, schmaus, *møl* (aisl. *mǫlr*) motte, *Solve* (s. § 70 anm. 1) > *Sølve* ein mannsname, nschw. *handsöl* (aisl. *-sǫl*), urspr. pl. zu aschw. *handsal* trinkgeld.

Anm. 1. Über die, oft gewöhnlicheren, nebenformen *barn*, *barker*, *gar*, *harf*, *Arn-* (in zusammengesetzten namen), *far*, *mal*, *Salve* s. § 68, § 70 anm. 1, § 71.

Anm. 2. Nach dem einzigen beisp. agutn. *ol* bier zu urteilen ist der übergang dem agutn. fremd. Das einmalige *ø̄l* G. a und ngutn. *hø̄r* lein können sehr wol aschw. oder adän. lehnwörter sein.

Anm. 3. Vor den dehnung bewirkenden gruppen *rt* und (wiewol aschw. beisp. fehlen) *rþ* bleibt *ǫ* als *ō*, z. b. kaschw. *ortogh* (s. § 65, 1; über die nicht hierhergehörige nebenform *ørtogh* s. § 59, 7) > mschw. *ōrtogh* $^1/_{24}$ mark; nschw. *mōl-* 'durch und durch, ganz' aus **mōrþ* (aisl. *mǫrþ* < **mǫrgþ* neben *mergþ* 'grosse menge' zu *margr* 'zahlreich'). Wo sonst im mschw. noch *ǫ* aufzutreten scheint, liegt wol entweder schreibfehler (z. b. einmaliges *gorla* MB. II statt *gørla* genau) oder ein nach § 74 aus *ǫ* entwickeltes *o* (*u*) vor, z. b. in den ortsnamen *Væsthorgha*, *Horghum*, *Hurghum* (adän. *Hørgh*, aisl. *hǫrgr*).

Anm. 4. Dass (wie Kock, Arkiv IX, 262 f., X, 303 will) *ǫ* > *ø* auch vor "supradentalem *n*" stattfinde, ist aus dem unklaren *hø̄n* SK 'sie' (vgl. Björkman, Sv. landsm. XI, 5, s. 20) und dem noch rätselhafteren *gønum* 'durch' nicht mit irgendwelcher sicherheit zu erschliessen.

Anm. 5. Da gedehntes *ǫ* nicht zu *ø̄* wird (s. anm. 3 oben), so ist kaum mit Kock, Lj. s. 479 f. anzunehmen, dass in *ø̄l* (neben *ōl*, aisl. *ól*, s. § 73, 2 und An. gr. I § 73, 2) riemen urspr. *ǭ* wegen des folgenden *l* zu *ø̄* geworden sei. Vielleicht ist *ø̄l* eine *i*-umgelautete form (vgl. aisl. pl. *spǿner* zu *spónn*, gen. sg. *nǿtr* zu *nótt*, s. Gislason, Udvalg s. 148), die sich zu *ōl* verhält etwa wie *brȳþ-* : *brūþ*, *øx* : *ox* u. dgl.

§ 105. *æ*, *ǣ* (sowol alte wie nach § 96 und § 97 entstandene) werden im agutn. ausnahmslos zu *e*, *ē*, z. b. adv. *lengr* (aschw. *længer*) länger, *stiela* (aschw. *stiæla*) stehlen; *mēla* (aschw. *mǣla*) reden, *tiēnista* G. a (*þiānista* G. I; mschw. *thiǣnista* dienst.

Anm. Im sonstigen aschw. tritt *e* für *æ* allgemein nur in schwachtoniger silbe ein, worüber s. § 147. Wenn auch in starkton. silbe *e* statt *æ* wenigstens in gewissen denkmälern nicht selten ist, so ist hierin meistens nur eine besondere lautbezeichnung zu finden, s. § 24 anm. Da aber in nschw. dialekten von Uppland und Norrland *ǣ* zu *ē* geworden ist und zwar in aschw. zeit (s. Lindgren, Sv. landsm. XII, 1, s. 62 f.), so dürften spuren hievon zu finden sein sowol in sporadischen schreibungen des U wie *ēt* (*ǣt*) geschlecht, *fēri* (*fǣre*) weniger zahlreich, *rēnæ* (*rǣna*) rauben wie in der konsequenten wiedergabe des *ǣ* vor *rþ* durch *i* (d. h. *ē*) in der norrländischen runeninschrift zu Forsa: pl. *lirþiʀ* die gelehrten, 3. pl. prät. *kirþu* zu *kǣra* durch klage gewinnen. Ferner scheint dialektisch *æ* zu *e* vor *nn* oder *n* + kons. (wie im anorw., s. An. gr. I § 85) geworden zu sein; so teils in einigen runeninschriften aus Östergötland (Rök *mōgmen*[*n*]*i*, auch geschrieben *-min*[*n*]*i* das ganze volk, aber *trą*[*n*]*ki*, d. *drængi* held), Södermanland (Gripsholm *tri*[*n*]*kila*, d. h. *drengila* mannhaft, aber *arni*, d. h. *ærni* dem adler; Tystberga *linki*, d. h. *lengi* lange, aber *meþ*, d. h. *mæþ* mit) und Uppland (L. 398 *min*, d. h. *men*[*n*] leute; L. 640 *tri*[*n*]*k*, d. h. *dreng* bursche), teils im västgötischen Biæ, z. b. *brenna* brennen, *tenda* zünden, *lenger* länger u. a. m. (19 *e* gegen 21 *æ*, s. Zetterberg s. 5). Über etwaige spuren eines südschwedischen überganges *iǣ* > *iē* s. Kock, Tidskr. f. Fil. N. R. VIII, 299 f.

§ 106. *ø*, *ø̄* (sowol altes wie nach § 123, 2 und 126, 2 entstandenes) werden zu *y*, *ȳ* in folgenden fällen:

1. Im agutn. treten die übergänge *ø̄* > *ȳ* und *ø* > *y* ausnahmslos und zwar schon um 1100 ein, z. b. *brȳþr* (aisl. *bróþr*), schon Sjonhem II, brüder, *fȳþa* (aisl. *fóþa*), schon Åkirkeby, gebären; *yx* (aisl. *øx*) axt, *yfri* (aisl. *øfre*) der obere.

2. Im eigentl. aschw. findet nur ein übergang *ø* und (wo es vor konsonantengruppe gekürzt wird) *ø̄* > *y* statt und zwar erst seit etwas vor 1350 in folgenden fällen:

a) Ziemlich allgemein vor *k*, *g*, *ʒ*, *ŋ* + kons., z. b. *øx* > *yx* Sdm, KP ff. axt, *sløkkia* > *slykkia* MET, Bu ff. löschen, mschw. *dyggia* (aisl. *døggua*) feuchten, nschw. *snygg* (aisl. *snøggr*) geputzt; ebenso *rø̄kt* > *rykt* Vm ff. fürsorge, *rø̄kta* > *rykta* Da ff. besorgen, *dōghn* > *dyg*(*h*)*n* H, MEL, Bu ff. tag (und nacht), mschw.

krēkla > *krykla* krummstab, *ē(dh)kn* (vgl. aisl. *auþn*) > *ykn* wüste, *hēghtīdh* > *hyktīdh* feier, *fātyker* (aisl. *fátékr*) arm, *dygher* (aisl. *dégr*) tag und nacht, ntr. *tykt* zu *tēker* annehmbar, nschw. *ögla* neben *yggla* äugelchen, *ynkeliga* (aschw. *ēnkelīka*) erbärmlich. Die zumeist auf analogie beruhenden nebenformen mit *ē* sind in vielen von diesen fällen die häufigeren.

Anm. 1. Das schon in Ly und U belegte adj. *sykn* (*sȳkn*? oder zu got. *swikns* unschuldig?) neben *sēkn* (anorw. *sékn*) der gerichtlichen belangung frei (von tagen) kann wegen der nebenform *sukn* Sdm (vgl. § 112 anm. 1) und aisl. *sýkn* (*sykn*?) kaum hierhergehörig sein, wie auch nicht *krykkia* neben *krēkia* krücke, indem jenes dem ahd. *krucka* (**krukjō*) entsprechen muss.

b) Vor anderen konsonantengruppen tritt *y* nur in nebentonsilbe ein, aber die fälle sind ziemlich selten und vielleicht dialektisch, z. b. *fērning* > *fyrni'ng* Vm mitgebrachte gabe, *brēþlunge* (*brellunge*) > *brylu'nge* Da, *byþli'nge* U. fr. (*bry'llunge* U ff. dürfte von dem nahe stehenden *syslunge* beeinflusst sein) geschwisterkind männlicher seite, *iamskyt* Bu 'sogleich' zu *skēt* (s. § 99 anm.; anal. auch *skyt*, vgl. jedoch § 100) 'bald', *dyddýlghia* Bm (noch alt nschw. *dödö'llia* akzentuiert) gespenst (**dēþ dylghia*, vgl. aisl. pl. *dauþer dolgar*, s. Kock, Tidskr. f. Fil. N. R. VII, 309), *Østra Gētland* > *Østergytland* KrL Östergötland (-gylln), *ēterydhla* Su zu *ēþla* eidechse, *hyghýnde* Linc. 39 neben *hē'ghinde* kissen (vgl. agutn. gen. pl. *hugu'nda* § 112, anm. 2 bequemlichkeit zu aisl. *hógynde*; also urspr. **hōȝu'nd, -y'ndi* : *hē'ȝindi* und durch ausgleichung **hēȝy'ndi*). Vgl. § 57, I, B, 2.

Anm. 2. Hierhergehörige beisp. mit urspr. kurzem *e* > *y* sind sämmtlich etwas unsicher. *Hœraþshyfþinge* Vg. I, Dipl. 1401 statt *-hefþinge* rechtsmann dürfte (wie auch *hyfdhinge* O, Bm häuptling) seines alters wegen als von *huvuþ* (§ 74) abgeleitet anzusehen sein. *Kyverne* Sdm statt *keværne* schooshund ist wol auf grund der nschw. dial. betonung *kyva'rn* hierher zu führen, wiewol das *y* auch einem **kyfrīne* (**kufrīni-*, vgl. § 63, 3) entstammen kann. *Yrtugh* Sdm ff. $^1/_{24}$ mark dürfte eine kontamination von dem gew. *ertugh* und einem aus der form *ertē'gh* Vg. I, II (vgl. agutn. *ertaug*) entstandenen **yrtē'gh* sein. Dass *hyrfrē'* Dipl. 1316 leinsamen (zu *her* lein s. § 104) und der ortsname *Skyþvœ'* (sonst *Ske'þve*, s. § 59, 7 und vgl. § 83, 3, a) den hauptton auf der ultima gehabt haben, lässt sich nur vermuten. Ganz unklar bleibt der mannsname *Sylve* neben gew. *Selve* (*Solve, Salve*, s. § 104 und § 70 anm. 1).

Anm. 3. Auch in haupttoniger silbe steht ganz ausnahmsweise *y* statt *ē* vor doppelter konsonanz, z. b. ntr. *dyt* Dipl. 1402 zu *dēþer* tot, *sø̄rgha* > *syrgha* Bil. (vielleicht mit urspr. *y*, denn vgl. aisl. *syria* neben *saurr* schmutz) beschmutzen, nschw. prät. *hytte* zu aschw. *hø̄ta* (anal. *hȳta* P. I drohen, aschw. *ø̄rsl* > nschw. *yrsel* schwindel (anal. auch *yr* schwindelig, aschw. *ø̄r*). Eine erklärung fehlt noch.

Anm. 4. Ein übergang *ø̄* > *ȳ* nach *k*, *g* ist kaum aus einigen ganz vereinzelten schreibungen wie *skykia* (*skȳkia*? sonst *skø̄kia*) Biæ hure, *kyn* (*kø̄n*) KS gescheit, *gyma* (*gø̄ma*) KS bewahren zu erschliessen. Über *skȳr* (*skø̄r*) Su gebrechlich, liederlich s. § 170.

II. Labialisierung.

a. Umlautserscheinungen.

§ 107. *ē* wird in einigen dialekten zu *ø̄* zwischen *l* und *v* (vgl. Kock, Arkiv X, 303), z. b. ortsnamen wie *Klēva* (zu aisl. *kleif*) > *Klø̄va* Vh, *Lēvælta* > *Lø̄velta*, *Lēfgarþe* > *Lø̄fgardhe*, *Lēfanger* > nschw. *Löfånger*, *Skatalēf* > *Skatalø̄f*, *Adhelēf* > nschw. *Adelöf*; vgl. noch nschw. *klöfver* (mndd. *klēver*) klee, *löfkoja* levkoie.

Anm. 1. *Stø̄vel* (mndd. *stēvel*) stiefel, *Sø̄verin*, *Sø̄frin* Severin, *fø̄ter* GO fett, *hø̄ta* (adän. *hø̄tæ*) KS heissen, spät und selten *rønsa* (adän. *rønsæ*) neben *rēnsa* reinigen sind wol dän. lehnwörter. Die vereinzelten adv. *ō-hømelt* Dipl. 1422 unbefugt, *hømlige* Dipl. 1509 heimlich setzen wol eine entwicklung *hēmal-* > **himl-* § 103 (vgl. adän. *himmelig* heimlich) > **hyml-* § 108, 2 (vgl. nschw. *hymla* gleich adän. *hēmblæ* verheimlichen und dän. *hymsk* gleich aisl. *heimskr* unverständig) > *høml-* § 116 voraus. Ganz unklar ist *spø̄ghil* O, Bm neben *spēghil* spiegel.

Anm. 2. Man darf wol nicht mit Bugge (Rv. s. 224) und Kock (Arkiv VII, 305 f.) einen, dann jedenfalls gemeinnordischen oder gar urnordischen, übergang *æ* > *ø* vor *f* annehmen auf grund des vereinzelten falles *øptir* H. (rschw. oft *uftiʀ*, *yftiʀ* u. dgl., ngutn. *yttur*, anorw. *øpter*, adän. run. oft *auftiʀ*, *uftiʀ*) neben gew. *æptir* 'nach'; vgl. Noreen, Urg. lautl. s. 67. — Die doppeltheit mschw. *inværtis* : *-vørtis* Linc. 39 (vgl. adän. *indvortis*) inwendig beruht auf entlehnung des mndd. *-wert* (*-werdes*), resp. *-wort* (*-wordes*) -wärts; ebenso *fræma(n)de* : *frøma(n)de* fremd auf mndd. *vremede* : *vromede*.

Anm. 3. Über *e* > *ø* in schwachtonigen silben s. § 136.

§ 108. *i* (*ī*, s. anm. 2) wird seit ca. 1300 zu *y* (*ȳ*) in geschlossener (durch ausgleichung dann auch in offener) silbe und der unmittelbaren nähe eines labialen konsonanten oder *l*, *n*, *ɴ*, *r* (welche laute wol labialisiert waren); s. Noreen, Sv. landsm. I, 328; Kock, Sprh. s. 22 ff. Folgende fälle sind zu unterscheiden:

1. Zwischen zwei derartigen lauten tritt der übergang allmählich ziemlich allgemein ein. Kaschw. beisp. sind noch verhältnismässig selten und wol als dialektisch anzusehen, z. b. *brymsigna* Vg. I (*brim-* Vg. II, *prim-* SK) kreuzen (das taufkind), die (vielleicht von *byrghia* ernten, aisl. *byrgia* einschliessen beeinflussten) personennamen *Byrghir* (aus *Birghir*) U, Vh, Vg. II *Byrghitta* (*Bir-*) Vh, *mylder* (*milder*) Vh milde, *byrkerætter* (vgl. den stadtnamen lat. *Birca*) Dipl. 1337 stadtrecht, *hwyrva* (*hwirva*) Dipl. 1346 koppel, *byltogha* (*bil-*) KP geächtet, der ortsname *Brymsa* (*Brimsa*) Vg. II, *krymplinger* (*krimp-*) Bu krüppel, *fyrma* (aus lat. *firmare*) SK konfirmieren, *grynda* (*grinda*) SK umzäunen, *vyrdha* (*virþa*) St schätzen. Mschw. sind die beisp. dagegen sehr häufig, z. b. *bryms* bremse, *brynna* brennen, *bynda* binden, *forswynna* verschwinden, *fynna* (z. b. Leseb. 86, 19; 90, 21; 93, 7; 95, 17) finden, *fynster* fenster, *glymbra* glänzen, *klyppa* scheren, *knyppe* bündel, *krympa* (nur mit *y*) zusammenziehen, *kryplinger* (vgl. § 83 anm. 1) krüppel, *mylter* milz, *myn* (z. b. Leseb. 90, 31; 91, 31; 93, 5; 95, 31; 97, 31; 103, 25, 27) mein, *myndre* (z. b. Leseb. 93, 32; 95, 4) kleiner, *mynnat* (Leseb. 82, 14) mitternacht, *mynska* (Leseb. 57, 31) vermindern, *nymber* nimmt, *pypra* meerrettig, *pyrte* (fast nur *y*; fi. *pirti*) rauchnest, *rynger* ring, *spylla* spillen; vgl. noch nschw. *mönja* (**mynia*, mndd. *minie*) mennig, *skrympa* (mndd. *schrimpen*) schrumpfen. Wenigstens in deutschen lehnwörtern darf der dem *i* vorhergehende konsonant auch *k* sein, z. b. *kyrsebær* kirsche, *kyrvil* (vgl. § 102 anm.) kerbel, *skynke* schinken, *skyrma* schirmen; vgl. noch nschw. *körtel* (**kyrtil*, vgl. § 102 anm.) drüse, *skyllpadda* (alt) schildkröte, *skyld* schild, *skymf* schimpf, *skymmel* schimmel, *skyldra* schildern. In fast allen obigen beispielen kommen jedoch nebenformen mit *i* vor, welche gewöhnlich die häufigeren sind und nur zum teil auf ausgleichung beruhen.

Anm. 1. Das schon in den aller ältesten denkmälern häufige *kyrkia* (Vg. I, Ly, Vh, H, Vg. II K und mschw.) neben *kirkia* ist wol wesentlich von ags. *cyrce* und gr. *κυριακή* beeinflusst. In den fast immer *y* zeigenden wörtern *grymber* (selten mit *i*, öfter mit *u* wie im dän.) grimm, *skrympta* (je einmal mit *i*, resp. *u* belegt) verhehlen ist *y* vielleicht am ehesten als *i*-umlaut des *u* anzusehen (vgl. § 171). Ebenso können *skymbel* (*skimbel*) dunkelheit und nschw. *skymt* (dän. *skimt*) flüchtiger schatten sehr wol zu ndän. *skummel*, nschw. *skum* dunkel zu stellen sein. Auch werden einige beisp. dadurch verdächtig, dass *y* hie und da als nur eine andere bezeichnung des *i*-lautes gebraucht wird (s. § 20 anm. 1).

Anm. 2. Nicht ganz selten tritt in derselben stellung *ȳ* statt *ī* auf, z. b. *klīver*, schon Sdm (wie in nschw. dial.) *klȳver* (aisl. *klífr*) klimmt, *vīn*, *vȳn* wein (vgl. nschw. dial. *svȳn* schwein), *pīl*, *pȳl* pfeil, *grīper*, *grȳper* greift u. a. m.; vgl. noch nschw. *styf* (mndd. *stīf*) steif. Da aber *y* noch öfter *ī* als *i* nur bezeichnet (s. anm. 1 und § 27 anm. 1), so sind kaum andere beispiele als sicher zu betrachten als die sehr wenigen, bei denen die nschw. aussprache den *y*-laut bestätigt; besonders verdächtig sind natürlich fälle, wo *y* in offener silbe steht, z. b. *pīna, pȳna* (überaus häufig in ST) pein.

2. Nur vor einem derartigen konsonanten ist *i* > *y* ziemlich selten und nur sporadisch anzutreffen. Aus dem kaschw. sind beisp. sehr selten wie *tymber* Vg. I, II, U zimmerholz, *gypta* Vg. I verheiraten, *skylder* Ly abgesondert, *dyrvas* Sdm, St sich erdreisten, *skyl* Vg. II scheidet, alle gew. mit *i*. Mschw. ist *y* (neben häufigerem *i*) nicht besonders selten (wenn auch oft vielleicht nur von orthographischer bedeutung), z. b. *guzyvolagh* (*-zøva-* § 116; vgl. *gudsøf* Leseb. 83, 26 pate) kränkung der durch gemeinsame paten entstandenen verwandtschaft, *syfskaper* schwagerschaft, *gymstēn* edelstein, *skylnadher* (z. b. Leseb. 88, 18) unterschied, *styrna* anstarren, *styrdher* starr, *syn* (z. b. Leseb. 87, 24; 93—95 pass.; 98, 11; 102, 12; 103, 8) sein, *synne* (z. b. Leseb. 91, 22; 92, 30) sinn, *yl* (gew. *yl*, aber *iliar*! aisl. *il*) fusssohle, *ylla* schlecht, *ympa* impfen, *ynne* (z. b. Leseb. 92, 24) drinnen; vgl. noch nschw. *dynt* (alt *dint*) finnen, *dyrk* (mndd. *dirk*) dietrich, *syrsa* (alt *siressa*) heimchen.

Anm. 3. In wörtern, die besonders oft *y* zeigen, ist es fast immer zweideutig. So können *hymin* schon U himmel, *hymirīke* U, H ff. himmelreich und mschw. *hymil* himmel zu ahd. *humil* gehören; *sylver* Vh (> mschw. *sølver*) silber von ags. *sylfren* beeinflusst sein; *stylta* St (*stilta* Bisæ; vgl. ahd. *stelza*) krücke und *styltinger* H krüppel zu nschw. *stulta* stolpern gehören; mschw. *hyrdhinge* hirt ein **hiurþingi* (zu *hiorþ* herde; vgl. *juling, hiordinge* § 75, 2 und *ykil* § 59, 10) voraussetzen; *dymber* dunkel und *dymba* : *dimba* nebel sich wie *dumber* : aisl. *dimmr* dunkel und aisl., aschw. *dymbil-* : dän. *dimmel-* dämpfer verhalten, also ablaut (s. § 171) aufweisen; ebenso *hylla* (nur *y* belegt; vgl. ags. *hyll* höhe) gegenüber aisl. und alt nschw. *hilla* erhöhtes brett. Über die oben erwähnten *guzyvolagh* und *syfskaper* vgl. § 176. *Begynna* (selten mit *i*) anfangen dürfte eine mischung von mndd. *beginnen* und *gunnen* (nschw. *gynna*) sein. *Kylt* (auch *kult* wie im anorw.) kolter ist natürlich von *kilta* (zu aisl. *kialta, kilting*) rockschoss zu scheiden (gegen Kock, Sprh. s. 23).

Anm. 4. *ȳ* statt *ī* in derselben stellung oder gar in offener silbe (vgl. anm. 2 oben) kommt zwar hie und da vor — z. b. *tȳme* (Leseb.

53, 10; 94, 2; 95, 4) zeit, *tȳma* (Leseb. 87, 7, überaus häufig in ST) geschehen — dürfte aber nur orthographische bedeutung haben, indem *y* = *ij* ist.

Anm. 5. Nur nach einem der betreffenden konsonanten ist der übergang *i* (*ī*) > *y* zwar in schwachtoniger silbe sicher, worüber s. § 145; wo aber sonst *y* (*ȳ*) statt *i* oder *ī* in dieser stellung oder gar in offener silbe (vgl. anm. 2 und 4 oben) auftritt, ist es entweder nach § 65, 4 (wie *myþ-* neben *miþ-* aus urspr. *miþer*, dat. **myþium* u. dgl. 'mittler') und 5, § 71, 3 oder durch ausgleichung (z. b. gen. *þryggia* Biæ statt *þriggia* nach *þrȳ* drei und *tyggia* zweier) zu erklären, oder auch ist es nur orthographisch, wie wol in *fryþlōs* Ly friedlos, mschw. *flykke* (so gewöhnlich! aber aisl. *flikke*) stück fleisch und *bȳter* Vg. II beisst, mschw. *strȳdh* (Leseb. 55, 12, 18) streit; in offener silbe *skrȳa* (Leseb. 93, 22) schreien. Um so mehr ist dies anzunehmen, wo kein labialisierender konsonant in der nähe steht, z. b. *dygher* St gross, *ydka* (Leseb. 55, 9, 13) üben, *ydkeligha* (Leseb. 56, 31) unablässig; *ȳ* Vg. I in, *sȳþan* Vg. I, Leseb. 88, 15 seitdem, *dȳke* U, Vg. II graben, *ȳstad* (Leseb. 103, 34) steigbügel u. a. m.

§ 109. *ǫ* ist schon vorliterarisch zu *u* geworden vor gemeinnordischem *ggw, k(k)w, ngw* (welche verbindungen nur vor *a* und *i, e* vorkamen). Durch ausgleichung nach formen, wo *ǫ* vor *gg, k, ng* (ohne folgendes *w*) stand, kommen in den meisten fällen nebenformen mit *o* (d. h. *ǫ*) vor. Z. b. *hog*, gew. *hug* Vg. I ff. aus nom. **hǫgg*, dat. **huggwi* hieb; *hugga* (rschw. *hakua, haukua* — spät [*h*]*ukua* — gleich aisl. *hǫggua*) Vg. I ff. : *hogga* (nur kaschw.) hauen, *tugga* : *togga* kauen (vgl. *tagger* zahn), *gluggutter* (zu aisl. *glǫggr*) scharfsehend, *gnugga* (wol **ga-hnaggwan* zu aisl. *hnǫggua*, vgl. nnorw. *gnugga* und *nugga*) : *gnogga* knirschen, nschw. *dugg* (aschw. *dog* MB. I) tau, *kugg* zahn am rade (zu aisl. *kǫggoll* spitze, nnorw. *kagg* zacken), *rugg* (alt neben *ragg*, aisl. *rǫgg*) grobe haare, *snugga* kurze tabakspfeife (zu aisl. *snǫggr* knapp); *skrok, skruk* Sdm, Vg. II, MEL aus **skrǫk*, dat. **skrukkwi* unwahrheit; *slonga* (wo *o* nach § 120 anm. 2 aus *u* entwickelt sein kann), nschw. *slunga* (aisl. *slǫngua*) aus **slungwa*, gen. **slangu* schleuder, *stunger* St u. a. (vgl. § 127, 1) stich, *sunga* Cod. Holm. A 33 (aisl. *sǫngua* oder nur schreibfehler) singen. Vgl. Kock, Lj. s. 476 f., Arkiv V, 96, X, 317; Lindgren, Sv. landsm. XII, 1, s. 72 ff.

Anm. Wo nebenformen mit *o* fehlen, kann möglicherweise das *u* ursprünglich sein, also z. b. *ruggōtter* rauh eher zu dem gleichbedeutenden ags. *rúw-* als zu dem semasiologisch mehr abweichenden aisl. *rǫgg* gehören; ebenso vielleicht *gnugga* (wo *o* sehr spät ist, vgl. § 120 anm. 2) zunächst zu aisl. *gnúa* und nschw. *kugg* zu mhd. *küwen* kauen (s. Noreen, Urg. lautl. s. 162). Sicher ist wol nschw. *snugga* schmarotzen dem aisl. *snugga* 'schielend spähen' gleichzustellen.

b. Sonstiges.

§ 110. *ā*, sowol altes wie nach § 129, 1 vor gewissen konsonantengruppen gedehntes, wird (ausser im agutn.) gegen 1400 — aber wol nicht gleichzeitig in allen dialekten — durchgehends zu offenem *ō* (über dessen bezeichnung s. § 18 mit anm. 2). Kaschw. ist der vorgang zwar schon um 1350 belegt, aber die beisp. sind ziemlich vereinzelt und wol nur dialektisch, z. b. Ög *swō* so, Bu *fōr* bekommt, *gōvo* gaben, *mōl* sprache, *þrōlynder* hartnäckig und mit unursprünglichem *ā* (s. § 129, 1) Da *hōlda* halten; um 1375 *bōter* kahn, *kōpa* kappe und mit unurspr. *ā klōnda* in anspruch nehmen (s. Schlyter, Corpus X, s. XIV). Seit 1400 werden derartige schreibungen immer häufiger, z. b. *kōpa* Bil, *swō* (Leseb. 63, 22) und *rō* rehe D 4, mit unurspr. *ā vōrdha* werden Bir (wo auch umgekehrte schreibungen wie *baara, kaana* statt *bora* loch, *kona* weib den übergang bezeugen; vgl. dass in mndd. lehnwörtern *ō* jetzt oft durch *aa* wiedergegeben wird, z. b. *fænikaal* fenchel, *haan* hohn aus mndd. *vennikōl, hōn*), *hōlda* MB. I, *gōngin* gegangen Rk. II (Leseb. 81, 8) u. a. m. s. § 18 anm. 2. Vgl. Kock, Lj. s. 407 ff.

Anm. Da der übergang auch in stark nebentoniger silbe eintritt, so findet er in gewissen dialekten auch statt in fällen wie *komō* kommen, *somōr* sommer, *lighōt* gelegen u. dgl. aus *komā* u. s. w. (s. § 57, II, B, 1; § 86; § 152); ebenso bei unurspr. *ā* wie in *fiōnde* Bm, MB. II u. a. feind, *fræmōnde* MB. II fremd (s. § 57, II, B, 2, a; Kock, Sprh. s. 48 f.).

§ 111. *o* wird zu *u* in folgenden fällen:

1. Im agutn. schon vorliterarisch und in allen stellungen ausser vor *r*, z. b. *mulka* melken, *sufa* schlafen, *ustr* käse, *rus* pferd statt aschw. (und aisl.) *molka, sova, oster, ros* (aisl. *hross*). Dagegen z. b. *for-* ver-, für-, vor-, *ormbr* schlange, *torg* markt, *orka* vermögen u. s. w. Vgl. Söderberg, Lj. s. 16 f.

Anm. 1. Ob der übergang schon zur zeit der Åkirkebyer-inschrift durchgeführt worden war, ist aus dem verhältnis der einzigen dort vorkommenden beispiele, den beiden lehnwörtern *krus* (aisl. *kross*) kreuz und *ofr* opfer nicht zu ersehen.

Anm. 2. Ein durch kürzung aus ō oder ǫu entstandenes o bleibt, wol weil zur zeit des überganges o noch nicht da war, z. b. *tolf* zwölf, *os* (**ōss* § 90, 3) uns, *ok* (§ 81, 2, a) und. Über *gut* (gleich aisl. *gótt*, nicht *gott*) s. § 112 mit anm. 2.

2. In den der aschw. reichssprache zu grunde liegenden dialekten erst gegen 1350 und nur vor den urspr. (d. h. nicht durch synkope entstandenen) verbindungen *ld*, *ll*, *lt*, also vor dentalem *l* (s. § 38, 1); vgl. Larsson, Lj. 32; Kock, Arkiv IX, 245 f.; Hultman, F. B. s. 120. Die meisten kaschw. denkmäler haben noch in dieser stellung *o*. Aber schon Sdm und Ög. fr. I zeigen durchgehends *u*; ebenso Da, Ög, SK (über die scheinbare ausnahme *trol* s. anm. 4) und das mschw. (vgl. anm. 3). Z. b. *guldin* (aisl. *goldenn*) bezahlt, *huld* (neben älterem *hold*) fleisch, *muld* (*mold* H) staub, *gul* (aisl. *goll*) gold, *kulle* (*kolle* Vh) hügel, *fulder* (< **fullr*; *folder* U, Vm s. § 163, 2) voll, *hulder* (*holder* Vg. I, Vh) hold, *tulder* (*tolder*) zoll, *kulder* (*kolder*) sämmtliche kinder einer ehe, *hult* (*holt*) hain, *bulter* (aus mndd. *bolt*) bolzen u. s. w.

Anm. 3. Wo im mschw. hie und da (z. b. Bil, D 4, MB. I) ein *o* auftaucht, ist dies teils dialektischer aussprache (z. b. *hold*, *kolder*, *mold*), teils dem einfluss des deutschen (z. b. *gol* oder *gold*!, *holder*, *folder*, *tolder*) oder des anorw. (z. b. *bolle* D 4 statt *bulle* tümmler) zuzuschreiben. Mschw. *volte* neben älterem *vulte* 'verursachte' ist vom inf. *vōlda* (< *välda* < *valda*, s. § 110) beeinflusst.

Anm. 4. Die noch im nschw. als *boll*, *troll* fortlebenden *bolder* (neben *balder*, s. § 68, 3) ball, *trol* zaubergeist entsprechen also den aisl. *bǫllr*, *trǫll* (während aschw. *trol* > *trul* gleich aisl. *troll* ist, s. Noreen, Uppsalastudier, s. 208, Svenska etymologier, Upsala 1897, s. 8; Kock, Lj. s. 488).

Anm. 5. Ob dialektisch *o* > *u* auch in noch anderen stellungen eingetreten ist (vgl. Larsson a. a. o.; Tamm, Uppsalastudier, s. 24; Hultman a. a. o.), bleibt bis auf weiteres unsicher; noch unsicherer die vermutung Kock's, Ordspr. I, 47.

§ 112. *ō* wird zu *u* wenigstens seit 1300 (und bis ca. 1400) bei kürzung vor konsonantengruppen sporadisch, aber wie es scheint vorzugsweise in nebentoniger (und gar unbetonter?) silbe, z. b. die vielen adj. auf *-utter* neben *-ōt(t)er* wie *blæsutter* Dipl. 1316 mit bless versehen, der ortsname *Ārus* Dipl. 1313, MEL ff. (aisl. *áróss*), *-ōs* zu *ōs* mündung, *brullunge* Da neben *brōllunge* U geschwisterkind männlicher seite (zu *brōþir* bruder), *gut* Da (Leseb. s. 26, 15) ff. (aisl. *gótt*; vgl. *got*, aisl. *gott*) gutes (anal. pl. *gūþ* Ly statt *gōþ* gute), *fuldiærver* Bu ff. dummdreist zu *fōl* thöricht. Ziemlich vereinzelte beisp. (die meisten gew. mit *ō*) aus dem mschw. sind: viele ortsnamen auf *-bulstadher* zu *bōlstaþer* (vgl. aber auch die seltene nebenform *būl* und ortsnamen wie *Nȳbȳle* u. dgl.) dorf, *fulska* thorheit, *gudhvili* wolwollen, *hūsbunde* hausherr zu *bōnde* bauer, *hæg(g)um(m)e* (aisl. *hégóme*) nichtswürdigkeit, *Iusse* (neben *Iosse* > *Iøsse*) zu *Iōan* Johannes, der ortsname *Lødhus* neben *Lyþōs* und *Lødhōse*, pl. *mudhgor* mutter und tochter zu *mōþir* mutter, *tutta* knocken machen zu *þōtter* docht, faden, *under* Ve, Rk. II m. m. (*ōnder* s. § 65, 7) schlecht. Vgl. Lindgren, Sv. landsm. XII, 1, s. 79 f.; Kock, Arkiv IV, 176 ff., VII, 184.

Anm. 1. Andere beisp. sind zweideutig. *Ambut* Vg. I ff. sklavin kann sowol nach § 74 anm. entstanden sein wie aisl. *ambótt* entsprechen; *us(s)* uns sowol von *ūs* und *os(s)* kontaminiert (s. § 84, 2, b) wie aus **ōss* entstanden sein; nom. sg. *hun* Vg. I ff. (aisl. *hon, hun*) 'sie' aus **hǫn* < **hǿn* § 74 anm. oder aus *hōn* § 73, 2; ebenso *hus* (1-mal in einer norvagisierenden hdschr.) aus **hǫs* < **hǿs* oder aus *hōs* 'bei'. Ob *sukn* Sdm 'der gerichtlichen belangung frei (von tagen)' aus **sōkn* neben *sēkn* (zu *sōkn* gerichtliche belangung) entstanden ist, bleibt sehr unsicher; s. § 106 anm. 1.

Anm. 2. Nach dem agutn. *gut* 'gutes' und ngutn. *uss* 'uns' zu urteilen ist der übergang auch im agutn. vorhanden (vgl. § 111 anm. 2). Dann dürfte auch der g. pl. agutn. *hugunda* bequemlichkeit als aus **hōgu'nd-* (aisl. *hógynde*) entstanden angesehen werden können (vgl. § 106, 2, b).

III. Depalatalisierung.

§ 113. Gemeinnordisches *e* wird — ausser im agutn. — schon bald nach 900 durchgehends zu *æ*. Die allerältesten runeninschr. unterscheiden noch altes *e* und durch *i*-umlaut aus *a* entstandenes *æ*, z. b. Rök acc. *itu*, d. h. *etu* das essen, aber dat. *trą[n]ki*, d. h. *drængi* held; Högby *tribin*, d. h. *drepin* getötet, aber *eftiʀ*, d. h. *æftiʀ* nach. Aber in dem 10. jahrh. werden beide laute allgemein durch dieselbe rune (*i*, später *e* oder *a*) bezeichnet, was unzweideutig den übergang bezeugt; z. b. *þikn* (aisl. *þegn*, aschw. *þægn*) degen : *iftiʀ* (anorw., aschw. *æftir*) 'nach' Täng, *þign, uir* (got. *waír*, aschw. *vær*) mann : *iftiʀ*, *hifiʀ* (anorw. *hæfir*) 'hat' Härened, *þisi* (anorw. *þesse*, aschw. *þæsse*) diese : *tri[n]kiar* (anorw., aschw. *drængiar*) helde Bjälbo, *uerþa* (got. *waírþan*, aschw. *værþa*) werden : *betra* (anorw., aschw.

bætra) besser Sälna, *uerþa* : *kenilikt* (zu aschw. *kænna*) kenntlich Nöbbele, *uastr* (anorw. *vestr*, aschw. *væster*) nach westen : *A*[*n*]*klanti* (anorw., aschw. *Ænglande*) 'England' Grinda, der mannsname *Halgi* (anorw. *Helge*, aschw. *Hælghe*) : (*H*)*a*[*n*]*kla*[*n*]*ti* Rösås. Aus der literatur vgl. noch *værk* werk, *hælt* hielt u. s. w.

Anm. Wenn in oft proklitisch oder enklitisch gebrauchten wörtern *e* (nach § 147 entstanden oder urspr.) statt *æ* steht, auch wo das wort starktonig gebraucht wird, ist dies dem einfluss der schwachtonigen formen zuzuschreiben, z. b. *þet* (*þæt*) das, *meþ* (*mæþ*) mit, *en* (*æn*) noch, aber, wenn, *mellom* (*mællom*) zwischen u. s. w. Über sonstige schreibungen mit *e* s. § 24 anm.

§ 114. *ē* wird zu *ǣ* oder *æ* in folgenden fällen:

1. Gemeinnordisches *ē* wird — ausser im agutn. und einigen westlichen dialekten des festlandes — wenigstens vor 1200 zu *ǣ* vor konsonanten und im auslaut. Der unterschied zwischen altem *ē* und dem umlauts-*ǣ* wird nicht nur in den ältesten inschr. gewahrt, z. b. Rök dat. *uituą*[*n*]*ki*, d. h. *wēttwangi* schlachtfeld, aber der volksname gen. *Mari*[*n*]*ka*, d. h. *Mǣringa*; sondern noch ein paar hundert jahre später findet man dieselbe verschiedenheit der bezeichnung, z. b. Forsa *rit*, d. h. *rētt* recht, aber pl. *þaʀ*, d. h. *þǣʀ* sie. Andererseits scheint eine schreibung wie Härened *kuin*, d. h. *kwǣn* (aisl. *kuén*) weib zu beweisen, dass wenigstens in gewissen gegenden der übergang schon vor 1000 stattgefunden habe. Jedenfalls muss er überall älter sein als die entstehung des aschw. *ē* aus gemeinnord. *æi* (s. § 124, 2), weil dies sekundäre *ē* nicht den übergang mitmacht. Die literatur zeigt immer *ǣ*, z. b. *hǣr* (aisl. *hér*) hier, *mǣr* (aisl. *mér*) mir, *lǣript* (aisl., agutn. *lērept*) leinwand, *ǣl* (aisl. *él*) schneesturm, *vǣ* (aisl. *vé*) heilige stätte, *knǣ* (aisl. *kné*) knie. Da aber *ē* vor vokal lautgesetzlich bleibt, so tritt nicht ganz selten ausgleichung ein, z. b. präs. *tēr*, prät. *tēþe* nach inf. *tēa* zeigen, präs. *sēr*, part. prät. *sēt* (statt *sǣt* wie noch U, s. Leseb. 10, 12, und P. I) nach *sēa* sehen; umgekehrt bisweilen *lǣa* statt *lēa* leihen nach präs. *lær*, prät. *lǣþe*, gen. sg. *fǣar* statt *fēar* nach *fǣ* vieh, dat. pl. *trǣom* statt *trēom* nach *trǣ* baum, acc. f. *þrǣa* Vg. I statt *þrēa* nach *þrǣ* (§ 83, 2, b) drei.

Anm. 1. Lehnwörter treten mit *æ* oder *ē* auf, je nach dem sie vor oder nach dem abschluss des überganges entlehnt worden sind. Daher z. b. *brǣf* Vm (mndd. *brēf*) brief, *klǣnaþ* MEL ff. (mndd. *klēnade*) kleinod,

Pætar Peter, *præster* (mndd. *prēster*) priester, mschw. *berædha* (mndd. *berēden*) bereiten, *skær* (mndd. *schēt*) geschieht, *spæghil* (mndd. *spēgel*) spiegel neben neu aufgefrischten *brēf*, *klēnadh*, *Pētar*, *prēster* u. s. w.; aber nur *lēbardher* (mndd. *lēbart*) leopard, *spē* (mndd. *spē*) hohn, *vē* wehe u. a.

Anm. 2. Nicht hierher gehören *nē* (agutn. *nai*) nein, *hēt* hiess, *grēt* weinte, *lēk* spielte, *lēt* liess, *rēþ* riet, welche (nach § 124, 2) aisl. *nei*, *heit*, *greit*, **leik*, *leit*, *reiþ* (s. An. gr. I, § 429 und 432) entsprechen, während die nebenformen *næ* SK, *hæt*, *græt*, *læt*, *ræþ* (agutn. *rēþ*) nach obiger regel gleich aisl. *né*, *hét* u. s. w. sind. *Umvēla* U (Leseb. s. 10 note) neben *-væla* Sdm ff. (aisl. *véla*) sich womit beschäftigen dürfte nach § 105 anm. zu beurteilen sein. Unklar bleiben die vielleicht ebenfalls nicht hierhergehörigen *lē* (gen. *lia!*; aisl. *lé*, mndd. *lēhe*) sense und *lēkatter* neben *lækatter* hermelin. *Frædagher* Bu neben gew. *frē(a)dagher* (nach § 154, I, C, 1, a) freitag ist vielleicht von der nach 2 unten entstandenen nebenform *fræiadagher* beeinflusst worden.

2. Das nach 1 oben vor vokal erhaltene *ē* wird seit ca. 1350 zu *æ* vor einem hiatusfüllenden kons. *i*, z. b. *fē(i)ar* > *fæiar* Vg. II viehes, *Swē(i)ar* > *Swæiar* Bu die Schweden, *sē(i)a* > *sæia* St ff. sehen, *frē(i)adagher* > mschw. *fræiedagher*, *lē(i)on* > mschw. *læien* löwe, *spē(i)a* > nschw. *späja* spähen. Durch ausgleichung kann *ē* bisweilen erhalten sein, z. b. *sēia* nach. prät. *sēr* sieht.

Anm. 3. Über das nicht hierhergehörige *blæia* in Vg. I s. § 125.

3. Das nach § 124, 2 aus *æi* entstandene kaschw. *ē* wird im mschw. ebenfalls zu *æ* vor antevokalischem *ghi* (jetzt als einfache spirans *j* ausgesprochen), z. b. *dēghia* > *dæ(gh)ia* grossmagd, *lēghia* > **læ(gh)ia* (anal. prät. *lægdhe* Bil) mieten; vgl. nschw. *mäj* mich, *däj* dich, *säj* sich aus mschw. *mēgh* u. s. w.?

Anm. 4. Über einen vermeintlichen übergang kaschw. *ē* > *æ* s. § 124 anm. 8, mschw. *ē* > *æ* s. § 115 anm. 3.

§ 115. *i* wird zu *e* (woraus später *ē* nach § 130, 2 und 129, 2) in folgenden fällen:

1. In offener silbe (vgl. Kock, Lj. s. 454 ff.) in den meisten gegenden (jedoch z. b. nicht im agutn., dal. und den finnländischen diall.) allmählich seit ca. 1400. Ältere beisp. sind sehr selten, wie *veþer-* Cod. Holm. B 56 (ca. 1350) wider-, *hælvete* Bu hölle, *ven* (wol nach den 2-silbigen formen) Bu freund, acc. *medhian* St nach nom. **medher* mittlerer, *æmbete* St (noch Bu *æmbite*) amt, pl. *bedhiom* Dipl. 1389 nach sg. **bedher* bitte. Seit 1400 werden die beisp. immer häufiger, z. b. *skrevadher* Dipl. 1401,

skrevin 1405 geschrieben, *sedhan* 1404 seit, *hete* P. I hitze, pl *redhu* Bil ritten, *setir* GO sitzt, *fredhen* GO der friede, *sele* KrL siele, geschirr, part. *drēvit* Di getrieben; andere beisp. s. Leseb. s. 81, 8, 26; 93, 34; 95, 19; 105, 4; 107, 10; 109, 14; 110, 1. Um 1500 ist der übergang wol als in der reichssprachlichen rede durchgeführt zu betrachten, und die *i*-formen beruhen, sofern sie nicht rein orthographischer natur sind, zumeist auf ausgleichung, z. b. *līva* neben *lēva* leben nach prät. *līfdhe*, wie umgekehrt *lēfdhe* nach *lēva*.

2. In geschlossener silbe allgemein (auch im agutn.) und etwa gleichzeitig mit dem vorigen falle nur vor (dem reduzierten — s. § 43, 3 — *r* in) den verbindungen *rð*, *rl*, *rn*, *rs*, *rt*, sofern diese nicht schon den übergang *i* > *y* (§ 108) veranlasst haben. Kaschw. beisp. sind äusserst selten wie *herþinge* Ly, *herþe* Bu hirt; mschw. aber häufig, z. b. *hērdhe* ST, Bil, GO (Leseb. 80, 13) hirt, *sēvērdha* Su geringschätzen, *sērla* ST spät, *gērnas* ST verlangen, *kērna* Ve butterfass, *stērna* (aisl. *stirþna*) JB erstarren; nschw. *stel* (aisl. *stirþr*) starr, *gers* (< *girs*, s. § 103, 1) kaulbarsch.

Anm. 1. Dialektisch tritt *e* statt *i* auch vor kakuminalem *l* ein. So besonders in Bu, z. b. *selke* (auch Dipl. 1334) seide, *selver* (auch PM u. a.) silber, *skelia* (auch Linc. 39, s. Leseb. 107, 31) scheiden, *tel* (z. b. Leseb. s. 40, 14; 41, 6, 37) zu, *velia* wollen. Vor anderen konsonanten ist *e* sehr selten und — abgesehen von Bu, wo z. b. *kerkia* kirche, *venstre* linke vorkommen — spät, z. b. JB *vetne* (Leseb. s. 93, 9) zeuge, Dipl. 1507 f. *bes(ko)per* bischof, Linc. 39 *met* meines, *skreft* schrift. Mschw. *mek* Dipl. 1401 ff., *megh* mich, *segh* 1409 ff. sich können nach § 147 aus *mæk*, *sæk* (s. anm. 3) entstanden sein.

Anm. 2. Eine sonderstellung nehmen G. I (nicht aber G. II) und G. a ein, indem sie *e* neben (wol analogischem) *i* vor doppelter konsonanz (nur geminata?) in den possessiven pron. zeigen, z. b. dat. sg. f. *þenni* deiner, gen. sg. m. *sens*? (gew. *sins* nach *sīnum* u. dgl.), gen. pl. *senna* (*sinna* G. II), acc. sg. m. *senn* (*sinn*), ntr. *sett* (*sitt*) 'sein'; vgl. Wimmer, Døbefonten s. 52. Möglicherweise ist *e* in *sett* nach § 83, 1, a lautgesetzlich entstanden und dann analogisch weiter verbreitet worden. Ob *senn* auch hie und da im rschw. vorkommt bleibt unsicher (s. Rv., s. 131 note).

Anm. 3. Die vermutung Kocks (z. b. Arkiv IX, 248 f.), dass ein aus *i* entstandenes *e* unter umständen weiter zu *æ* entwickelt worden wäre, ist bis jetzt nicht wahrscheinlich gemacht, wenigstens nicht fürs aschw. In den weitaus meisten fällen, wo *i* und *æ* wechseln, ist dieses aus gemeinnordischem *e* (nach § 113) entstanden. *Sliþi* : *slæþi* schlitten, *vin* : *væn* freund u. a. erklären sich nach § 164 und 163, 1; *hilsa* : *hælsa* grüssen, nschw. *girs* : *görs* kaulbarsch u. a. nach § 80, II, 2 und § 103, 1. *Hærdha*

Rk. I verbergen (agutn. *herþa* hüten) und *hærþislēs* Vh nachlässig verhalten sich zu aisl. *hirþa* (mschw. *hyrdha* nach § 108, 2) und anorw. *hirðisløysa* nachlässigkeit wie *værþa* Vg. II schätzen, *værdhas* KS genehmigen, *værþe* Sdm wert, mschw. *sæværdha* geringschätzen (agutn. *suēverþr* verachtet) : *virþa* (> *vyrdha* > *verdha*), aisl. *virþask*, aschw. *virþe* H, mschw. *sīvirdha* (aisl. *suívirþr*). *Hærdhe* Dipl. 1506 hirt kann das mndd. *herde* sein. *Kærne* neben *kirna* butterfass entspricht aisl. *kiarne* neben *kirna*. *Færma* (neben *fyrma* SK) firmeln ist mndd. *fermen*. *Mæssa* : *missa* messe ist ags. *mæsse* : mndd. *misse*. *Mæþsumar* H sommerzeit um Johannis und *mæþalder* Bu mittleres alter sind wol von *mæþal* mittler beeinflusst. *Mæk* cod. Holm. B 52 (c. 1350) mich und *sæk* Dipl. 1409 sich sind wol von dat. *mǣr*, *sǣr* beeinflusst oder entsprechen den anorw. *mek*, *sek*. Unerklärt bleiben allerdings ein paar vereinzelte schreibungen wie *mæn*, *mæt* (vgl. anm. 2 oben) Dipl. 1401 'mein' und nschw. *särla* (nach alt nschw. *sädan* 'nachher'?) 'spät'.

Anm. 4. Die annahme eines aschw. überganges *ī* > *ē* vor *a* (Kock, Arkiv IX, 157 ff.) ist unstatthaft. Eher wäre eine derartige entwicklung (mit Flodström, Tidskr. f. Fil. N. R. IV, 64; Brate, Lj. s. 11 f.; Hultman, F. B. s. 140 note) irgendwie als gemeinnordisch zu statuieren auf grund der fälle anorw. *fréadagr*, aschw. *frēadagher* (ags. *frīȝædæȝ*, vgl. aber aschw. *hūsprēa* hausfrau, nnorw. *husbreia*) freitag, anorw., aschw. acc. *þrēa*, f. *-ar* zu *þrīr* drei, anorw., aschw. *sē*, aisl. *séa* (> *siá*; got. *sijau*) sei, die jedoch auch anders erklärt werden können.

§ 116. *y* (sowohl altes wie nach § 108 aus *i* entstandenes) wird allmählich zu *ø* allgemein vor *ð*, *ȝ*, kakuminalem *l*, *m*, *n*, *r*, *s* und *v*) ausser wo *y* vor gewissen konsonantenverbindungen (*mp*, *nt* und antesonantischen *mb*, *nd*, *rk*, *st*) gedehnt oder (nach § 127, 2) zu *iu* gebrochen worden ist; s. Kock, Arkiv IX, 50 ff., 235 ff. Vereinzelte beispiele zeigen sich schon etwas vor 1350 sind aber überhaupt im kaschw. ziemlich selten, z. b. *kølna* (aisl. *kylna*) schon um 1330 'darrhaus', *kølva* KP (Leseb. s. 24, 7) keule, *føl* H füllen, *bølghia* Bu welle; *frǣnzøme* Vm (aisl. *frǽndsyme*) verwandtschaft; *Størbiorn* Vh ein mannsname, *børþ* geburt, *børþe* bürde, *førma* (*fyrma* SK) fasten Vm, Da, *børia* MET anfangen, *ørt* MEL kraut, *bør* fahrwind, *mørk* finsternis Bu; *løn* (aisl. *hlynr*) Dipl. 1349 ahorn, *køn* MEL geschlecht, *mønster* Bu münster; *skøfla* Vm, MEL vergeuden; *brø(þ)lōp(e)*, *brøllōp* Sdm, MEL, Vg. II K aus *bryþlōp* Sdm hochzeit; *tøswar* MEL zweimal. Mschw. wird *ø* zunächst vor *l*, alveolarem *n* und *r* durchgeführt (so schon in GO, s. Kock, Ordspr. I, 43), dann auch in den übrigen fällen, z. b. *sønder* entzwei, *lømska* (aisl. *lymska*) list, *brømsigna* (s. § 108, 1) kreuzen, *bøssa* büchse, *møghladher* schimmelig.

Jedoch kommen die ganze periode hindurch nebenformen mit *y* vor.

Anm. 1. In mehreren dialekten tritt *ø* auch in anderen stellungen ein. Daher z. b. schon im kaschw. *møkin* Vm (vgl. Leseb. s. 93, 15) gross, *støkke* MET stück, *nøkil* Da schlüssel, *skøtta* Dipl. 1350 schütze, *løktæs* H beendet werden; im mschw. *døft* c. 1450 staub, *inbøggiare* 1505 einwohner, *krømplinger* Bil krüppel, *mønt* 1460 münze, *løpta* Bir heben, *køtta* Dipl. 1402 hütte u. a. m. Bisweilen stammen wol jedoch die *ø*-formen aus dem deutschen, z. b. *løfte* (mndd. *löfte*) gelübde, *røkte* (mndd. *rochte*) gerücht.

Anm. 2. Wo bisweilen in den aller ältesten denkmälern *ø* neben *y* vorkommt, ist es wol nach § 59, 3 zu erklären, d. h. *ø* ist *i*-umlaut eines neben *u* stehenden *o*, z. b. acc. pl. *løte* Vg. I zu *loter* (wie *lyti* zu *luter*) loos, *øpin* U zu *opin* (wie *ypin* : *upin*) offen, *følla* Da füllen zu *folder* (wie *fylla* : *fulder*) voll. *Sømpn* U schlaf entspricht natürlich dem aisl. *søfn* und ebenso wol pl. *nøter* Bir nüsse, *øfre* U obere den aisl. *hnøtr*, *øfre*. *Mølna* Dipl. 1287, 1307 mühle ist wol aus mndd. *molne* (wie auch die nebenform *mølla* aus *molle*) entlehnt. — Von obigen fällen genau zu unterscheiden sind diejenigen wo *y* nach § 106 aus *ø* (*ǿ*) entwickelt ist.

§ 117. Über *æi* > *ai* und *øy* > *oy* im agutn. s. § 124, 1 und 126, 1.

Anm. Ein übergang *æ* > *a* ist vielfach angenommen worden, besonders von Kock, der ihn unter umständen vor *ð* (Bidrag till svensk etymologi, s. 5 note), *ȝ* (Arkiv XI, 142 ff.), *l* (ib. 141 f.) und *r* (Akc. I, 139 note, Sprh. s. 94 f.) statuiert. Am ehesten annehmbar wäre die ansicht, dass (wenigstens nebentoniges) *æ* zwischen *v* oder *w* und *r* zu *a* werde (vgl. Kock, Sprh. s. 86 ff. und Larsson, Lj. s. 8 ff.; dagegen Brate, Lj. s. 2 ff. und Lindgren, Sv. landsm.. XII, 1, s. 91). Aber sämmtliche beisp. sind unsicher, indem das *a* nach ausweis der verwandten sprachen ursprünglich sein kann und das daneben stehende *æ* entweder auf ablaut (s. §§ 171—3) oder *i*-umlaut (s. § 59, 1 und § 63) beruhen. Jenes kann der fall sein in folgenden wörtern: *hwart* : agutn. *huert* (aisl. *huart* : *huert*) wohin; *kwar* : *kwær* (z. b. Leseb. 76, 16; nnorw. *kvar* : *kverr*) ruhig; nschw. (dial. und als ortsname) *kvark* : aschw. *kwærk* (nnorw. *kvark* : *kverk*) kehle, einengung; *kwarn* : *kwærn* (aisl. *kvörn*, gen. *kvarnar*, nnorw. *kvann* : *kvern*) mühle; *hūþ-swarf* streifwunde und nschw. *svarfva* drechseln : aschw. *hūþ-swærf* Sdm und *swærva* Ög schamvielen (aisl. *suarf* feilstaub, umkehrung, *suarfa* umkehren : *suerfa* feilen); *vara* sein und *sam-vara* beisammensein : *væra* und *-væra* (as. *warōn* dauern : aisl. *vera* da sein); *handa-vark* Vg. I handarbeit, *nīþings-vark* Vg. I frevel (wozu *værke* wie *virke* zu *værk*), *ā-varka* Da beschädigen und *varknaþer* Ög arbeit : *værk* werk (vgl. as. *warhta*, *giwarht* : *wirkean* machen); *varþa* : *værþa* werden (lat. *vorto* : *verto* wende); *nat-varþer* (aus **nāttwǫrðr*, gen. *-warðaʀ* ausgeglichen; noch in Vg. I flektiert *nātorþer*, dat. *-værþi* wie aisl. *nótt-orþr*, *-verþe*) abendmahl : aisl. *verþr* (dat. *virþe*, anal. *verþe*; vgl. got. *wairdus*, as. *werd* wirt) speise; aschw. *varþer* Da, Vg. I

(z. b. Leseb. 2, 11; 6, 24; dazu *værþa* schätzen und *værþe* preis) : *værþer* (wozu *virþa* und *virþe* H) wert; *ovan-varþa* oben : agutn. *af and-verþu* von vorn (aisl. *ǫnd-orþr* < -**wǫrð-* : *and-verþr* vorwärts gerichtet; vgl. as. *-wardes*, ags. *-weardes* : ahd. *-wertes* -wärts); *þwar* Sdm, Da u. a. : *þwær* quer (vgl. aisl. *þuare* querstange, *þuara* quirl : aschw. *þwæri* block, stock, s. Tamm, Uppsalastudier, s. 33). Dieses ist wiederum der fall in *hwar : hwær* (anorw. *huarr : huærr*) welcher; *swar* antwort, *swara* antworten und anal. *swaria* Vg. I schwören : *swær* Ly, *swæra* Ly, Vh (z. b. Leseb. s. 12, 26, 32 f.) nach *swæria* (aisl. *suar, -a : sueria*); dem mannsnamen *Swarkir* (< **Swarkwēʀ* Vh (Leseb. s. 14 note, 15 note) : *Swærkir* (zu aisl. *Sørkuer* wie aschw. *Skaþvī : Skæþve : Skeþve* u. a., s. § 61; vgl. noch aisl. *Hloþvér : Hleþver, Qlvér : Ølver* u. dgl.); *swarþer : swærþer* Vg. II, I (Leseb. s. 8, 11; s. Wadstein, Tidskr. f. Fil. 3. R. III, 11; aisl. *suǫrþr* : dat. *suerþe*) schwarte, fell; *var* : *vær* MB. II (aisl. *vǫrr* : agutn. *ver;* vielleicht ablaut wegen got. *wairilō*) lippe; *var* überzug und agutn. *līk-vari* hemd : aisl. *ver* (dat. pl. *veriom* zu got. *warjan* bekleiden; vgl. aschw. *vaþ* : aisl. *veþ, -iom* pfand u. dgl.) und *gang-vere(r)* kleidertracht; *vara : væra* Vg. I, Ly warnen (vgl. got. *war* behutsam : *warei* behutsamkeit); *garþ-vari* (am ehesten zu aisl., aschw. *vari* hut, acht) hofhund und *varia* (nach prät. *varþe*) Vg. I, II, Ly, Da : *væria* (anal. prät. *værþe* Vg. I, II, Ly) verteidigen (aisl. *skip-vere*, pl. *-veriar* matrose und *veria* : *varþe*); *varme* wärme und *varmber* warm : *værme* und *værmber* MB. II, D 4 (Leseb. s. 70, 28; aisl. *varmr : verme*); *varn* Ög : *værn* (aisl. *vǫrn* : **vern* wie *bón : bén* u. dgl.) schutz; *varþa* : *værþa* Vg. I (z. b. Leseb. s. 7, 35), II hüten (vgl. aisl. *varþa* hüten : got. *wardja* wächter) und *varþer* (rschw. noch nom. *uaurþr*, d. h. *wǫrðr*) : *værþer* cod. Holm. B 56, Ög (aisl. *vǫrþr* : dat. *verþe*) wacht sowie dem damit identischen *-varþer* (*-orþer, -urþer* aus -**wǫrðr*) : *-værþer* in mannsnamen.

IV. Delabialisierung.

§ 118. *io* — durch brechung (§ 75, 2) entstandenes oder entlehntes — wird schon vorliterarisch (vgl. anm. 1) zu *ia* vor einem (erhaltenen) *a* der folgenden silbe (s. Brate, Uppsalastudier, s. 11 f.; Kock, Beitr. XX, 136 ff.), z. b. *fiætra* (< **fiatra* § 96, aisl. *fiotra*) fesseln. Durch ausgleichung entstehen doppelformen wie rschw. *siul*, d. h. *siōl* (aus as. *siola*; über die vokallänge s. § 82 anm. 3) : gew. und lit. immer *siāl* (> *siǣl*) nach gen. *siālar* seele, lit. *miolk* : selten *miælk* (agutn. *mielk*) milch, *fiorþe* Vm (**fioðrðe* zu *fioþer-* vier, got. **fidurda* : *fidur*) : gew. *fiarþe* (> *fiærþe*) nach obl. *fiarþa* vierte, präfix *fioþer-* : *fiæþer-* vier-, *giora* (nach präs. *gior*, prät. *giorþe*) : *giara* (*giæra*, wonach präs. *giær*, prät. agutn. *gierþi*, pl. Åkirkeby *giarþu*, Grinda *kiarþu*; aisl. *giorua*) machen, der mannsname *Iuwur* : *Iavur* nach dem einstigen pl. (aisl. *iofrar*). Oder auch dringt *ia* überall durch wie in *fiælde* (aisl. *fiolþe*, obl. *-a*) menge, *fiatur* (*fiætur*; aisl. *fiotorr*, pl. *fiotrar*) fessel, *þiæþur* auerhahn, *fiæþur* (as. *fethara*) feder, *iætun* (aisl. *iotonn*) riese.

Anm. 1. Der übergang ist um 1100 belegt durch *sial* Sjonhem I 'seele', *kierua*, d. h. *giærwa* Hauggrän, *kiara*, d. h. *giara* Sjustad 'machen'. Das noch viel ältere prät. *kiarþu* Kolunda ist nicht beweisend, weil es eine kontamination von präs. *giorwa* und prät. *garþu* sein kann. Aber jedoch scheint *io* > *ia* schon um 900 bezeugt zu sein durch den acc. *fiakura*, d. h. *fiaʒura* Rök, der wol eine kontamination von ntr. *fiughur* und m. **fiaðra* (< **fioðra* < **feðura*) 'vier' sein muss.

Anm. 2. *þiāna* dienen, *þiānosta*, *-ist* dienst sind wol eher aus as. *thianōn*, *-nust* als aus dem häufigeren *thionōn* entlehnt; über die vokallänge s. § 82 anm. 3. Ebenso ist *Iāhan* neben *Iō(h)an* Johannes schon auf deutschem boden entstanden.

Anm. 3. Über *o* > *a* in schwachtoniger silbe s. § 148.

§ 119. Über *ǫu* > *au* im agutn. s. § 123, 1.

Anm. Über einen eventuellen übergang *ǫ* > *a* s. § 68 anm.

§ 120. *u* wird seit etwas vor 1350 zu *o* (später > *ō* nach § 129) vor einem (reduzierten, s. § 43, 3; vgl. Kock, Arkiv IX, 246 f.) *r* mit folgendem *ð*, *l*, *n* (*s*, wiewol beisp. zufällig fehlen) oder *t* sowie — vielleicht etwas später — vor kakuminalem *l* mit folgendem *d* (*n*, wiewol sichere beisp. fehlen), *s* oder *t*. Z. b. *sporþe* KP (Leseb. s. 21, 18) fragte, *smorþe* Bu schmierte, *orþu* G (*vorþo* Bu) wurden, *īkorn(e)* Sdm (*ȳkorne* schon U) eichhorn, *bort* G (aus *burt* Åkirkeby) hinweg, *fiortān* St vierzehn, mschw. *bordhe* begann, nschw. *torsmånad* (zu aisl. *þurþr* schwund) januar, *sorla* (nnorw. *surla*) summen; ferner *holder* Bu (ntr. *holt* Bir, prät. *holde* O) verhüllt, mschw. *bolde* P. I geschwür, *dolde* verbarg, *dolsmāl* (kaschw. *duls-*) weigerung. Ebenso wird das *u* des nach § 127, 2 entstandenen brechungsdiphthongs *iu* behandelt, z. b. *lōsgiorþer* Da mit aufgelöstem gürtel, *giordha* O ff. gürten, *kiortil* O ff. rock, *skiorta* D 4 ff. hemd; ? nschw. *mjölnare* (zu aschw. **miolna* aus *miulna* mühle) müller.

Anm. 1. Unerklärt bleibt die form *kyrtil* G, Di neben sonstigem *kiurtil* > *kiortil*; ebenso das auffällig späte *burt* Bir. A, Bir, KS neben gew. *bort*.

Anm. 2. Dialektisch (vgl. viele nschw. dial.) tritt *u* > *ǫ* auch vor *m*, *n*, *v* + kons. ein, z. b. *homper* Dipl. 1344 abwärts liegender acker, *konni* U könnte, *konno* könnten, *sonnodagher* sonntag Vm, der mannsname *Gonnar*

Dipl. 1371. Mschw. sind solche beisp. nicht ganz selten, z. b. *iomfrū* jungfrau, *krompin* gekrümmt, *bronder* brunnen, *fonnin* gefunden, *hongra* hungern, *monker* (z. b. Leseb. 81, 28) mönch. Vor anderen konsonanten ist aber *u* > *o* immer sehr selten, z. b. *klobba* keule, *polver* pulver, *tokt* (z. b. Leseb. 92, 30; 110, 27) zucht; das immer *o* zeigende *potter* (mndd. *putte*) pfütze scheint von mndd. *pot* topf beeinflusst worden zu sein.

Anm. 3. Über *u* > *o* in schwachtonigen silben s. §§ 139 und 143. Über *iu* > *io* bei aschw. brechung s. § 127 anm. 1.

§ 121. *ū* scheint unmittelbar vor *a* in *ō* übergegangen zu sein und zwar schon vorliterarisch; s. Kock I. F. II, 335 f., Hultman, F. B. s. 121 note (vgl. aber Urg. lautl., s. 32 ff. und Bremer bei Solmsen, Studien zur lateinischen lautgeschichte, s. 156 f.). Z. b. *bōa* (aisl. *búa*) wohnen, *brōa* (aisl. *brúa*) eine brücke bauen, *gnōa* (aisl. *gnúa*) reiben, *snōa* (aisl. *snúa*) drehen, *trōa* (aisl. *trúa*) glauben, pl. *skōar* (aisl. *skúar*) schuhe, pl. *landbōar* (anal. auch sg. *-bōe*, aisl. *búe*) pächter, acc. *trōan* (anal. dat. *trōm* u. s. w.; aisl. *trúr*) treu, gen. *brōar*, pl. *-a* (anal. nom. sg. *brō*, isl. *brú*) brücke, gen. *kōar, -a* (nom. sg. *kō*, aisl. acc. *kú*) kuh, *sōar, -a* (*sō*, aisl. acc. *sú*) sau.

Anm. 1. Über *iō* statt *iū* in gewissen aschw. dialekten s. § 82 anm. 1.

Anm. 2. Über *y* > *i* s. § 101; *ē* > *e* in schwachtoniger silbe s. § 146, 3.

V. Entwicklung der alten diphthonge.

§ 122. *iū* (s. § 82) ist im rschw. als solches erhalten, im kaschw. aber folgendermassen behandelt worden:

1. Im agutn. vorliterarisch zu *iau* geworden, z. b. schon im runenkalendarium (s. § 11, 1) *iaul* (aschw. *iūl*) weihnachten, *siau* (aschw. *siū*) sieben, *þiaur* (aschw. *þiūr*) stier, in G *diaupr* (aschw. *diūper*) tief, *niauta* (aschw. *niūta*) geniessen u. s. w. Auffallender weise steht ntr. *þrȳ* drei, das also vielleicht nicht genau dem aisl. *þriú* entspricht.

Anm. 1. Nach Bugge (Ant. ak. handl. XXXI, 3, s. 17 und 59) wäre der vorgang auch im dialekte der Rökerinschrift durch *þiaurikR* und *iau* belegt. Es scheint aber etwas unsicher, ob diese formen wirklich da sind und den aisl. *Þióþrekr* Dietrich und *hió* hieb entsprechen.

2. Im sonstigen aschw. ist es in zweifacher weise behandelt worden:

a) In *ȳ* (wahrscheinlich mit der übergangsstufe **yū*) kontrahiert, vorliterarisch nach postkonsonantischem *r*, z. b. *brȳta*

(1-mal arkaisch präs. *briūtœr* U) brechen, *frȳsa* frieren, *grȳn* graupe, *strȳka* (aisl. *striúka*) streichen, *þrȳ* (aisl. *þriú*) drei; seit ca. 1300 allmählich auch nach anlautendem *r* und nach kakuminalem *l*, z. b. *riūva* > *rȳva* Vg. I, U ff. reissen, *riūka* > *rȳka* U ff. rauchen, riechen, *fliūgha* > *flȳgha* Sdm ff. fliegen, *fliūta* > *flȳta* Sdm ff. fliessen, *klȳva* Sdm ff. spalten, mschw. *bliūgher* > *blȳgher* schüchtern (vgl. Kock, Sv. landsm. II, 12, Arkiv VI, 43 ff.). Jedoch kommen in diesen beiden fällen nicht selten mschw. beisp. mit *iū* bis um 1500 noch vor, z. b. *riūta* Su brüllen, *bliūgher* Linc. 39.

Anm. 2. Wo in sonstigen stellungen *ȳ* statt oder neben *iū* auftritt, ist es durch (lautgesetzlichen oder analogischen) *i*- oder *ʀ*-umlaut zu erklären (s. § 59, 11; § 63; § 64, 7).

Anm. 3. Die annahme Kock's (Arkiv V, 380 note, VI, 43), dass dementsprechend *iā* und *iō* zu *ǣ*, resp. *ø̄* kontrahiert worden sind, ist unstatthaft; über die vermeintlich beweisenden *frœls* und *frø̄* (gegenüber aisl. *friáls* < *frials* und *frió*) s. § 93, 2, resp. § 69,7. Eher könnte man auf grund des finn. lehnwortes *karēlar* (lat. *careli* schon 1230 neben *cariali* 1250) einwohner von Karelen (finn. *Karjala*, aisl. *Kariála*) eine kontraktion *iā* > *ē* annehmen (vgl. Saxén, Sv. landsm. XI, 3, s. 57), was jedoch wol voreilig wäre.

b) Sonst erhalten, z. b. *biūþa* bieten, *siūker* krank, *smiūgha* schmiegen, *liūs* licht.

Anm. 4. Über *iū* > *iȳ* s. § 100 anm.; über *iū* > *yū* s. die konsonantenlehre; über *iō* neben *iū* s. § 82 anm. 1.

§ 123. *ǫu* (s. § 81, 2) ist im rschw. erhalten, in gewissen gegenden bis in das 12. jahrh., z. b. Forsa *auk* 'und', acc. pl. *aura* 'öre'; in anderen noch länger (nach ausweis der nschw. diall.). Aber schon vor 1200 zeigen sich spuren der für das kaschw. karakteristischen entwicklung, welche die folgende ist:

1. Im agutn. ist es (sicherlich schon vor 1200, vgl. § 124, 1) zu *au* geworden, z. b. *auga* auge, *laupa* laufen u. s. w. Vor geminata wird dies *au* (wol wenigstens um 1200, vgl. § 124, 1) zu *a* verkürzt, z. b. ntr. *datt* zu *dauþr* tot.

2. Im sonstigen aschw. wird es zu (offenem, woraus dann in vielen diall. geschlossenem, vgl. § 25, 1) *ø̄* kontrahiert. Schon vor 1200 finden wir rschw. *tuþr*, d. h. *dø̄þr* 'tot' Forsheda, *brutaʀ*, d. h. wol *brø̄taʀ* (aisl. *brautar*) 'weges' Sälna; in lat. dipl. bald nach 1200 ortsnamen wie *Øs(t)bō* 1216 ff. zu aisl. *austr*

osten, mannsnamen wie *Gōti* 1238 (aisl. *Gaute*). In der lit. steht ausnahmslos *ō*, z. b. *ōgha* auge, *drōmber* traum.

Anm. 1. *Kloster* neben *klōster* kloster erklärt sich als aus mndd. *klōster* (resp. ags. *clauster*) entlehnt. Ebenso *lōp* (> *lop(p)* s. 133; mndd. *lōp*) neben *-lōp* (aisl. *hlaup*) lauf und *stōp* (mndd. *stōp*) pinte, becher neben nsv. *stōp* (aisl. *staup*) sturz.

Anm. 2. Später entlehntes *au* wird je nach den diall. verschieden behandelt, z. b. *Laurinz* Vg. I, U, *Lafrinz* Ög, *Larens* Sdm Laurentius, mschw. *laur-*, *lawur-* (> *laghur-*), *laverbær* lorbeere (zu lat. *laurus*).

§ 124. *æi* (s. § 80, 2) ist im rschw. ziemlich allgemein erhalten, in einigen gegenden wenigstens noch im 12. jahrh., z. b. Forsa gen. *aiku*, d. h. *æigu* eigentum; in anderen noch länger (nach ausweis der aschw. diall.). Aber in gewissen dialekten zeigen sich sehr früh (zum teil schon vor 1000) spuren der folgenden entwicklung, und zwar wird dann *æi*:

1. Im agutn. zu *ai*, das wenigstens um 1200 da ist, wie aus Åkirkeby *hailsas* sich grüssen, *þaiʀ* sie (nicht **heilsa*, **þeiʀ*, wiewol die inschr. ein besonderes *e*-zeichen hat) hervorgeht. Beisp. aus der lit. *bain* bein, *raiþi* (aisl. *reiþe*) zorn u. s. w. Vor geminata wird dies *ai* zu *a* verkürzt, dies ebenfalls wenigstens schon um 1200, z. b. Åkirkeby prät. *ladu*, d. h. *laddu*, zu *laiþa* leiten; aus der lit. sg. m. nom. acc. *ann*, f. dat. *anni*, ntr. acc. *att* neben dat. m. *ainum*, ntr. *ainu*, f. acc. *aina* 'ein', ntr. *bratt* zu *braiþr* breit, prät. *baddus* zu *baiþas* erbitten. Durch ausgleichung kann jedoch *ai* auch in dieser stellung vorkommen, z. b. part. prät. sg. nom. f. *raid* (ais. *reidd*) zu *raiþa* liefern.

Anm. 1. Die selten in G, oft aber (neben noch häufigerem *ey*) in der jungen hdschr. G. a vorkommenden schreibungen mit *ei* st. *ai* sind wol eher als eine germanisierende wie als eine archaisierende orthographie anzusehen. Da aber G immer *tueir* (z. b. Leseb. s. 37,2), *tueim* st. **tuair*, *tuaim* (so in G. a neben *tueim*) 'zwei' hat, so ist wol dies dem einfluss der nebenformen *tuēr* (aisl. *tuær*, aschw. *twær*, s. § 105), *tuem* (wahrscheinlich wie aisl. *þrem*, aschw. *þræm* gebildet) zuzuschreiben. Anders Kock, Sv. landsm. XI, 8, s. 46 f.

Anm. 2. Die annahme Leffler's (Sv. landsm. I, 274 f., 740 f.), dass agutn. *ai* aus urn. zeit als solches bewahrt wäre, wird widerlegt durch agutn. *flestr*, *mestr*, acc. sg. m. *helgan*, welche eine mittelstufe *æi* voraussetzen, s. § 80, II, 2.

Anm. 3. Das vereinzelte *haþin*, *-it* (Leseb. s. 36, 22; 39, 9) neben *haiþin* (z. b. Leseb. s. 39, 2) heidnisch dürfte kaum eine kürzung *ai* > *a* vor *þn* erweisen (vgl. das konstante *haiþna* heidentum). Am ehesten ist es wol so aufzufassen, dass die urspr. flexion *haiþin* : dat. **heþnum* (s. § 80, II, 2) zu *haiþin* : *haþnum* ausgeglichen worden ist, worauf *haþin* zu *haþnum* neu gebildet ist, wie aschw. *hæþin* zu *hæþnum* (s. § 80 anm. 6).

2. Im sonstigen aschw. zu *ē*. Dies zeigt sich in einigen inschr. aus Väster- und Östergötland schon vor 1000, z. b. Herened *stin*, d. h. *stēn* stein, *igi*, d. h. *ēgi* (aisl. *eige*) nicht, Täng *stin*, *risþi*, d. h. *rēsþi* (aisl. *reiste*) richtete auf, Högby *stin*, *risþi*, *rist*, d. h. *rēst* (aisl. *reist*) ritzte, Bjälbo *stin*, *risþu*, *rist*. Für Småland, Uppland und Hälsingland ist *ē* vor 1200 erwiesen durch die inschriften von Forsheda, Rösås, Sälna und Malstad (während die ebenfalls aus Hälsingland stammende inschr. von Forsa noch den diphthong bewahrt), und wiewol die diphthongische aussprache noch heute in einigen entlegenen diall. erhalten ist, dürfte in den meisten gegenden das *ē* bald nach 1200 alleinherrschend geworden sein. So finden wir auch in den ältesten lat. dipl. mit *-hēm* 'heim' zusammengesetzte ortsnamen wie *Guthem* 1168 ff. (aber auch *Gutheym* noch 1250) und *Withem* 1250. In den ältesten kaschw. hdschr. findet man zwar hie und da vereinzelte archaische schreibungen mit *ei*, *ey* oder *æi*, am häufigsten in Sdm (jedoch nur in der ersten hälfte der hdschr.) und Vg. I, sonst äusserst selten (z. b. Leseb. s. 13, 1; s. übrigens Rydq. IV, 139); im allgemeinen aber steht durchgehends *ē*, z. b. *vēt* weiss, *bēn* bein u. s. w. Wenn der diphthong noch in einigen mschw. hdschr. wie Bil und besonders den späten Rk. I (z. b. Leseb., s. 87, 6; 89, 5, 23; 90, 10; 92, 12) und Di hie und da auftaucht (vgl. Rydq. a. a. o.), so dürfte dies teils dialektischem, teils (wie wol in Di) anorw. einfluss zuzuschreiben sein.

Anm. 4. In schwachtonigen (vielleicht auch in stark nebentonigen) silben ist die kontraktion früher als in haupttonigen (starktonigen?) eingetreten, wie einige inschr. zeigen, welche *þiʀ* (aisl. *þeir*) sie, *þim* (aisl. *þeim*) ihnen (und *Þurstin*, aisl. *Þorsteinn*, wenn es nicht eher ein nach § 80, II, 2 entwickeltes *Þorstenn* ist) neben *stain* stein u. dgl. haben; s. Kock, Arkiv XI, 137 note.

Anm. 5. Auch in kaschw. (und mschw.?) zeit aufgenommene lehnwörter mit *ei* kontrahieren dies allmählich vor konsonanten zu *ē* (s. Kock, Sprh. s. 32 ff.), z. b. *reisa* > *rēsa* reise, *arbeide*, *-beit* > *-bēde*, *-bēt*, *-bēte* arbeit; aber *skalmeia* schalmei u. dgl.

Anm. 6. Über *ei* in der § 7, 2 erwähnten stark norvagisierenden hdschr. s. Leffler, Månadsblad 1879, s. 123 ff. Über nicht hierhergehöriges *æi* in *sēia* > *sæia* sehen u. dgl. s. § 114, 2, in *dēghia* > *dæ(gh)ia* grossmagd u. dgl. s. § 114, 3, in *ēghi* > *ei*, *æghi* > *æi* nicht u. dgl. vgl. § 153 anm. 3.

Anm. 7. Eine spur der im dal. u. a. nschw. diall. vorkommenden weiterentwicklung dieses *ē* zu *ie* ist wol das vereinzelte *bien* Vm bein (wenn nicht einfach schreibfehler). Sicherer ist der nschw. dialektische übergang *æin* > *æv* durch *venga* Bm, Ve, Su, Linc. 39 neben *vēna* (aus mndd. *weinen* nach anm. 5 oben) jammern belegt; s. Noreen, Språkvetenskapliga sällskapets i Upsala förhandlingar 1882—1885, s. 104.

Anm. 8. Über die weiterentwicklung des *ē* zu *æ* vor *ghi* s. § 114, 3. Der von Kock (Tidskr. f. Fil. N. R. VIII, 297 ff.) angenommene übergang *ē* > *æ* vor dentalen ist unerwiesen. Die meisten beisp. erklären sich nach § 80, II, 2 mit anm. 6 (vgl. auch § 114, 1 mit anm. 1); *hæta* Vg. I, MEL (z. b. Leseb. 32, 31), Bil ist zu prät. *hēt* neu gebildet nach der analogie *læta* : *lēt* lassen, *græta* : *grēt* weinen u. a. (vgl. Lidén über aisl. *háta* Uppsalastudier, s. 86 note). Unerklärt bleiben allerdings einige vereinzelte *æ*-formen, wo jedoch nicht nur dentale folgen, z. b. *hwæte* U weizen, *hæþ* Dipl. 1312 haide, *hæmolikæ* Vg. II privat, mschw. *langlædhis* O weithin, *rædha* bereitschaft, *læva* überbleibsel neben gew. *hwēte* u. s. w.

§ 125. Antesonantisches *ǣi* wird ganz wie *æi* behandelt (agutn. beisp. fehlen jedoch), z. b. *lēa* (aisl. *hlǽia*; anal. auch präs. *lēr* statt **lǣr*, aisl. *hlǽr*) lachen, *blēa* (aisl. wie noch einmal archaisch in Vg. I *blǣia*) tuch. Spätere formen wie *lēia* Bu ff., mschw. *blēia*, *klēia* (aisl. *klǽia*) reiben, jucken haben hiatusfüllendes *i* (vgl. § 114, 2 über spätes *sēia*).

§ 126. *øy* (s. § 59, 8, § 64, 6, § 69, 7) ist im rschw. ziemlich allgemein erhalten, in einigen gegenden wenigstens noch um 1100 (in anderen noch bis heute), z. b. namen wie *Fraustin*, d. h. *Frøystēn* oder *-stenn* Saleby (stein), *Ketilau*, d. h. *Kætiløy* Turinge. Aber etwa gleichzeitig findet man spuren der folgenden entwicklung, und zwar wird dann *øy*:

1. Im agutn. vorliterarisch zu *oy*, z. b. *oy* (anorw. *øy*) insel, *droyma* (anorw. *drøyma*) träumen, *oyra* (anorw. *øyra*) ohr, *oyri* (pl. *oyrar*, vgl. anorw. *øyrir*, pl. *aurar*) 'öre', $^1/_8$ mark.

Anm. 1. Die vereinzelte schreibung *døyr* stirbt in G. a hat wol nichts zu bedeuten (schreibfehler?). Die bezeichnung *oi* im runenkalendarium (z. b. *moi*, anorw. *møy* mädchen) ist wol lautlich mit sonstigem *oy* gleichwertig. Was aber *ey* in der Åkirkebyerinschr. (*leysti*, anorw. *løysti* erlöste) bezeichnet, ist unsicher. Dass es nämlich eine dem anorw. *æy* (aisl. *ey* aus *au* < *ǫu*, s. An. gr. I § 97 und § 96) entsprechende aussprache in einigen aschw. diall. gegeben hat, ist wol sicher, da z. b. dal. *ǣra* ohr u. dgl. dies notwendig vorauszusetzen scheint.

2. Im sonstigen aschw. zu (geschlossenem) *ē*, das wenigstens in nebentoniger silbe schon um 1100 belegt ist durch *Skanu*, d. h. *Skānē* (anorw. *Skáney*) Forsheda 'Schonen', *Frumuntr*, d. h. *Frēmundr* (zu anorw. *Frey-*) Malstad ein mannsname. In den ältesten lat. dipl. finden wir mit *ē* 'aue, insel' zusammengesetzten ortsnamen wie *Øsiō* 1222—30, *Munzē* 1250? (neben *Munzei* 1200 statt *-ey* oder *-æy*, s. anm. 1 oben) und *skēting* (anorw. *skeyting*) 1222—30 schenkung eines ackerstücks. In der aschw. lit. steht ausnahmslos *ē*, z. b. *hēra* (anorw. *heyra*) hören, *lēsa* (anorw. *leysa*) lösen u. s. w.

Anm. 2. Kaschw. (und noch spätere) lehnwörter behalten, wenigstens antesonantisch, den fremden diphthong, z. b. *treia* Dipl. 1334 (mndd. *troie*) wamms, mschw. *sleiere* (mndd *sloier*) schleier.

Anm. 3. Antesonantisches *eyi* wird regelmässig zu *ēi*, z. b. *dēia* (anorw. *deyia*) sterben, *gēia* (anorw. *geyia*) bellen, pl. *ēiar* zu *ē* insel, *mēiar* zu *mē* mädchen. Durch ausgleichung entstehen formen wie *dēa* nach präs. *dēr* (anorw. *deyr*), *gēa* nach *gēr*. *Hūsfrēa* neben agutn. *hūsfroyia* (anorw. *húsfreia*) hausfrau ist wol von der nebenform *hūsfrē* (anorw. *húsprey*, gen. *-iar*; vgl. auch § 154, I, C, 1, b) beeinflusst. Auf dieselbe weise dürfte *blēa* sich zu *blēia* tuch verhalten (vgl. § 154, I, C, 1, b über *blē* neben *blēa*, aisl. *blǽia* § 125).

VI. Sonstige erscheinungen.

§ 127. Brechung eines kurzen *y* in *iu* tritt vorliterarisch in folgenden fällen ein:

1. Allgemein — ausser nach *r* (beisp. s. § 69, 4) — vor *ggw, ngw, nkw*, s. Wadstein, Fornno. homilieb. ljudlära, s. 150 f., Lindgren, Sv. landsm. XII, 1, s. 129. Z. b. *tiugga* (aisl. *tyggua*) kauen, nschw. *njugg* (**hnyggw-*, vgl. das ablautende ags. *hnéaw*, aisl. *hneggr*) karg; kaschw. *siunga* (aisl. *syngua*) singen, *sliunga* (aisl. *slyngua*) schleudern, *sliunga* schleuder, *diunga* prügeln; *siunka* (got. *sigqan*) sinken, *stiunka* (got. *stigqan*) springen. Durch ausgleichung entstehen doppelformen wie *byg* Vh neben gew. *biug* nach dat. **biuggwi* (aisl. *byggue*) gerste, *stygger* : *stiugger* abschreckend, nschw. *skygg* : dial. *skiugg* scheu; kaschw. *Lyng-* : *Liung-* in ortsnamen zu *liung* (aisl. *lyng*) haidekraut, *stynger* : *stiunger* stich.

Anm. 1. Statt *iu* steht sehr oft *io*, das nur zum geringsten teil nach § 120 anm. 2 zu erklären sein kann, z. b. *biog*, *liong*, *sionka* u. s. w. In einigen denkmälern (wie Vm, MEL, Bu) steht vor *nk* ausschliesslich *io*, vor *ng* aber überwiegend *iu* (s. Kock, Tidskr. f. Fil. N. R. VIII, 289). Nach Ög zu urteilen wäre *io* lautgesetzlich aus *iu* vor einem *a* der folgenden silbe entstanden, also z. b. *siungum, -in, sionga* singen, -et, -en (s. Tamm, Uppsalastudier, s. 24 f.).

Anm. 2. Agutn. ist (zufällig?) kein beispiel belegt, denn der ortsname *Leoncopungr* dürfte nur ein zitat aus dem eigentlichen aschw. (*Lionkøpunger* Ög) sein.

2. Sporadisch (am konsequentesten nach *g, k*) vor *r* + kons., jedoch nicht im agutn., s. Noreen, Arkiv VI, 333 ff., Kock, Skandinavisches archiv I, 20 ff. Dies *iu* wird später nach § 120 meistens zu *io* (*iō, iø*). Z. b. *giurþa* (selten *gyrþa* wie im agutn.) gürten, der mannsname *Giurþer* (selten *Gyrþer*), mschw. *fægiurdhil, -giōrdhil* (aisl. *fégyrþell*) geldgürtel, *biurdh* (2-mal, sonst *byrdh* > *bōrdh*) geburt, 3. pl. prät. *miurd[h]o* (1-mal) zu *myrdha* morden, *skiōrdh* (1-mal, sonst *skyrdh* > *skørdh*) schur; kaschw. *kiurtil* (aisl. *kyrtell*) rock, *skiurta* (agutn. *skyrta*) hemd; *kiurkia* Vg. I (mehrmals, z. b. Leseb. 2, 16; häufiger *kyrkia*) kirche, *diurka* (1-mal, sonst *dyrka*) verehren, vgl. nschw. dial. *stjørka* (< **stiorka* < **stiurka*, vgl. aschw. *styrker*) stärke, *jørke* (vgl. aschw. *yrknaþer*) arbeit; kaschw. *spiurs* Da (1-mal, sonst *spyrs*) wird gefragt. Dagegen nur *yrt* kraut, *myrker* (das 1-malige mschw. *miørker* ist wol mit dem aisl. *miorkue* aus **merkw-* 'dunkelheit' zu vergleichen) dunkel u. a. m.

Anm. 3. Vg. I und II zeigen auch spuren derselben brechung vor *l* + kons., z. b. *skiuld, skiulder, myulna* (aus **miulna*) neben gew. *skyld* schuld, *skylder* verwandt, *mylna* mühle. Vgl. An. gr. I § 101.

Anm. 4. Da man wol manchmal eine aussprache wie *kiurkia* durch die archaisierende schriftform *kyrkia* wiedergab, erklärt es sich leicht als umgekehrte schreibung, wenn man bisweilen in Vg. I, II, II K und Vh auch etymologisch berechtigtes *iu* durch *y* bezeichnet findet, z. b. *kyrky* (oder *kiurky*, s. Leseb. 2 note) st. *kiurkiu, synætting* st. *siūnætting* u. dgl. Vgl. aber § 144 anm.

§ 128. Übergang der nasalierten vokale in unnasalierte wird allmählich durchgeführt, aber zu sehr verschiedener zeit in verschiedenen stellungen und gegenden, so dass z. b. die in der literatur vertretenen dialekte wol schon vorliterarisch die nasalierung aufgegeben haben, während sie dagegen im dal. noch heute in fast allen alten stellungen bewahrt ist (s. Noreen, Arkiv III, 1 ff.). Ursprünglich kamen im aschw. nasalvokale in ganz denselben fällen wie im altwestnordischen (s. An. gr. I § 50) vor. Über die relative chronologie der denasalierung kann, dank dem rschw. unterschied zwischen *a* und *ą* (s. § 15), wenigstens folgendes ermittelt werden:

1. Die nasalität schwindet früher bei schwachtonigem als bei starktonigem vokal, z. b. Täng *kuþan* (d. h. *gōþan*) guten neben *þąnsi* diesen; ebenso Rök *likia* (d. h. *liggia*) liegen, *stąnta* (d. h. *stąnda*) stehen neben *knuą* (d. h. *knoą̄*?) drücken, *fluą* (d. h. *floą̄*?) meerbusen, wo die ultima wol stark nebentonig ist (vgl. § 152 und An. gr. I § 116).

2. Früher nach als vor (erhaltenem) nasal, z. b. Rök *nabnum* (d. h. *naƀnum*) namen, aber *strąntu* (d. h. *strąndu*) ufer; Herened *runaʀ* runen, aber *kuþąn* guten.

Anm. 1. Rök *mąþʀ* mann hat *ą* aus den übrigen kasus, wo *n* folgte, entlehnt.

3. Früher vor geschwundenem als vor erhaltenem nasal, z. b. Herened *kaurua* (d. h. *gørwa*) machen, aber *kuþąn*.

4. Früher bei kurzem als bei langem vokal, z. b. Högby *Asmu[n]tr* (d. h. *Asmundr*, aus *Ą̄s-* verkürzt), aber *ą* (d. h. *ą̄*) an; Sälna *ant* (d. h. *and*) seele, aber *ąnum* (d. h. *hą̄num*) ihm und *ąns* (d. h. *hą̄ns*, aisl. *háns*, s. An. gr. I § 395 anm. 1) seiner. Ebenso wenn auch nach dem langen vokal der nasal geschwunden ist, z. b. Nälberga *han* er, aber *þą* dann.

5. Früher — scheint es — nach *m* als nach *n*, denn Asmundr Karasun hat konsequent *markaþi*, *-þu* markte, -en, aber noch — trotz der schwachtonigkeit — *runąʀ* runen, *Kunąr* Gunnar, *stiną* (d. h. *stēną*) steine, *þiną* (d. h. *þenną*) diesen u. a. m.

Zur absoluten chronologie ist zu bemerken:

a) Bei schwachtonigem vokal vor geschwundenem nasal ist — wie im anorw. (s. An. gr. I § 50 anm.) — nasalierung überhaupt nicht zu belegen, indem schon die ältesten rschw. denkmäler nur formen wie Rök *stąnta*, *likia*, Herened *kaurua* u. dgl. bieten.

b) Schwacht. vokal nach *n* zeigt noch nach 1000 hie und da nasalierung, z. b. bei Asmundr *runąʀ*, *Kunąr* u. a. (s. 5 oben),

Saleby I *sinạ* seine. Aber in anderen gegenden zeigt sich schon um 900 und später formen wie Rök pl. *runaʀ*, gen. *Kunaʀ* u. a., Kärnbo *þina*, Herened *runaʀ*.

c) Schwachton. vokal vor *n* ist vor 1000 noch oft nasaliert, z. b. Rök *faikiạn* (d. h. *fæighiạn*) dem tode verfallen, Herened *siþạn* nachher, *kuþạn* guten. Aber fast gleichzeitig ist Täng *kuþạn*, und später sind solche formen allgemein, z. b. Forsa *tuiskilan* (d. h. *twisgillan*) von doppeltem wert.

d) Starktoniger vokal nach nasal ist noch nach 1000 hie und da nasaliert, z. b. Sälna *mạ* mag, kann; ebenso L. 688 *kumạ* (d. h. *komā̦*) kommen, wo die ultima stark nebentonig ist. Andererseits zeigt sich schon um 900 Rök *Mari*[*n*]*ka* (d. h. *Mæringa*) ein volksname, *knati* (aisl. *knátte*) konnte u. a.; vgl. auch *markaþi* bei Asmundr (s. 5 oben).

e) Starktoniger kurzer vokal vor (erhaltenem oder geschwundenem) nasal ist bis um 1000 allgemein nasaliert, z. b. Rök *ạnart* anderes, *samạn* zusammen, *trạ*[*n*]*ki* (d. h. *drẹngi*) held, Kärnbo *lạ*[*n*]*k*- lang-, Herened und Täng *þạnsi* diesen, Vedelspang I *Ạsfriþr* (d. h. *Ǣsfrīþr*) Estrid; selten sind zu dieser zeit denasalierte formen wie Högby *Halftan* Halfdan, *ai*[*n*]*taþis* (d. h. *ændaþiss*) starb, *Asmu*[*n*]*tr* Asmund. Nach 1000 ist nasalierung die ausnahme wie bei Asmundr Karasun *hạn* er, *hạns* seiner, *Ạsmuntr* oder Forsheda *þạnsi*, *Karþstạ*[*n*]*kum* (d. h. *Garþstangum*) ein ortsname, *Ạskihl* Eskil; dagegen denasalierte formen die regel, z. b. Nälberga *han* er, Sälna *ant* seele, Forsa *an* er, *Anunr* Anund.

f) Starkton. langer vokal vor (erhalt. oder geschw.) nasal scheint während der ganzen rschw. periode (und zum teil wol noch länger, wiewol die orthographie nunmehr keine aufschlüsse giebt) nasaliert gewesen zu sein, z. b. Rök *ạ* an, *Hạisl* (urn. *Hahaislaʀ*) ein mannsname, Herened *Ạsa* ein frauenname, Högby, Vedelspang I, Yttergård *ạ*, Forsheda *ạ*, *Skạnu* (d. h. *Skā̦nø*) Schonen, Nälberga *þạ* dann, Sälna *ạnum* ihm, Forsa *ạ*, *tuạ* (got. *twans*) zwei.

Anm. 2. Nach Rök *Uamuþ* (d. h. *Wāmōþ*, ein mannsname) zu urteilen wird nasalierung nicht durch den anlautenden nasal eines späteren zusammensetzungsgliedes bewirkt.

Anm. 3. Wenn viele inschr., die nach c. 1050 entstanden sind, überhaupt nicht ą verwenden, sondern formen wie Rösås, Grinda *a* 'an', Stainkumbla, Malstad *þa* 'dann' bieten, so braucht dieser umstand nicht denasalierung anzugeben, sondern nur dass die ą-rune ausser gebrauch geraten ist. Noch weniger darf man aus der verwendung der ą-rune als *o*-zeichen (s. § 15) schlüsse betreffs der denasalierung ziehen (vgl. Rv. s. 25 f. note).

B. Quantitative veränderungen.

I. Dehnung.

§ 129. Vor gewissen konsonantenverbindungen:

1. Kaschw. ist die dehnung vor *ng, rþ* und ursprünglichem (d. h. nicht durch synkope entstandenem, also aisl. *ld, nd*, nicht aber *lþ, nþ* entsprechendem) antesonantischem *ld, mb, nd*, z. b. Dipl. 1309 *laanger* (d. h. *lānger*) lang, SK *gaangæ* gehen, *saanger* gesang, *ææng* wiese; Vg. I, H, SK *gaarþer* (s. z. b. Leseb. 2, 32) hof, Da *noor* statt *nor* nordwärts nach **noorþan* von norden her, MEL, SK *vaarþa* verantworten, SK *moorthare* mörder; Da *hōlda* (aus *hālda* s. § 110) halten, MEL *hæælder* lieber, SK *skwlde* sollte, *vaaldogher* gewaltig; SK *laamb* (neben *lamb*) lamm nach dat. **laambe* u. dgl. (vgl. D4 *kaamb* kamm, nschw. *våmb* wanst); SK *stwndæ* verlangen, *haand* (neben *hand*) hand nach gen. **haanda(r)* u. dgl., part. prät. ntr. *sæænt* zu **sæænda* senden, später *klōnda* (aus **klānda* s. § 110) in anspruch nehmen, vgl. mschw. *stōnda* stehen, *blōnda* mischen, *baand* band, *hiind* hinde, *aande* geist, nschw. *vånda* angst u. a. Vgl. Kock, Lj. s. 394 ff., Sprh. s. 45 ff., Arkiv IX, 62 ff.

Anm. 1. In gewissen (besonders südlichen) dialekten tritt dehnung auch vor antesonantischem *rt* und (wiewol aschw. belege bis jetzt fehlen) *nk* ein, z. b. Vg. II, H *boort* (*bort*) nach **boorto* 'weg', mschw. *Mōrten* neben *Martin*, nschw. *vårta* warze (s. Wadstein, Sv. landsm. XIII, 4); nschw. *stånka* stöhnen, *kånka* etwas schweres tragen, pl. *skånkar* schenkel. In anderen diall. wird wenigstens *a* vor kakuminalem *l* + kons. gedehnt, s. Kock, Arkiv V, 373.

2. Erst früh mschw. (vor 1400) ist die dehnung vor *rn*, z. b. GO dat. sg. ntr. *boorno* getragenem, Su *koorn* korn, *toorn* turm (dialektisch aber schon spät-kaschw., z. b. Vg. II *baarn* kind, H *koorn* gerste). Gleichzeitig ist, wiewol aschw. belege noch fehlen, die allgemeine dehnung vor antesonantischem *rt*, wie

aus nschw. gegensätze wie *skjōrta* hemd : *kŏrt* kurz hervorgeht. Erst nach 1400 tritt dehnung vor *rl* und wol auch (wiewol aschw. belege fehlen) kakuminalem *l* + antesonantischem *d* oder *n*, z. b. mschw. *aarla* 'früh' (vgl. § 90, 1), *seerla* 'spät' (vgl. § 115, 2), nschw. *vālde* wählte, *dōlde* verhehlte, pl. *ālnar* ellen, *mōlnet* die wolke.

Anm. 2. Dialektisch tritt dehnung — und zwar vor 1400 — auch vor *rm*, *sk*, *st* ein (s. Kock, Arkiv IX, 71 f., 236), z. b. nschw. *orm* (mit geschlossenem *o*, das alte länge bekundet) schlange, *brosk* (mit geschl. *o*) knorpel, mschw. *ooster* (aisl. *ostr*) käse. Über eine mutmassliche dehnung vor (wenigstens antesonantischem) *mp*, *nt*, *rk*, s. Kock, Arkiv IX, 55 f., 63, 66 f.

§ 130. Vor einfacher konsonanz wird nur haupttoniger vokal gedehnt (vgl. § 133 und die konsonantenlehre):

1. In geschlossener silbe ist die dehnung erst spät kaschw. (nach 1350) mehr allgemein zu belegen, z. b. Bu *gaaf* gab, *soof* schlief, Vg. II K *broot* bruch, *loot* loos, *vaar* war, St *ook* joch, *øøl* bier. Ältere beisp. sind sehr selten und vereinzelt, so dass sie wol entweder als schreibfehler (z. b. Vg. I *faar* fährt, *gaar* macht, Ly *loot* loos, *saak* sache) oder als frühzeitige dialektformen (z. b. Vm *taal* zahl, Dipl. 1349 *saak* sache, H *skaal* soll, MEL *kiiþ* zicklein) zu betrachten sind.

2. In offener silbe ist die dehnung erst spät mschw. (gegen 1500) sicher zu belegen, z. b. JB *klaase* traube, aus anderen hdschr. *naakin* nackt, *droope* tropfen u. dgl. Jedoch zeigt die behandlung der endungsvokale, dass in einigen dialekten die dehnung schon vor 1450 eingetreten ist, z. b. ST *tyūgho* (kaschw. *tiughu*) zwanzig, MB. I *hēte* (< *hiti*) hitze. Andererseits bewahrt das agutn. die kürze wenigstens bis in die nschw. zeit (s. Söderberg, Lj. s. 31 f.) und in gewissen nördlichen diall. ist sie noch heute da.

Anm. Vor *m* ist die dehnung — ausser bei *a* — überhaupt ausgeblieben (vgl. § 132 und die konsonantenlehre).

II. Kürzung.

§ 131. Vor geminaten und konsonantenverbindungen wird langer vokal in folgenden fällen gekürzt:

1. Kaschw. vor den meisten verbindungen (vgl. anm. 1 unten) und allen geminaten, auf die keine nebentonige silbe folgt, z. b. *fœrre* (aisl. *fǽrre*) weniger zahlreich, *swænsker* (aisl. *suǽnskr*) schwedisch u. a., wo die schreibung mit *e* statt *æ* in Sdm die kürze erweist (s. Larsson, Lj. s. 16). Bei dieser kürzung wird oft die vokalqualität verändert, so dass *ē* zu *i*, *ō* zu *u*, *ȫ* zu *y* (und im agutn. dementsprechend *ai* und *au* zu *a*) werden; beisp. s. § 103, § 112, § 106, 2 (§ 124, 1 und § 123, 1).

Anm. 1. Vor *ng*, *rþ* und antesonantischem *ld*, *mb*, *nd* (dial. auch *nk*, *rt*), welche schon um 1300 dehnung bewirken (s. § 129, 1 mit anm. 1) tritt später einstweilen (vgl. unten) keine kürzung ein.

2. Mschw. auch vor den meisten derjenigen verbindungen, welche im kaschw. keine kürzung gestatteten (vgl. aber anm. 2 unten) und allen (alten oder neu entstandenen) geminaten, auch wenn nebentonige silbe folgt, z. b. acc. *skiøld* (kaschw. *skiold* > *skiōld*), *skiøl(l)*, dat. *skiølle* schild, wo der übergang *io* > *iø* die (wieder eingetretene) kürze beweist (s. § 98).

Anm. 2. Vor *rdh*, *rl*, *rn*, antesonantischem *rt*, kakuminalem *l* + *d* oder *n* (einstweilen auch vor *ng* und anteson. *nk*, s. § 98; dial. auch vor *rm*, *sk*, *st* u. a.), welche auch in dieser periode dehnung bewirken (s. § 129, 2 mit anm. 2) tritt natürlich keine kürzung ein. Ebenso im allgemeinen, wo enge assoziation die länge erhält, z. b. prät. *sø̄kte* nach präs. *sø̄kir* sucht.

§ 132. Vor einem *m*, das im mschw. (ausser nach *ā*) gedehnt wird, erleiden lange vokale gleichzeitig kürzung. Beisp. s. die konsonantenlehre.

§ 133. In (stark) nebentoniger silbe tritt auch vor den meisten anderen konsonanten im zusammenhang mit deren dehnung kürzung ein. Beisp. s. die konsonantenlehre.

Kap. 3. Altschwedische lautgesetze der schwachtonigen silben.

A. Qualitative veränderungen.[1]

I. Vokalharmonie.

§ 134. Unter vokalharmonie versteht man die erscheinung, dass die vokalqualität der schwachtonigen silben nach der

[1] Über die nasalvokale s. § 128.

qualität der angrenzenden starktonigen geregelt wird. Die aschw. vokalharmonie wirkt progressiv, ganz ausnahmsweise vielleicht auch regressiv (s. § 135 anm. 4, § 136 anm. und § 138 anm.) Sie ist nur dialektisch und hauptsächlich im kaschw. belegt. Dass auch ursprünglich stark nebentonige vokale in nicht zusammengesetzten wörtern gewöhnlich (vgl. aber § 135 anm. 2) der harmonisierenden umbildung ausgesetzt sind, beruht wol darauf, dass diese vokale in den betreffenden dialekten schon zur zeit der veränderung nicht mehr stark, sondern nur schwach nebentonig sind (s. § 57, II, B, 1; § 152). Wir behandeln im folgenden die einzelnen vokale der reihe nach.

§ 135. *a* wird in der regel zu *æ* nach (kurzem oder langem) *y* — ausser wenn dies nach § 108 verhältnismässig spät aus *i* entstanden ist — *æ* und *ø* in einigen denkmälern, von denen die wichtigsten Sdm, Ve (hier auch nach dem aus *ā* entstandenen offenen *o*-laut, s. § 110) und JB (hier besonders konsequent nach [altem] *y*) sind, z. b. *fyllæ* füllen, *bæræ* tragen, *dø̄mæ* richten, aber z. b. *gamal* alt, *helgha* die heilige, *stova* stube, *utan* ohne. Ausserdem steht in Sdm auch *æ* neben fast ebenso häufigem *a* nach *ē* und *ī*, z. b. *lētæ, -a,* suchen, *innæn, -an* innerhalb. In einigen västgötischen denkmälern (Vg. I, II, Biæ und wol auch Ly, Vh) sind wenigstens spuren einer einstigen harmonie derselben art erhalten, indem hier *æ* regelmässig nach *æ* und *ø* (in Biæ auch nach *y*) steht, während nach übrigen vokalen *a* neben — zwar weit häufigerem — *æ* vorkommt. S. weiter Kock, Lj. s. 116 ff., 165 ff., Larsson, Lj. s. 56 ff., Zetterberg, s. 27.

Anm. 1. Statt des zu erwartenden *æ* steht in Sdm und Biæ in geschlossener silbe bisweilen (in Sdm besonders vor *s*) *e*, einigemal in Sdm vor *s* sogar *i*, was wol eine weiterentwicklung des *æ* angiebt; s. Kock, Arkiv VIII, 387, Zetterberg s. 28.

Anm. 2. Scheinbare ausnahmen mit *a* st. *æ*, wie z. b. *æghande* besitzer, *skyldaste* der am nächsten verwandte, erklären sich daraus, dass die suffixe *-and-*, *-ast-* noch stark nebentonig waren (s. § 57, II, B, 2, a).

Anm. 3. Auch einige hdschr., wo der wechsel *a* : *æ* hauptsächlich durch "vokalbalanz" geregelt wird, zeigen zum teil eine art vokalharmonie; so z. b. Sdm. fr und Da, worüber s. § 141 anm. 2.

Anm. 4. Möglicherweise ist ein durch regressive harmonie bewirkter übergang *a* > *æ* vor *æ*, *ø* anzunehmen bes. in solchen in Vg. II belegten fällen wie *fræmsighiæ* (aus *-sæghia* § 102, 1) aussagen, *fræmfōra* vorführen, *læghmæli* gesetzlicher ausspruch, *sæklōs* schuldlos, *sænkænnæ* freifinden, *þængbrækkæ* gestade, *ælmænninger* allmende st. *fram-* u. s. w.; dies jedoch unter voraussetzung, dass das zweite glied dieser komposita haupttonig sein konnte, was nicht für alle diese wörter sicher gestellt worden ist (vgl. § 57, I, A, 1).

§ 136. *e* (das nach § 142 entstanden ist) wird in einigen mschw. denkmälern zu *ø* nach *ø*, *ø̄*, z. b. *ōmøghølīker* unmöglich, konj. *gørø* mache, *bøtø* büsse, *dømøs* wird verurteilt, prät. *søktø* suchte, dat. *øn(n)ø* der insel. So in ST (wo jedoch *e* zweimal häufiger als *ø* ist), in Cod. Holm. 81 (c. 1450) und 82 (nach 1500); s. Schlyter, Corpus XI, s. XI und XII, s. CXI, Kock, Tidskr. f. Fil. N. R. VIII, 290 note.

Anm. Möglicherweise ist ein durch regressive harmonie bewirkter übergang *e* > *ø* vor *ø* in fällen wie Dipl. 1407 *hølbrø'gho* neben sonstigem *hé'lbry(gh)dho* gesund, Dipl. 1466 *bødrøvelsc* betrübnis anzunehmen; vgl. Lindgren, Sv. landsm. XII, 1, s. 69 (anders Kock, Sprh. s. 30). Dann wäre wol auch ein entsprechender übergang *e* > *æ* vor *æ* in fällen wie P. I *spætælska* (vgl. mndd. *spetāl*) aussatz, KS. fr *bærætta* zurecht bringen (Leseb. 57, 21), etwa gleichzeitig Cod. Holm. A 54 *bækænna* bekennen, gegen 1500 Cod. Berol. germ. 726 fol. *bælæte* (vgl. § 142 anm. 10) bildnis zu statuieren. Vgl. § 138 anm.

§ 137. *i* wird in der regel zu *e* nach (kurzem oder langem) *e*, *o* und *ø* in allen wichtigeren västgötischen denkmälern der kaschw. zeit: Vg. I (wo jedoch in geschlossener silbe gewöhnlich *i* nach *e* steht), Ly (hier *e* gewöhnlich auch nach *a* und *ā*), Vh (besonders konsequent), Vg. II und Biæ (in diesen beiden *e* bisweilen auch nach *ā*, altem oder nach § 129 entstandenem), z. b. *hēter* (*-ir*) heisst, *boren* geboren, *bøte* büsse (*salde* verkaufte, dat. *lāne* leihe), aber z. b. *vitni* zeuge, *undir* unter, *fyrsti* der erste, *hænni* ihr. Vgl. Kock, Lj. s. 152 ff., Zetterberg s. 29.

Anm. 1. Statt des zu erwartenden *e* steht (wenigstens in Vg. I und Biæ) nicht selten *æ*, worüber s. Zetterberg s. 29 f. (vgl. Larsson, Lj. s. 88 mit note und oben § 135 anm. 1).

Anm. 2. Auch einige hdschr., wo der wechsel *i* : *e* hauptsächlich durch vokalbalanz geregelt ist, zeigen teilweise vokalharmonie; so z. b. U, Sdm, Da, Ög und Ög. fr. I, worüber s. § 142, 1 mit anm. 2, 3 und 5.

§ 138. *i* wird in ST (sofern es nicht schon nach § 142, 2 zu *e* geworden ist) regelmässig zu *y* nach *y*, z. b. acc. pl. *syny* söhne, *thykkyr* scheint, *hyllyst* huldigung, *mykyt* viel. Derartige formen kommen vereinzelt auch in anderen hdschr. (z. b. Ly, Bir. A, Bir, Bm, GO, Su, Linc. 39 u. a.) vor.

Anm. Möglicherweise ist ein durch regressive harmonie bewirkter übergang *i* > *y* in seltenen fällen wie Bil *hylbry'gdha* neben sonstigem *hi'lbri(gh)dha* gesund anzunehmen; die häufigen *bygynna* Ve u. a. beginnen, *mysthykkia* Bir, ST u. a. missfallen, können auch nach § 145 erklärt werden. Vgl. oben § 136 anm.

§ 139. *u* wird in der regel zu *o* nach (kurzem oder langem) *e, o* und *ø* (in Ly auch nach *a, ā,* in Vg. II wenigstens oft nach *ā*) in den § 137 genannten denkmälern, z. b. dat. sg. ntr. *ēno* einem, *borno* getragenem, *lø̄so* losem (präs. pl. *āgho* besitzen), aber z. b. *samu* demselben, *sīnu* seinem, *ungu* jungem, *fyrstu* erstem, *fældu* verurteiltem. Vor *m* ist die regel nur sehr unvollständig durchgeführt, indem zwar Vh regelmässig (wenn auch mit vielen ausnahmen) *-om* nach *e, o, ø* zeigt, während in Vg. I *-um* in dieser stellung etwas (wenn auch sehr wenig) häufiger vorkommt und in den übrigen hdschr. noch mehr vorherrschend sein dürfte. Vgl. Kock, Lj. s. 147 ff., Zetterberg s. 30.

Anm. Auch einige hdschr., wo der wechsel *u* : *o* hauptsächlich durch vokalbalanz geregelt wird, zeigen teilweise vokalharmonie; so z. b. U, Sdm, Sdm. fr und Da, s. § 143 anm. 3 und 6.

II. Vokalbalanz.

§ 140. Unter vokalbalanz versteht man die erscheinung, dass die vokalqualität der nicht haupttonigen silben nach dem grade der (exspiratorischen) betonung geregelt wird und zwar so, dass die schwachtonigen vokale eine offenere aussprache annehmen (*a, i, u* > resp. *æ, e, o*), während die stark nebentonigen ihre alte qualität bewahren. Die vokalbalanz wirkt gewöhnlich progressiv, d. h. in silben nach der haupttonigen oder in enklitischen wörtern, selten regressiv, d. h. in silben vor der haupttonigen oder in proklitischen wörtern. Während die vokalharmonie eine verhältnismässig seltene und nur dialektisch (bes. vestgötisch) vorkommende erscheinung ist, zeigt sich die vokalbalanz — wenigstens bei *i* und *u* — nicht nur in den meisten dialekten, sondern auch in der reichssprache (dagegen, ebenso wenig wie die vokalharmonie, im agutn.). Die veränderung ist nicht vor c. 1280 zu konstatieren, denn die in älteren (lateinisch abgefassten) urkunden vereinzelt vorkommenden aschw. wörter zeigen (mit ausnahme der in einigen diplomen aus der zeit 1164—1199 auftretenden, welche unerklärter weise ausser nach *g, k* häufiger *e* als *i* aufweisen) noch konsequent unversehrtes *a, i, u* (s. Rydq. IV, 17, Kock, Lj. s. 328 ff.), welchen standpunkt unter den kaschw. hdschr. noch z. b. Ög betreffs *a* und *u*, Vm u. a. betreffs *a* einnehmen.

Man unterscheidet, je nach dem umfang der erscheinung, zwei arten der vokalbalanz:

1. Vollständige, die sowol in geschlossener wie in offener silbe eintritt. Dies ist bei *u* — ausser vor *m* — das fast allein vorkommende und bei *a* das wenigstens bis jetzt einzig belegte.

2. Unvollständige, die nur in offener silbe stattfindet. Dies ist bei *i* das weitaus häufigste und bei *u*, wenigstens vor *m*, nicht selten.

Anm. Wenn ausnahmsweise (z. b. in U betreffs *a*, in Vm betreffs *i* und *u*) auch urspr. stark nebentonige vokale in nicht zusammengesetzten wörtern gewöhnlich (vgl. aber § 141 anm. 1) der veränderung ausgesetzt sind, so beruht dies wol darauf, dass diese vokale in den betreffenden dialekten schon nicht mehr stark, sondern nur schwach nebentonig sind (s. § 57, II, B, 1; § 152).

§ 141. Die balanz *a* : *æ* ist nur vollständig, indem jedes schwachtonige *a* zu *æ* wird in einigen kaschw. denkmälern aus der zeit ca. 1350—1375, von denen die wichtigsten KP (hier besonders konsequent) und SK (wo jedoch *a* neben *æ* nicht selten auftritt) sind, z. b. *gangæ* gehen, *blīvæ* bleiben, *morþære* mörder, *biltoghæ* landflüchtig, *niūtæ* geniessen, *giældæs* bezahlt werden, *kȫpæ* kaufen, aber z. b. *fara* fahren, *giva* geben, *kolare* köhler, *kopar* kupfer, *bæra* tragen, *miætas* geschätzt werden u. s. w. Mehrere denkmäler, von denen besonders MEL (vgl. § 8, e, 2) hervorzuheben ist, zeigen spuren derselben regelung, indem sie zwar in der regel *a* auch in schwachton. silben aufweisen, aber daneben mehr oder wenig häufig *æ* vorkommt (während dies in stark nebentonigen silben fast nie auftritt), z. b. *ganga, -æ*, aber nur *fara*. Wiederum andere, wie H, haben — wol durch ausgleichung — zwar *æ* auch in (wenigstens urspr.) stark nebentonige silben eindringen lassen, dies aber weit weniger konsequent als in schwachtonige, also z. b. *gangæ*, selten *-a*, aber *faræ*, oft *-a*, was wol auf eine einstige konsequente balanz hinweist. Vgl. Karlsson und Kock bei Kock, Lj. s. 310 ff.; Björkman, Sv. landsm. XI, 5, s. 25 ff.; Zetterberg, s. 31; Åström, Sv. landsm. XIII, 2, s. 37 note.

Anm. 1. Da in U konsequent (nicht nur *gangæ* u. s. w., sondern auch) *faræ* u. dgl. steht, während z. b. *sæxtān* und *sæxtæn* sechszehn, *afrāþ* und *afræþ* abgabe, *talande* redend und *swarændi* antwortend u. dgl. neben einander vorkommen (sowie nur *Olāver* Olaf, *sifskaper* verwandtschaft u. a.), so zeigt wol dies, dass in den fällen mit *æ*, nicht aber in den fällen mit *ā* die betreffende silbe schon zur schwachtonigkeit niedergesunken war. Vgl. § 140 anm., § 135 anm. 2.

Anm. 2. In einigen denkmälern ist mit der vokalbalanz eine mehr oder weniger durchgeführte vokalharmonie verbunden. So steht in Sdm. fr *æ* (das im typus *fara* nie vorkommt) fast immer nach *e*, überwiegend nach *e*, sehr oft nach *i*, nicht selten nach *æ*, selten nach *y*, fast nie nach *a*, nie nach *o* und *u*. In Da, wo normaler weise *a* auch in den schwachtonigen silben steht, ist das daneben mehr ausnahmsweise auftretende *æ* besonders nach *æ* beliebt (Brate, Lj. s. 42 f.)

Anm. 3. Da die meisten aschw. denkmäler überhaupt keinen übergang *a* > *æ* kennen, kann die annahme Kock's (Tidskr. f. Fil. N. R. III, 256, Några atona, s. 1 ff., Akc. II, 344, Lj. s. 534 f., Arkiv IX, 122 f.) nicht akzeptiert werden, dass das in gewissen proklitischen wörtern wie *þæn* 'der', *æn* (aisl. *en*!) 'aber, wenn, als' fast alleinherrschende, in anderen wie *æt* (agutn. *et*!) häufige und in vorsilben wie *æn-lite*, *-time*, *fræm-fōra* u. dgl. zwar seltene, aber auch in denkmälern mit konstantem *a* in schwachtonigen silben vorkommende *æ* aus *a* wegen schwachtonigkeit entstanden sei (s. auch Brate, Lj. s. 8; Lidén, Arkiv IV, 108 note). Über *þæn*, *æn*, *æt* s. § 173; *ænlite*, *-time* s. § 61; *fræm-* u. dgl. s. § 135 anm. 4. Von Kock nicht erwähnte schreibungen wie *fræ*, *æ*, *æf* statt *frā* von, *ā* an, *af* aus sind so äusserst selten, dass sie als blosse schreibfehler betrachtet werden müssen.

§ 142. Die balanz *i* : *e* ist:

1. Vollständig in einigen kaschw. (bes. östgötischen) denkmälern aus der zeit c. 1330—1360, besonders konsequent in Bu, z. b. *saghþe* sagte, *mōþer* mutter, *ængel* engel, *talaþe* redete, *riddaren* der ritter, aber z. b. *skari* schaar, *glæþi* freude, *faþir* vater, *himil* himmel, *komin* gekommen; fast ebenso regelmässig in Ög. fr. I (wo jedoch bisweilen *i* statt *e* in geschlossener silbe nach *i* steht, z. b. *kristin* christen) und II (wo bisweilen *i* in geschlossener silbe) sowie KP (hier jedoch gewöhnlich *i* in der genitivendung *-is*, z. b. *ærvuþis* arbeit, vielleicht weil *i* hier noch lang war); weniger regelmässig in Cod. reg. Havn. n.

s. 2237 des Södermannagesetzes (wo oft *i* statt *e*, auch in offener silbe). S. weiter Kock, Lj. s. 244 ff., 261 ff., 317 f.

Anm. 1. Eine tendenz zu vollständiger balanz nur vor *r* (seltener *n*) zeigt sich in Sdm (s. Larsson, Lj. s. 86 f.); ebenso in ST vor *n* (seltener *r*).

Anm. 2 Eine kombination von vollst. balanz und harmonie zeigt U, wo in urspr. schwachtonigen silben *e* nach *e*, *o*, *ø*, sonst aber noch *i* die regel ist; s. Kock, Lj. s. 155.

2. Unvollständig in mehreren kaschw. denkmälern, von denen die wichtigsten Sdm (späterer teil; vgl. anm. 5), Sdm. fr (hier ganz ausnahmslos durchgeführt), MEL, Bir. A und SK sind, z. b. *vāþe* gefahr, *første* der erste, *væliande* wählend, konj. *grōe* keime, aber z. b. *skaþi* schade, *rīkit* das reich, *undir* unter u. s. w.; ebenso in den meisten mschw. denkm., sowol den ältesten wie O, P. I als einigen sehr jungen wie Su und noch (im wesentlichen) Linc. 39, wiewol schon c. 1500 das urspr. verhältnis in mehreren hdschr. wie Di und PM durch ausgleichung wesentlich zerstört worden ist. S. weiter Kock, Lj. s. 255 ff., 297 ff., Larsson, Lj. s. 69 ff., Arkiv XIII, 59; Björkman, Sv. landsm. XI, 5, s. 30 ff., 59 f.; Zetterberg, s. 31.

Anm. 3. Eine sonderstellung nimmt Ög ein, indem *i* hier noch oft in schwachton. silben erhalten ist und zwar: konsequent nach *ī* (z. b. *rīki* reich), sehr oft nach kurzem vokal (z. b. *uppe*, *-i* oben), oft nach palatalen (z. b. dat. *skōghe*, *-i* walde), nicht selten in mehr als zweisilbigen wörtern (z. b. *klokkare* küster, aber *møllari* müller) und auch sonst hie und da; s. Tamm, Uppsalastudier, s. 26 f. Auch H hat noch sehr oft *i* neben *e*, s. Kock, Lj. s. 320.

Anm. 4. Da in Vm (und zwei anderen hdschr. desselben gesetzes) *e* nicht nur im typus *vāþe*, sondern auch im typus *skaþi* dem *i* gegenüber vorherrschend ist, so zeigt wol dies, dass in dem betreffenden dialekt die endsilbe auch in *skaþe* u. dgl. schon schwachton. geworden ist; vgl. § 140 anm. Dass aber in denselben hdschr. nicht selten *e* auch in geschlossener silbe — besonders vor (urspr.) einfacher konsonanz — steht, beruht wol auf ausgleichung. Vgl. Siljestrand I, 40 ff., 90 f., 122, 137; II, 30; III, 100 ff., 112 f, 117.

Anm. 5. Eine kombination von unvollst. balanz und harmonie zeigt Sdm (früherer teil; vgl. 2 oben), wo *e* zwar regelmässig in unbetonten silben steht (z. b. *ærvinge* erbe), in schwach nebentonigen silben dagegen konsequent nur nach *e*, *o*, *ø* (z. b. *hwēte* weizen, *bōnde* bauer, konj. *sēke* suche), oft nach *a*, *æ* (z. b. *vāþe*, *-i* gefahr, *klæþe*, *-i* kleid), aber fast nie nach *i*, *u*, *y* (z. b. *rīki* reich, *uppi* oben, *yngri* jünger); s. Larsson, Lj. s. 83 ff. In Da ist zwar *i* auch in schwachton. silben noch das regelmässige; wenn aber daneben *e* sich zeigt, so geschieht dies besonders nach *e* und *æ*, s. Brate, Lj. s. 43 ff.

Anm. 6. Statt *e* steht bisweilen (z. b. hie und da in Sdm, Vm, GO) *æ*, worüber vgl. Larsson, Lj. s. 88; Kock, Arkiv XII, 248.

Anm. 7. Dialektisch nimmt auch ein durch späte verkürzung aus *ī* entstandenes *i* in der balanz teil, z. b. Bu, Bir. A *guþlekar* neben *guþlīkar* göttlich u. dgl. (Leseb. 21, 19, 28; 105, 19, 27, 30; 106, 12 aus KP und Linc. 39).

Anm. 8. Über nur scheinbare ausnahmen von der balanzregel s. Kock, Lj. s. 247 ff., 297 ff., 366 ff. Wirkliche ausnahmen entstehen — ausser durch das hineinspielen der vokalharmonie (s. oben) — durch analogie, wie wenn *undi(r)* 'unter' und *æpti(r)* 'nach' sich nach *ivi(r)* 'über', resp. *firi(r)* 'vor' gerichtet haben, oder umgekehrt (in schriften mit vollst. balanz) *faþer* st. *faþir* vater nach *mōþer* mutter, *brōþer* bruder und *syster* schwester. Besonders oft richtet sich natürlich ein kompositionsglied nach dem simplex, z. b. *himirīke* himmelreich neben lautgesetzlichem *himerīke* nach *himin* himmel, *brūþgumi* bräutigam (neben lautges. *-gume*) nach *gumi* (s. Kock, Lj. s. 343 ff.). Lautgesetzlich sind dagegen fälle, wo die doppeltheit auf verschiedener betonung des kompositums beruht, z. b. *līkame* (mit nebentoniger pænultima und also unbetonter ultima (neben *likámi* (mit haupttoniger kurzer pænult. und also stark nebentoniger ultima) körper, *ǣnlite* neben *anlīti* antlitz. Noch sei erwähnt, dass wo in schriften mit unvollst. balanz ein auslautendes *-e* durch späte enklise in geschlossener silbe zu stehen kommt, das *e* jedoch bleibt, z. b. *kænde-n* kannte ihn nach *kænde*; vgl. mit alter (d. h. vor dem eintritt der balanzregel durchgeführter) enklise z. b. *rīki-t* das reich trotz *rīke*.

Anm. 9. Die balanzregel gilt auch für enklitische wörter; also z. b. mschw. *mek* (*megh*) mich, *t(h)ek* dich, *segh* sich neben haupttton. *mik* u. s. w. Da der suffigierte artikel immer enklitisch (und zwar ganz unbetont) ist, so folgt, dass er zwar in schriften, welche die balanz entweder gar nicht oder nur sehr unvollkommen durchgeführt haben, sein *i* mehr oder weniger konsequent behält (z. b. in Vg. I und Ög immer, in Biæ fast immer, in Da und Vm gewöhnlich), aber in schriften mit vollst. balanz immer *e* zeigt (z. b. sowol acc. *synd-ena* die sünde, gen. *strīþ-enna(r)* des streites als auch nach kurzer haupttoniger silbe *skip-et, -en* das schiff, die schiffe), wiederum in schriften mit unvollst. balanz *e* in offener, *i* in geschlossener silbe aufweist (z. b. sowol dat. *fæþr-enum* dem vater als auch acc. *grav-ena* den grab, aber gen. *rīkes-ins* u. dgl.

Anm. 10. Die unvollständige balanz findet auch in (schwachtonigen offenen) vorsilben und in proklitischen wörtern (wiewol hier wegen des einflusses der haupttonigen formen mit vielen schwankungen) statt, z. b. MET *belǣte* (früher *bilǣte*) bild, mschw. *bestánd* (neben *bīstand*) beihülfe, *bi-*, *betīdha* bei zeiten, *pri-*, *prestaf* marschallsstab; ebenso kaschw. *fore* neben selt. *fori* 'vor', konj. *maghe* (*moghe, mughe*) neben *-i* 'möge'. Dieselbe entwicklung findet natürlich statt, wo bisweilen ein schwachtoniges *ī* vor dem eintritt der balanz verkürzt worden ist, z. b. mschw. *lekámber* (neben *līkamber*) körper; ebenso Vm *e ferstonne* im anfang, Bir. A *e mællan* in der mitte (mschw. *emōt* zuwider, *egēn* zurück) zu *ī* 'in'.

§ 143. Die balanz *u* : *o* ist:

1. Vollständig in mehreren kaschw. denkmälern aus der zeit c. 1330—1360, von denen die wichtigsten Ög. I, II (in beiden ganz ausnahmslos — ausser vor *m*, s. anm. 4 — durchgeführt) und Bu (über MEL und Bir. A s. anm. 4) sind, z. b. dat. *asko* asche, *mōþor* mutter, *allo* allem, 3. pl. prät. *lovaþo* verhiessen, *mantol* mantel, *værþogher* würdig, aber z. b. dat. *gatu* gasse, *faþur* vater, *tiughu* zwanzig, *diævul* teufel, *liþugher* ledig u. s. w.; ebenso (im wesentlichen regelmässig) in den meisten mschw. denkm., sowol alten wie O, P. I als jungen wie Su, Linc. 39, wiewol um 1500 es auch hdschr. giebt, wo das urspr. verhältnis zum guten teil zerstört ist. S. weiter Kock, Lj. s. 172ff.; Zetterberg, s. 31.

Anm. 1. Im Cod. reg. des Södermannagesetzes und in H tritt noch oft in schwachton. silben *u* neben *o* auf, s. Kock, Lj. s. 318 ff.

Anm. 2. Da in Vm *o* nicht nur im typus *asko, mōþor*, sondern auch im typus *gatu, faþur* dem *u* gegenüber fast alleinherschend ist, so zeigt wol dies, dass in dem betreffenden dialekt die endsilbe auch in *gato* u. dgl. schon schwachtonig geworden ist; vgl. § 140 anm. S. weiter Siljestrand I, 44, 157 f. u. pass.; II, 28; III, 117.

Anm. 3. Eine kombination von vollst. balanz und harmonie zeigt U, wo (in urspr. schwachton. silben) *o* nach *e, o, ø*, sonst aber noch *u* die regel ist; s. Kock, Lj. s. 149. Fast ebenso Sdm. fr, wo *o* immer nach *o, ø* (bei *e* fehlen zufällig beisp.), oft nach *æ, i*, selten nach *a*, nie nach *u* steht; s. Larsson, Arkiv XIII, 59.

Anm. 4. In einigen denkm. mit vollständiger balanz, ist sie jedoch vor *m* unvollständig, also z. b. *landum* ländern gleich *laghum* gesetzen. So steht z. b. auslautendes *-um* ganz konsequent in Sdm. fr, MEL (vgl. anm. 5) und Bir. A, weit überwiegend im Cod. reg. des Södermannagesetzes. Ansätze dazu zeigen auch einige mschw. denkm. wie O, ST und eine partie von Bil, welche oft *-um* neben *-om* aufweisen. Dagegen ist derartiges *-um* in den für die vollst. *u* : *o*-balanz typischen kaschw. denkm. Ög. I, II und Bu zwar nicht unerhört, aber doch mehr oder weniger selten. Vgl. Larsson, Arkiv XIII, 59; Kock, Lj. s. 203 ff. — Unvollst. balanz vor *s* hat die genannte partie von Bil., wo man also zwar *apton* abend, *flaskor* flaschen, *flaskonne* der flasche, *kalladho* nannten u. s. w. findet, aber dagegen *kalladhus* wurden genannt, *føddus* wurden geboren u. a., s. Kock, Skandinavisches Archiv I, 31 ff.

2. Unvollständig (und zwar mit *u* vor allen konsonanten, vgl. anm. 4) ist die balanz mit grösserer konsequenz bis jetzt nur im Cod. AM. 51, 4° (des Småländischen kirchenrechts) c. 1375 belegt, z. b. *sīnum* (aber natürlich *sīno*) seinem, *annur* andere,

laghþus wurden gelegt u. a. (aber nur *morghon* morgen, *apton* abend, also wol vollst. bal. vor *n*). Fast denselben standpunkt nimmt SK ein, wo man ebenfalls *annur, laghthus,* aber doppelt so oft *-om* wie *-um* findet. Vgl. Björkman, Sv. landsm. IX, 5, s. 60 f. und 32.

Anm. 5. Dass SK vor *n* unvollständ. balanz hat, darf nicht aus gen. *klockunnæ* (aber natürlich *klocko*) der glocke u. dgl. geschlossen werden, denn auch sonst hie und da ist *u* vor inlautendem *nn* erhalten, z. b. MEL gen. *krōnunna*, dat. *-unne* (aber natürlich acc. *krōnona* und ohne artikel *krōno*) der krone gegenüber *morghon* morgen (analoge beisp. fehlen in SK); vgl. Kock, Sv. landsm. XIII, 11, s. 9.

Anm. 6. Eine kombination von unvollst. balanz und harmonie zeigt Sdm (bes. der spätere teil), wo *o* konsequent nur nach *e* und *o* (z. b. *rēþo* ritten, *tōko* nahmen), sehr oft nach *e*, selten nach *a*, *i*, *y*, *æ*, nie nach *u* steht; s. Larsson, Lj. s. 91 ff. In Da ist zwar *u* auch in schwachton. silben noch das regelmässige, aber daneben zeigt sich, wenn auch selten, *o* und dies dann bes. nach *o*, s. Brate, Lj. s. 45 f.

Anm. 7. Einige denkmäler, sowol solche mit vollst. als mit unvollst. balanz, zeigen *u* statt eines zu erwartenden *o* nach konsonantischem *i*, z. b. gen. *kirkiu* kirche. So konsequent Cod. reg. des Södermannagesetzes und SK, überwiegend Bir. A (z. b. Leseb. 44, 16 und 17), sporadisch auch andere denkmäler (s. Kock, Arkiv XI, 335 f.).

Anm. 8. Über nur scheinbare ausnahmen von der balanzregel s. Kock, Lj. s. 178 ff., 366 ff. Wirkliche ausnahmen entstehen — ausser durch das hineinspielen der vokalharmonie (s. oben) — durch analogie, wie wenn *tīu* (st. *tīo*) zehn sich nach *tīunde* (mit stark nebentoniger pænultima) zehnte gerichtet hat, oder umgekehrt (in schriften mit vollst. balanz) acc. *faþor* st. *faþur* vater nach *mōþor* mutter (*brōþor* bruder, *systor* schwester) oder — wie in ST gewöhnlich — pl. *gator* gassen, *ladhor* scheunen u. dgl. nach *kyrkior* kirchen, *gātor* rätsel u. a. Besonders oft richtet sich natürlich ein kompositionsglied nach dem simplex, z. b. *hovuþsār* kopfwunde (neben lautgesetzlichem *hovoþsār*) nach *hovuþ* kopf, gen. *þwærgatu* querstrasse (neben lautges. *-gato*) nach *gatu* strasse u. s. w. (vgl. § 142 anm. 8). Besonders oft kommt auch in gewissen mschw. schriften nach 1400 vor, dass durch ausgleichung der doppeltheit *-um* : *-om* analogisches *-om* statt oder neben lautges. *-um* auftritt, z. b. *gatom, -um* gassen nach *gātom* rätseln u. a.; so z. b. in P. I, Bm, Su, Linc. 39 (s. Kock, Lj. s. 212 ff.).

Anm. 9. Die balanzregel gilt auch für enklitische wörter (vgl. § 142 anm. 9), z. b. *āre-no* dem jahre, *flokke-nom, -num* dem haufen. Da z. b. ST konsequent *stadh-enom* dem platze, aber *stigha-num* der leiter u. s. w. hat, ist dies verhältnis wol so zu erklären, dass der auf der ultima von *stigha* ruhende nebenton bei der enklise auf den artikel übertragen worden ist (wie ja jetzt im nschw. der fall ist) und so das *u* vor dem übergange bewahrt hat.

Anm. 10. Die balanz findet auch in (schwachtonigen) vorsilben und in proklitischen wörtern (wiewol hier oft die haupttonige form einen konservierenden einfluss ausübt, gleichwie sie selbst auch dann und wann von der proklitischen beeinflusst wird) statt, z. b. Ög. I, Vm (immer), KP, Bu, SK (immer) und mschw. *som* aus *sum* 'welcher, wie, als', Vm und mschw. *om* aus *um* (so noch SK immer) 'um', Vm, H, Bu, SK und mschw. *mon* < *mun* 'wird', Vm, Bir. A und mschw. *op* < *up* 'hinauf', oft (bes. mschw., z. b. ST) *æro* sind, *mono* werden, *magho* mögen, *skolo* sollen, pl. *samo* dieselben u. a. statt *æru* u. s. w. Ebenso wo vor dem eintritt der balanz ein schwachtoniges *ū* verkürzt worden ist, z. b. *hospōnde* (Leseb. 79, 35), *-bōnde* (oft, z. b. Leseb. 105, 19) neben *hūsbōnde* hausherr, *hos-*, *hūsprēa* Vg. I, *hos-*, *hūstrō*, *hos-*, *hūstrū*, *hos-*, *hūsfrū* ehefrau (vgl. *hūsfro*, *-frū*, *hūstro*, *-trū* ehefrau, *nōtos*, *-hūs* viehstall).

III. Umlautserscheinungen.

§ 144. Palatalisierung: Dialektisch wird im mschw. *ia* zu *iæ* (vgl. § 96), z. b. *viliæ* wollen, *liggiæ* liegen (aber *brista* bersten, *bīdha* warten u. s. w.); so z. b. in Ve und JB (vgl. Kock, Lj. s. 128). Nach *g, gh, k* scheint dieser übergang sowol allgemeiner wie auch etwas früher eingetreten zu sein, und dies *iæ* ist (wol über *ie*, s. § 147) zu *e* weiter entwickelt worden, z. b. gen. pl. von personen- und ortsnamen wie *Hælsingia, -iæ, -e, Tælghia, -iæ, -e, Nærikiæ, -e* (schon MEL; *Nærke* Cod. reg. des Södermannagesetzes) oder *bæggia, -iæ, -e* beider, *twæggia, -iæ, -e* zweier, *an(nat)tiggia, -iæ, -e, -tingia, -iæ, -e* entweder, *stykkia, -iæ, -e* (Dipl. 1376; *støkke* schon MET) stücke. Wenn subst. wie *kirkia* kirche und verben wie *mærkia* merken u. s. w. fast ausnahmslos *ia* zeigen, so kann dies dem systemzwang und speziell dem einfluss sonstiger wörter auf *-ia* (wie *smiþia* schmiede, *bæria* schlagen) zuzuschreiben sein. Andererseits kann jenes *e* in den meisten mschw. fällen zur not nach § 149, 1 erklärt werden.

Anm. 1. Schreibungen wie gen. *kirkie* statt *-io* kirche in einigen diplomen aus Finnland c. 1500 zeigen möglicherweise einen analogen übergang *io* > *ie* (vgl. § 98). Dagegen ist es kaum (mit Kock, Arkiv XI, 337 note) anzunehmen, dass der dritte zu erwartende übergang *iu* > *y* (vgl. § 100) durch schreibungen wie Vg. I, Vh *kyrky*, Vg. II K *kirky* belegt wäre; s. hierüber § 127 anm. 4.

Anm. 2. Über *y* > *i* vor *i* s. § 101 anm. 2.

§ 145. Labialisierung: Nicht selten wird in mschw. denkm. *i* (urspr. oder aus *ī* verkürzt) zu *y* unmittelbar nach labialen oder *l* (vgl. § 108 mit anm. 5 und Kock, Sprh. s. 27 f.).

So besonders in den präfixen *bi-* und *mis-*, z. b. *bylǣ'te* ST, Bil bild, *myskúnd* Bir barmherzigkeit. Andere beisp. sind *bysmán* JB (*bisman* aus russischem *bezmén*) schnellwage, *spytæ'lsker* A 49. II aussätzig; *lyka'mi* ST (mehr als 100 mal) körper, *lykovæ'l* ST gleichwol.

Anm. Unsicher ist, ob ein dialektischer übergang *a* > *o* vor *m* durch Vm acc. *licoma* (neben *-ama*) körper, präfix *iom-* (neben seltnerem *iam-*; auch in Da einmal *iom-* neben gew. *iam-*) 'eben' belegt ist; s. Brate, Lj. s. 40.

IV. Sonstiges.

§ 146. Bei kürzung langer vokale wegen eingetretener schwachtonigkeit der betreffenden silbe finden folgende qualitätsveränderungen statt:

1. *ē* wird zu *i* (Kock, Sprh. s. 39; Noreen, Arkiv V, 390), z. b. *hwīl(i)kin* welch ein, Ög *fiærmir* mehr in der ferne und *yværmir* mehr nach oben (vgl. aisl. *firrmeirr, ofarmeirr*), mannsnamen wie *Holgir* (aisl. *Holmgeirr*) u. a. auf *-gir* neben *-gēr*; mschw. *Halstin* u. a. neben *-stēn* (aisl. *-steinn*), subst. auf *-liker* neben *-lēker* (aisl. *-leikr*) wie O, P. I, Bir *rēnliker* reinheit, ortsnamen auf *-im* neben *-ēm* aus *-hēm* (aisl. *-heimr*) wie *Visnim, Varnim*. Ebenso in proklit. und enklit. wörtern, z. b. Ly *þir* statt *þēr* (aisl. *þeir*) sie, Vg. I u. a. *igh* statt *ēgh* (aisl. *eige*) nicht.

Anm. 1. Nur scheinbar sind die übergänge *ī* > *e* und *ū* > *o*, denn die betreffenden *e* und *o* sind durch vokalbalanz aus den durch kürzung entstandenen *i* und *u* entwickelt; beisp. s. § 142, anm. 7 und 10 (ende), § 143 anm. 10 (ende).

2. *ō* scheint wenigstens im kaschw. in *u* überzugehen; beisp. s. § 112 mit anm. 1.

Anm. 2. Über *æ* > *e, i* s. § 147.

3. *ø̄* wird zu *e*, selten *i* (s. Kock, Arkiv V, 96 note; Noreen, ib. VI, 329), z. b. *ēþsere* Vg. II aus gew. *-sø̄re* eidschwur, *fāteker* SK, KS (später *-tegher*) neben *-tø̄ker* arm, *nōren* Vg. II u. a. (wovon Vg. I *norœn* wol nur orthographisch verschieden ist; Cod. Holm. B 6 *nōrin*; aisl. *nórønn*, anorw. auch *nórenn*) norwegisch, ortsnamen auf *-e* neben *-ø̄* wie *Skāne* (Vg. I *Skāni*; aisl. *Skáney*) Schonen, *Āse* Biæ; mschw. *Nȳbele* neben *-bø̄le, Lødhese* neben *-ø̄se*.

§ 147. Ursprüngliches (d. h. nicht durch vokalharmonie oder -balanz aus *a* entstandenes) *æ* wird zu *e*, selten *i*, z. b. *mēren* (*-in* Bm) neben *mēræn* 'aber', der name *Halden* (mschw. auch *-in*) neben *Halfdæn* (und *-dan*, worüber s. Lundgren, Sv. landsm. X, 6, s. 93); ebenso wo *æ* aus *ǣ* verkürzt ist, z. b. *hæreþe*, *-iþe* neben *-ǣþe* bezirk, der name *Styrker*, *-kir* neben *-kǣr* (und *-kār*, worüber s. Lundgren, Uppsalastudier, s. 17 f.). Dieselbe entwicklung (aber ohne nebenformen mit *i*) zeigen pro- und enklitische wörter wie *eller* oder, *en* wenn, aber, als, *eptir* nach, *hennar*, *-e* ihr, *leta* lassen, *meþ* mit, pl. *men* leute, man, *mellom*, *-in*, *-an* zwischen, *þen*, *þet*, *þes* der, das, des, *vel* wol u. a. neben *æller*, *æn* u. s. w. Solche schreibungen mit *e* kommen in grosser menge schon in den ältesten hdschr. vor, sind aber hier zum grossen teil zweideutig, weil *e* auch zeichen des *æ*-lautes sein kann (s. § 24 anm.); vgl. Brate, Lj. s. 5 ff., Larsson, Lj. s. 12, 15, Kock, Lj. s. 534 f., Zetterberg s. 4 ff., Björkman, Sv. landsm. XI, 5, s. 7, Rydq. IV, 37 f.

§ 148. *o* (wahrscheinlich nur unbetontes, nicht aber auch schwach nebentoniges) wird im mschw. (ganz vereinzelt schon im kaschw., z. b. in Cod. Holm. B 56 des Västmannagesetzes vor 1350 und Holm. 47 des stadtrechts c. 1375) sporadisch, aber fast ausschliesslich im auslaut und vor auslautendem *n*, zu *a* (neben welchem *o* auch in den betreffenden stellungen häufiger erhalten ist). Beispiele sind besonders: dat. sg. ntr. des suffigierten artikels wie *lande-na* dem lande, *folke-na* dem volke (z. b. bisweilen in A 49. I und gewöhnlich in Rk. II); dat. sg. ntr. des adj., wenn durch das hinzutreten einer proklitischen partikel der schwache nebenton geschwunden ist (s. § 57, III, B, 5), wie *medh rætta* mit recht (z. b. D 4, Rk. II und schon Holm. B 56 vor 1350) zu *rætto* rechtem, *medh alla* ganz und gar (D 4) : *allo* allem, *af nȳia* von neuem (Rk. II): *nȳio* neuem, *til fulla* in vollem masse (Rk. I): *fullo* vollem, *over ēna* überein (D 4, Rk. I, II) : *ēno* einem, *at ēna* (Bir), *at ēnasta* (Bm) nur : *ēno*, *ēnasto* einzigem, *āt minsta* (Ve, Su u. a.) wenigstens : *minsto* wenigstem; 3. pl. prät. ind. (urspr. wol nur proklitisch vor haupttoniger partikel) wie *āta* assen, *slōgha* schlugen, *fiølla* fielen (D 4, Di, Linc. 39) aus *āto* u. s. w.; gen. sg. schwacher feminina in der komposition wie *frilla-barn* uneheliches kind, *kista-fǣ* kastengeld (schon Holm. 47) zu *frillo* kebsweib u. s. w.; ferner z. b. dat. pl. *hælghanom* zu *hælghon* die heiligen (Cod. Berol. germ. 726 fol., c. 1490), *Hākanason* oder *Hākanson* zu *Hākon, Kældarsson* zu *Kældor* (s. Lundgren, Sv. landsm. X, 6, s. 91 f., 157), *lēian* (Su) aus *lēon* löwe, *fram-, hovodhstūpa* kopfüber neben *stūpo*.

Anm. 1. Die seltenen fälle, wo auch schwach nebentoniges *o* zu *a* geworden zu sein scheint, dürften als analogiebildungen erklärt werden können, z. b. *borta* Bil. statt *borto* 'ausser hause' nach *hēma* 'zu hause', pl. *ǿghan* c. 1450 st. *-on* zu *ǿgha* auge wie pl. *hiærtan* Bm zu *hiærta* herz, u. a. m. (s. Schagerström, Om svenska bär-och fruktnamn, Ups. 1884, s. 11 f.); vgl. nschw. *elfva* (aschw. *ællevo*) elf nach *fyra* vier und *åtta* acht? oder wol eher weil das wort früher alternativ keinen nebenton hatte, was auch die synkope zu erheischen scheint (s. § 156, 2).

Anm. 2. Dass derselbe übergang auch in unbetonten vorsilben stattfinde, darf nicht aus ganz vereinzelten schreibungen (schreibfehlern) wie *farmā* Dipl. 1502 'vermögen' oder lehnwörtern wie *Ardan* Jordanes geschlossen werden. In fällen wie präfix *af-* (neben häufigerem *of-*) 'allzu', *farstova* (und *for-*) vorstube ist nach ausweis des anorw. das *a* schon alt und vielleicht gar nicht aus *o* zu erklären.

Anm. 3. In starktoniger silbe zeigt sich ein aus *o* entstandenes *a* wol nur in dem seltenen *datter* H, Codd. Holm. 46 und 47 des stadtrechts statt *dottir* (*dōtir*) tochter, was sicherlich als danismus zu betrachten ist (vgl. § 7, 15). Einige fälle (wie das seltene *marghan* st. *morghon* morgen und das in PM nicht seltene *affwan* neben *aaffwan, owan* oben) dürften als umgekehrte schreibungen (vgl. § 110) aufzufassen sein. Auffallend bleibt das in Su und Linc. 39 äusserst häufige *skadha* st. *skodha* schauen, aber die variante *skaadha* (*skodha*) Su spricht auch in diesem falle für umgekehrte schreibung, umsomehr als in Su andere derartigen schreibungen wie *affta, baya, haffmodh, hagher, hapet, kamma, karsena, thag* st. *ofta* u. s. w. (oder umgekehrt mehrmals *hon* st. *han*) keineswegs selten sind; anders, aber schwerlich richtig, hierüber Kock, Sv. landsm. XI, 8 s. 3.

Anm. 4. Über diese schwierigen fragen vgl. Lindgren, Sv. landsm. XII, 1, s. 105 f. und die daselbst zitierte literatur; ferner Rydq. II, 257, IV, 19 f.; Kock, Akc. II, 500, Sv. landsm. XIII, 11, s. 24 note, Skandin. Archiv I, 40 note, ZfdA. XL, 193 f.; Brate, Uppsalastudier, s. 12; Beckman, Arkiv XIII, 3, s. 50, 52. Die bisherigen versuche den übergang lautgesetzlich zu begrenzen, sind jedoch sämtlich ohne namhaften erfolg geblieben.

§ 149. Im mschw. werden, je später um so konsequenter, in unbetonten (nicht aber schwach nebentonigen) silben nach dem haupttone *a, e, i* und *o* zu dem § 19 anm. und § 26 erwähnten, mit *e* (*ę*) bezeichneten, reduzierten vokal; s. Kock, Akc. I, 122 ff., Lj.-s. 270, 361, Sprh. s. 103 f.; Noreen, Grundriss[2] I, 595. Die fälle sind also:

1. *a* > *ę*, z. b. schon O. I *drāpare-nom* dem totschläger, P. I *pēlare-ns* des pfeilers, ST *keisare-n* den kaiser, JB, Su, Linc. 39 (z. b. Leseb. s. 105, 30) *hiōne-lagh* ehe. Ebenso in proklit. und enklit. wörtern, z. b. gen. *henne* O, Rk. I, II (kaschw. *hænnar*) ihr, *sidhen* Ve (z. b. Leseb. s. 82 f. 8-mal) 'dann' neben betontem *hænna, sidhan*.

2. *e* > *ę* kann infolge der mangelhaften orthographie nicht zum ausdruck kommen.

3. *i* > *ę*, z. b. O *riddaren* der ritter, ST *dōmaren* der richter.

4. *o* > *ę*, z. b. *kirkie-gārdher* D 4 (Leseb. s. 70, 19) friedhof, *lēge-folk* (Leseb. 99, 1) lohnarbeiter, *i afte(n)s* Di gestern abend (zu *afton* abend). Ebenso in proklit. wörtern wie *ginge* Ve gingen, *vāre* Di waren neben betontem *gingo, vāro;* bes. oft *æro* > *ære* sind (neben bet. *æru*).

Anm. 1. Auch andere vokale sind, wenn sie ausnahmsweise unbetont werden, derselben entwicklung heimgefallen, z. b. Bil *alskens* (und *-ins* Bil, MB. I, vgl. § 146, 3) allerlei zu *køn* (kaschw. *kyn*) art.

Anm. 2. Dialektisch kann dies *ę* vor *s* weiter zu *i* entwickelt werden, z. b. gen. pl. *thēris* aus *thēre(s)*, kaschw. *þēra* ihr; *i fastis* aus *i faste(n)s*, kaschw. **i fastons* in der vorigen fastenzeit.

Anm. 3. Hiervon genau zu scheiden sind die zahlreichen fälle, wo in danisierenden schriften *e* jeden schwachtonigen endungsvokal überhaupt vertreten kann, z. b. Sp *sammen* zusammen, *gamelt* altes u. a. (Leseb. s. 109 ff. passim).

§ 150. Spät mschw. (gegen 1500) werden auch schwach nebentonige *e* und *i* zu reduziertem *ę*, was wiederum wegen der orthographie nur bei *i* zum vorschein kommen kann (vgl. § 149, 2), z. b. Su *kristen* christlich, *kænner* kennt; so auch wo *i* im kaschw. noch stark nebentonig war, z. b. Su *søner* (kaschw. *synir*) söhne, Di pl. *gladhe* (kaschw. *glaþir*) fröhliche. Nur vor *s* (vgl. § 149 anm. 2) und *t* steht in mehreren schriften (z. b. Su, Linc. 39, PM) noch überwiegend *i*, z. b. gen. *snillis, -es* weisheit, *lītith, -eth* kleines; so auch im part. prät. (nicht sonstigen adj.) vor *n*, z. b. *bundin* gebunden, was wol dem übermächtigen einfluss der so häufigen neutralform auf *-it(h)* zuzuschreiben ist. Vgl. Kock, Lj. s. 264, 272 f.

Anm. Dialektisch kann dies *ę* vor *m* weiter zu *u* entwickelt werden (vgl. § 149 anm. 2), z. b. ortsnamen wie *Visnum* aus älterem *Visnim* (s. § 146, 1); zum teil anders hierüber Kock, Lj. s. 209, Akc. II, 335 f.

B. Quantitative veränderungen.

I. Kürzung.

§ 151. In wurzelsilben tritt kürzung eines langen vokals ein, wenn ein wort proklitisch oder enklitisch gebraucht wird, oder wenn es als zusammensetzungsglied wegen verdunkelung der urspr. bedeutung seinen starken nebenton gegen schwachen (oder keinen) vertauscht. Betreffs *ē, ī, ō, ū, ǣ, ø̄* wird die kürzung durch die eintretende qualitätsänderung erwiesen; beisp. s. § 112 mit anm. 1, § 142 anm. 7 und 10 (ende), § 143 anm. 10 (ende), § 146, § 147. Bei *ā* > *a* wiederum geht die schon kaschw. änderung der quantität aus der nschw. vokalqualität *a* (nicht *å*, vgl. § 110) hervor, z. b. proklitisch *ia* ja, *þa* da, als, *lata* (dann auch haupttonig gebraucht, z. b. schon in Ög, s. Tamm, Uppsalastudier s. 25, vgl. auch Kock, Lj. s. 421) lassen, *nar* wenn, *var* (*hærra*) unser (Herrgott) u. a. neben betontem *iā*, *þā* u. s. w; ebenso im ersten zusammensetzungsglied, z. b. *varkúnna* (aisl. *várkunna*) erbarmen, ortsnamen wie *Alinxā's* zu *Āle* (aisl. *Ále*; vgl. nschw. alt *Ålingsås* neben *Alingsås*), *Arbúgha* zu *ā* fluss; oder im zweiten, z. b. *vaþmalskāpa*, *-lakan* kappe, laken aus grobem wollentuch neben *vaþmāl* (vgl. nschw. *vadmal* neben dial. *-mål*), *sæxtan* neben *-tān* sechzehn (vgl. nschw. dial. *-tan* neben sonstigem *-ton* aus *-*tån*) u. a.

§ 152. In stark nebentonigen endungs- und ableitungssilben bleibt einstweilen die länge, bis allmählich der starke nebenton zu schwachem reduziert worden (oder gar geschwunden) ist. Dann werden z. b. *farā* fahren, *skaþī* schaden, gen. *gatū* strasse zu *fara*, *skaþi*, *gatu* (vgl. § 57, II, B, 1). Diese reduktion ist in verschiedenen dialekten zu sehr verschiedener zeit eingetreten, wie aus den qualitativen veränderungen der betreffenden endungsvokale hervorgeht. Wo wie z. b. in U und Vm die formen *faræ*, *skaþe*, *gato* u. dgl. auftreten, muss kürze schon früh — wenigstens um 1300 — da gewesen sein (vgl. § 140 anm., § 141 anm. 1, § 142 anm. 4, § 143 anm. 2). Wo aber wie in den meisten aschw. hdschr. die formen *fara, skaþi, gatu* bewahrt sind, ist wenigstens für die zeit von 1300 und wol etwas später länge anzunehmen (vgl. § 140 ff.). Wiederum muss in den weitaus meisten dialekten wie auch in der reichssprache die kürze wenigstens vor 1400 eingetreten sein, weil sonst ein noch vorhandenes *farā* hätte (nach § 110) in *farō* übergehen müssen. Dieser übergang hat aber nur in gewissen peripherischen dialekten (z. b. dal. und in gegenden von Småland und Finnland) stattgefunden, s. § 110 anm., Kock, Arkiv IV, 89 ff., Karlsson und Noreen, ib. V, 166 ff., Beckman, ib. IX, 92 ff. (vgl. auch Björkman, Sv. landsm. XI, 5, s. 14 f.).

II. Schwund.

a) Hiatuserscheinungen.

§ 153. Vorliterarisch tritt wie im westn. (vgl. An. gr. I, § 103 ff.) kontraktion bei hiatus in folgenden fällen ein:

1. Wo ein langer vokal mit einem folgenden kurzen gleicher qualität — wobei auch *i* mit *ē* und *u* mit *ō* gleichwertig anzusehen sind — zusammentrifft, werden sie zu einem langen von der qualität des ersteren kontrahiert, z. b. *fā* (got. *fāhan*) bekommen, acc. sg. m. *blān* (aisl. alt *bláan*) blauen; dat. sg. *knǣ* nach § 114 aus **knē* (aisl. alt *knée*) knie, präs. konj. *sǣ* MEL aus (schwachtonig als *se* erhaltenem, dann auch starktonig gebrauchtem) *sē* (aisl. alt *sée*) sei; dat. sg. *vī* aus **wīhi* heilige stätte, nom. pl. m. *frī(r)* aus **frīiʀ* freie; dat. pl. *skōm* (aisl. alt *skóom*) schuhen, 1. pl. *trōm* glauben; dat. pl. *hūsfrūm* (aisl. alt *-frúom*) ehefrauen. Später, aber doch schon in den ältesten hdschr., treten häufig analogisch entstandene (oder erhaltene) hiatusformen wie *sēi, brōum* u. dgl. wieder auf.

2. *ā* + *u* giebt *ā*, z. b. dat. sg. ntr. *grā* (aisl. alt *grǫ́o*) grauem, dat. pl. *ām* flüssen, *tām* zehen, *Ālvęr* (rschw. *Aulfr* Yttergård und L. 928) Adolf. Analogische (neu)bildungen wie *āum, tāom* u. dgl. sind sehr häufig.

3. *ē* + *a* wird nur dann zu *ia* (mit konsonantischem *i*), wenn die verbindung schwachtonig geworden ist, wie in nicht mehr durchsichtigen zusammensetzungen, z. b. *forsia* haushälterin neben *forsēa* (KS. fr *forsīa,* s. Leseb. 57, 17, 21, nach *sīa* sehen,

worüber vgl. § 83, 2, a) fürsorge, *āsia* besichtigung neben *āsēa* zusehen; s. Noreen, Arkiv VI, 383.

Anm. 1. Das seltene *friadagher* Dipl. 1336 (*friedagher* Leseb. 93, 31) neben gew. *frēadagher* freitag könnte unter voraussetzung, dass das zweite zusammensetzungsglied alternativ haupttonig gewesen ist (vgl. § 57, I, A, 2 und Saxén, Sv. landsm. XI, 3, s. 21 note 2), hierher geführt werden.

4. *ȳ* + *i* oder *u* und *ǣ* oder *ø̄* + *i* scheinen lautgesetzlich *ȳ*, resp. *ǣ*, *ø̄* zu geben, aber beisp. sind sehr selten, wie *mȳl* (aisl. *mýell*) ball, dat. sg. *nȳ* neumond, 2. pl. *flȳn* neben *flȳin* (das sehr wol eine analogische neubildung sein kann) fliehet, obl. *bȳ* biene (s. § 65, 5, vgl. *kȳa* § 65, 10); *sǣng* (aisl. *sǽing*) bett, vielleicht auch *frǣnde* (aisl. alt *frǽinde?* s. Sievers, Beitr. XVIII, 410) verwandter; *Ø̄(i)nder* (aisl. *Eyvindr*) ein mannsname.

Anm. 2. Sonstige, nur scheinbare kontraktionen sind entweder nach § 154 zu erklären oder analogisch zu stande gebracht wie z. b. dat. sg. f. *rā(i)* U roher, *sē(æ)* Vg. I sehen, 1. pl. präs. *sē(o)m* O sehen, *dī(a)* D 4 säugen, dat. pl. *bī(o)m* Cod. Holm. A 33 (c. 1450) bienen, *bō(æ)* Vg. I wohnen, nom. pl. m. *myō(e)* D 4 schmale, *flȳ* Vg. I statt *flȳia* fliehen, dat. pl. *skȳm* O statt *skȳiom* wolken, *knǣm* Ög st. *knēum* knieen, *dø̄* Bu st. *dø̄ia* sterben, dat. pl. *ø̄m* Bil st. *ø̄iom* inseln u. a. m., worüber vgl. Kock, Skandinavisches Archiv I, 42 ff.

Anm. 3. Wo durch schwund eines intervokalischen *gh* (s. die konsonantenlehre) ein sekundärer hiatus *i* + *i* oder *u* + *u* entsteht, tritt ebenfalls kontraktion ein, zunächst zu *ī*, *ū*, woraus dann wegen der schwachtonigkeit *i*, *u*, z. b. *fæmtī* Sdm, MEL aus *fæmtighi* fünfzig und das häufige *aldrī*, *-i* (*-e*), wol aus **aldrighi* (aisl. *aldrege*) 'nie'; *bruttumø̄* Ög aus *brūþtughumø̄* brautführerin.

§ 154. Für die literarische zeit gilt folgendes gesetz: Ein unbetonter vokal wird in der unmittelbaren nachbarschaft einer haupt- oder nebentonigen synkopiert (nicht mit diesem kontrahiert); vgl. die zum teil abweichende auffassung Kocks, Skandinavisches Archiv I, 37 ff. Hierbei sind mehrere fälle zu unterscheiden:

I. Der unbetonte vokal steht **nach** dem stärker betonten und zwar:

A. In einer silbe, die schon von anfang an unbetont ist, was wegen der gemeinnordischen synkope unbetonter vokale (s. § 94) nur in lehnwörtern stattfinden kann, z. b. *prō(a)ster* (*prōster* könnte auch dem mndd. *prōst* entlehnt sein) probst, namen wie *Iō(a)n* Johann, *Mattī(a)s*, *Andrē(a)s*, *Mikā(e)l*.

B. Im anlaut enklitisch gebrauchter wörter und zwar:

1. Nach kurzem vokal (in diesem falle in übereinstimmung mit dem westn. und wol schon vorliterarisch, s. Noreen, Arkiv VIII, 144 f.), z. b. *kirkia-n* die kirche, *bogha-nom* dem bogen, *fōta-nna* der füsse, *ærinde-no* dem auftrage, *klæþi-n* die kleider, *Ēriki-num hælgha* (Leseb. 11, 21) Erich dem heiligen, *viþari-n* noch weiter (oder agutn. *flairi-n* noch mehr, vgl. aisl. *in meira*; s. Kock, Arkiv VI, 56 ff.), *aldrighi-n* (anorw. *aldrigin* und *aldrigi enn*; s. ib. IX, 161) noch nie, *hwarghi-n* nimmermehr, *þøghi-n* (agutn. *þoygi-n*, aisl. *en þeyge*, vgl. ib. XI, 125 ff.) aber jedoch nicht, Ve *villi-k* ich wollte, Ög *þōtti-t* es schien, mschw. *fördho-t* führten es, kaschw. *kunu-nnar* des weibes.

2. Nach langem vokal, z. b. *rā-nni* (schon U) dem grenzzeichen, *brō-n* (schon U; aisl. *brú-en*) die brücke, *siō-n* (Biæ u. a.; aisl. *sió-enn*) den see, *skȳ-t* Bir die wolke, *knǣ-n* Bir die kniee, *trǣ-t* Vg. II der baum, *ø̄-n* (schon U; aisl. *ey-en*) die insel neben (seltneren) durch analogie noch unversehrt erhaltenen formen wie *brōin, -enne, siøen, skȳit, trǣit* u. a.

C. In endungen, welche ihren einstigen nebenton verloren haben und zwar dies:

1. Wegen der stellung des betreffenden wortes als nicht haupttoniges zusammensetzungsglied, es sei

a) erstes wie z. b. *frē(a)dagher* H, Bu, Vg. II K ff. (das einmal spät mschw. belegte *frīdagher* dürfte nicht aus *friadagher* — s. § 153 anm. 1 — sondern aus mndd. *vrīdach* stammen) freitag, *trēagarþer* > *trǣgarþer* (schon U, Sdm; statt **trēgarþer*, nach *trǣ* umgebildet) garten, *fēarmark* > *fǣrmark* Vg. I weideland, *Swē(a)rīke* (? s. § 169 anm.) Schweden, *kōrhūdher* (zu gen. *kōar-*) Di kuhhaut, *brō(a)kar* H brückenpfeiler, *bȳ(a)man* Vm dorfeinwohner; oder

b) zweites wie z. b. dat. sg. *fortā* (schon Vg. I; vgl. aisl. *táe*) dorfflur, *altarablē* Bil altarkleid zu *blēa* (anal. auch *blē* Vg. II) tuch, *ladhalō* D4 zu *lōe* dreschtenne, *landbō(e)*, pl. *-bō(a)r* Vg. I u. a. pächter, gen. sg. *Væxiō* MEL ein ortsname zu *siōa(r)* sees, *grābō* (vgl. aisl. *hǽrbúa*) wermut, *hūsfrø̄(a)* oder *hūs-, hostrø̄* (agutn. *hūsfroyia*, runisch *hustroya*; vgl. aber auch anorw. *húsprøy*, gen. *-iar*) ehefrau.

2. Wegen proklitischer verwendung, z. b. mannsnamen wie *Bō Iōnsson* zu aisl. *búe* dorfbewohner.

3. Infolge der stellung nach einem proklitischen wort, z. b. *a(f) nȳ(a)* von neuem zu *nȳo* neuem (wie *af nȳia* : *nȳio*, s. § 148), *Iōar* (oder *Iōr* nach C, 2 oben) *blā* (aisl. *bláe*) 'I. der blaue', *Vīghēr spā* (schon U; aisl. *spáe*) 'V. der voraussehende'.

II. Der unbetonte vokal steht vor dem stärker betonten und zwar:

A. Im unbetonten auslaut, z. b. *aldrēgh*, *aldrēi* aus *aldre ēgh*, *ēi* 'nie', mschw. *thordhēi* wagte nicht, *aktadhēi* hütete nicht.

B. Im auslaut proklitisch gebrauchter wörter, z. b. *hælghanz* < *hælgha anz* des heiligen geistes, *Væstrārus* < *Væstra Ārōs* ein ortsname, *nēi* aus **ne-ēi* nein, *upī* < *uppe ī* drüben in, *utī* > *ūte ī* draussen in.

C. In endungen, welche wegen der stellung des betreffenden wortes als zusammensetzungsglied ihren einstigen nebenton verloren haben, z. b. *øxnøker* Bir, Bil (sonst *yxna økker*) ein paar ochsen, mschw. *dānarf* aus kaschw. *dāna arf* heimgefallenes gut.

Anm. Auch wo der hiatus erst durch schwund eines intervokalischen *h* entstanden ist, findet diese synkope statt, z. b. Ög *ærva-(ha)n* ihn erben, MEL *læggia-(ha)n* ihn legen, Vh *gørþe-(ha)næ* machte sie, mschw. *møtte-(ha)nom* begegnete ihm, U, Vm *biþi-(ha)n* bitte ihn, Ög *firi-(ha)n* vor ihm, mschw. *sā-(ha)na* sah sie, *þȳ-(hæ)lder* (*þyller* Leseb. 44, 30) um so mehr; ortsnamen wie *Siōbō-(hæ)rādh* u. a. (s. Brate, Arkiv IX, 135).

b) Sonstiges.

§ 155. Aphæresis kommt ausser in dem schon § 154, I, B erwähnten falle nur anscheinend vor, im mschw. *pā* aus *uppā* auf, an, zu (dial. auch *punder* aus *upp under* unter, an der hand), das wol auf unrichtige zerlegung (*up pā* statt *upp ā*) der zusammensetzung und verselbständigung des abstrahierten *pā* beruht.

§ 156. Für die ganze aschw. zeit gilt folgendes synkopierungsgesetz (s. Noreen, Grundriss[2] I, 597 f.; vgl. Kock, Sprh. s. 54 ff.): Wo zwei unbetonte silben auf einander folgen, wird lautgesetzlich (wiewol oft analogische oder gelehrte einflüsse die durchführung des gesetzes verhindern) diejenige synkopiert, welche einer starktonigen am nächsten steht. Wir unterscheiden drei hauptfälle:

1. Die synkope tritt vor dem haupttone ein und zwar:

a) In vorsilben (dies nur bei lehnwörtern), z. b. kaschw. *Ben(e)dikter* Benedikt, *kap(e)lān* kapellan, *Magdalēna* > **Madlēn* (woraus dann nach § 146, 1 mschw. *Mádlin*), *Nik(o)lās*; mschw. *fab(u)lēra* schwatzen, *fisk(e)rī* fischfang, *forrædh(e)rī* verrat, *kan(un)īker* kanoniker, *Katerīna* > *Kadhrīn* (> *Kádhrin*) Katarina, *kæt(te)rī* ketzerei, *skalk(e)rī* bosheit.

b) In oft proklitisch gebrauchten wörtern (deren synkopierte form dann auch haupttonig verwendet werden kann). Solche sind besonders konjunktionen wie kaschw. *hur(u)* Bu wie, *mæ(þa)n* Vg. I, II, U, Sdm, Vm, Ög (Leseb. 31, 35), MEL, Bu während, *si(þa)n* Da (agutn. *sen* Leseb. 37, 18) dann, nachdem, mschw. *bādh(e)* sowol; titel wie kaschw. *ku(nu)ng* Bu, Bir. A könig, mschw. *bisp* (aus *bissoper* Vm) bischof, *drozt(e)* truchsess, *mars(kal)k* marschall; aber besonders viele (vor)namen wie kaschw. *Brō(þi)r, Bæn(di)kt, Lar(en)s,* mschw. *Fa(dhi)r, Ion(i)s, Kæ(ti)l, Mat(ti)s, Mān(g)s* aus *Māgnus, Nil(i)s* u. a.

c) In schwachtonigen ersten zusammensetzungsgliedern, z. b. der ortsname *Bā(gha)hū's* (nschw. noch *Bohús* neben *Bòhus*).

2. Die synkope tritt nach dem haupttone ein und zwar:

a) In einfachen wörtern, die entweder urspr. fremdwörter sind wie kaschw. *El(i)sa, Phil(ip)pus* personennamen, mschw. *fōgh(o)dhe* vogt, *fȳrken* (mndd. *vēreken* nach *fȳra* vier umgebildet) vierichen; oder früher nebenton gehabt haben wie kaschw. pl. *nōrnir* (aisl. *nórœner*, vgl. § 146, 3) die norwegischen, *Nǣr(i)kiar* die einwohner von Närke, mschw. *fȳl(i)skia* schmutz, pl. *pæ(nni)ngar* geld. Ebenso wo der nebenton in folge der stellung nach einem proklit. wort geschwunden ist, z. b. *i rīk(i)sins þiǣnistu* U im dienste des reichs.

b) In zusammengesetzten wörtern, denen das gefühl der zusammensetzung abhanden gekommen ist, was zum verlust des einstigen nebentones geführt hat, z. b. rschw. (Rv. s. 25, 317) *Uis(i)ti* = aisl. *Vésete*; kaschw. *an(nat)tiggia* entweder, *Ēr(e)ker* neben *Ērīker* Erich, *hingat* (aus **hinn-weg-at*) hierher, ortsnamen wie *Hiorst(aþ)um* Dipl. 1307, *hulkin* < *hūlīkin* und *hwilkin* < *hwīlīkin* welcher, mannsnamen wie *Kæt(i)lbern* und *Kæ(ti)ldor*, *Norghe* aus dat. *Nōreghe* (agutn. *Nōrvegi*) Norwegen, *Ōl(a)ver* neben *Ōlāver* Olaf, acc. *sun(no)-* oder *syn(no)dagh* Vm, P. I, ST, resp. Vg. II K ff. sonntag, agutn. *þengat* (**þenn-weg-at*) dorthin; mschw. *Ēl(a)ver* neben *Ēlāver* ein mannsname, *fædh(er)nes-* oder *fæ(dhe)rnesrīke* vaterland, *hwat(vit)na* was auch immer, *ladh(o)-gārdh* viehstall, *mān(a)dagh* montag, *ō(dhe)nstagh* mittwoch, dat. *Væstrā'r(u)se* (dann auch nom. *Væstrārs*) ein ortsname, *sārke* < *sārnke* geschwür, *Swē-*, *Swǣr(i)ghe* < *-rīke* Schweden, *þolkin* < *þōlīkin* solcher, *vær(u)ldin* die welt.

Anm. 1. Dass ein acc. sg. f. wie *sakina* die sache nie synkopiert, ist wol dem einflusse der übrigen kasus im sg. (bes. gen. *sakinnar*, dat. *sakinni*) zuzuschreiben. Dat. sg. *friþinum* u. dgl. ist nicht als *friþ-inum*, sondern als *friþi-num* zu zerlegen. Unerklärter weise bleibt unsynkopiert der nom. pl. von dem typus *mænninir* die männer, *bøtrinar* die geldstrafe; erst mschw. zeigt sich bisweilen — ebenfalls unregelmässig behandelte — formen wie *bønderne* oder *bøndren* die bauern, worüber s. Noreen, Arkiv VIII, 142 f.

Anm. 2. Unklar bleiben — wie im westn. — die mannsnamen auf *-kæl* (aisl. *-kell*), *-kil* neben *-kitil* und *Kætil* (s. § 102 anm.).

3. Die synkope tritt **nach** einer **stark nebentonigen** silbe ein. Beisp. sind selten, weil zwei unbetonte silben nach einander in dieser stellung überhaupt selten vorkommen. Hierher wol doch fälle wie Vm *almæ(nni)nger* oder *-ge* allmende, mschw. *ærkebis(ko)per* erzbischof, *fōdhermars(kal)ke* futtermarschall. Fälle wie *almæn(ne)lika* allgemein, *ātskil(le)liker* verschieden, *ōmøgh(e)liker* unmöglich u. a. können unter annahme einer betonung *almǽnnelika* u. s. w. zu 2, b oben gehören.

Anm. 3. Über mschw. *frænka* verwandtin st. des älteren *fræn(d)kona*, acc. mit suffigiertem artikel *-kon(on)a* s. Tamm, Etymologisk svensk ordbok s. 178, sowie Bugge, Arkiv IV, 120 f. note.

§ 157. Wo zwei unbetonte silben nach einer schwach nebentonigen stehen, wird ebenfalls regelmässig die erste unbetonte synkopiert, z. b. kaschw. pl. *boghanir* aus **boghaʀ-iniʀ* die bogen, *konunar* aus **konuʀ-inaʀ* die weiber, acc. sg. *dōttorna* aus **dōttur-ina* die tochter, dat. pl. *-onom* (z. b. *bōndonom* den bauern Ly, vgl. aisl.) oder *-omon* (z. b. *landomon* den ländern

A 49) aus *-omom* (z. b. *mannomom* den männern A 49) < *-omnom* (z. b. *swēnomnom* den knaben, vor 1437) < **-um(i)num*, mschw. pl. *riddar(a)ne* die ritter u. dgl.

Anm. Über den nicht hierhergehörigen gen. sg. f. des typus *sak-innar* (gegenüber aisl. *sakar-ennar*) der sache s. die flexionslehre.

§ 158. Sonstige fälle sind nur spärlich vertreten:

1. Eine unbetonte silbe zwischen zwei starktonigen wird nur dann — sporadisch — synkopiert, wenn der betreffende vokal von zwei gleichen konsonanten umgeben ist, z. b. Da *āt(ta)tighi* achtzig, mschw. *al(la)lēdhis* ganz und gar, *āttun(de)dēl* achtel, *fiæ̅r(de)dēl* viertel (vielleicht auch *ātskil(le)līker* — wenn mit *ī* — s. § 156, 3).

2. Unklar bleibt, warum die zahlreichen ortsnamen auf *-staþum* (dat. pl.) mit zweisilbigem ersten zusammensetzungsglied bald *a* (vgl. *Hiorstum* u. dgl. § 156, 2, b), bald *u* (so schon mehrmals im rschw.) synkopieren, z. b. *Gudnistum* : *Sōlastam*; andere beisp. bei Kock, Arkiv X, 335, wo jedoch, wol mit unrecht, *-stum* aus *-stam* hergeleitet wird.

3. Über eine nur gewissen dialekten eigentümliche spät mschw. apokope im absoluten auslaut (z. b. *bøndren* aus *-ene* s. § 156 anm. 1) s. Beckman, Sv. landsm. XIII, 3, s. 21 ff., Lindgren ib. XII, 1, s. 152.

Anm. Unklar ist die nur als reim (z. b. Rk. I zweimal) vorkommende form mschw. *himmerīk* st. *-rīke* himmelreich.

C. Svarabhakti.

§ 159. Svarabhakti (d. h. entwicklung eines vokals aus dem stimmton eines stimmhaften konsonanten) kommt fast nur bei konsonantengruppen, die (gew. an zweiter stelle) *r*, *l* oder (seltener) *n* enthalten, wobei der svarabhaktivokal immer zwischen den beiden konsonanten und zwar vor postkonsonantischem, dagegen nach postvokalischem *r*, *l* (*n*) entwickelt wird. Auch das aus *ʀ* enstandene *r* giebt nach vollzogenem übergang zu svarabhakti anlass.

Anm. 1. Äusserst selten tritt svarabhakti in *m*-verbindungen ein, z. b. rschw. *Simiþr* L. 897 und vielleicht kaschw. *mǫiok* Bu (zweimal) 'viel'.

Anm. 2. Dass ein anaptyktischer vokal zwischen *f* und *t* entfaltet werden könne, darf wol schwerlich mit Bugge (Rv. s. 361) aus dem seltenen rschw. *afataʀ* Gursten, *efitiʀ* L. 19, *ifitʀ* L. 478, *abitir?* L. 1069, *afitir*, *yfitiʀ* (Tidskr. f. Phil. og Pæd. VII, 318), das mit dem ebenfalls dunklen urn. *afątʀ* Istaby 'nach' zu vergleichen ist, geschlossen werden. Ganz vereinzelt steht *uisitarla* L. 979 (schreibfehler?) neben sonstigem *uistarla* d. h. *westarla* im westen.

Anm. 3. Ohne grund nimmt Kock (Sprh. s. 69 f.) eine entfaltung von *i* zwischen *m*, *n*, *r* und *st* in gewissen superlativen an; vgl. dagegen Schagerström, Arkiv IV, 344 ff. und die flexionslehre.

§ 160. In *r*-gruppen tritt svarabhakti in folgenden fällen ein:

1. Zwischen (postvokalischem) *r* und kons. nur ganz ausnahmsweise in einigen runeninschr. aus Uppland und Östergötland, z. b. *karịþu* L. 449, *karịþi* L. 1148 (statt *gærþu*, *-i*) machten, -te, *Karạl* (s. Wiede, Östergötlands runurkunder 4) Karl. Eine kaschw. parallele hierzu bietet vielleicht das einmalige *hwaroio* Bu statt *hwario* jedem. Die qualität des svarabhaktivokals wird, wie man sieht, von dem folgenden oder — wenn es einen solchen nicht giebt — dem vorhergehenden vokal bestimmt (pl. *kariþu* ist natürlich vom sg. *kariþi* beeinflusst).

2. Zwischen kons. und *r* ist die erscheinung mehr oder minder gewöhnlich. Wir unterscheiden je nach der stellung der gruppe zwei fälle:

a) Das *r* steht vor vokal, welcher dann die qualität des svarabhakti-vokals bestimmt. Beisp. sind im rschw. häufig, bes. in inschr. aus Uppland und Södermanland, kommen aber fast nur im anlaut vor, z. b. *bụru* statt *brō* brücke, pl. *byrỵþr* statt *brǿþr* brüder, *tụruknaþi* statt *dru(n)knaþi* ertrank, *Fạraukiʀ* statt *Freygēʀ*, dat. pl. *kịrikium* statt *grīkium* griechen, *Hụrulfr* statt *Hrōlfr* Rudolf, *Kịrist* statt *Krist* Christ, *pịrimstefr* (agutn.) statt *prīmstefr* runenstab, *Siktịrikr* statt *Sightryggr*. Dagegen im kaschw. sind beisp. sehr selten; am häufigsten in Bu, wo z. b. acc. sg. m. *faghạran*, dat. *faghọrom* schönen, -em u. dgl. vorkommen, sonst ganz vereinzelt (und vielleicht zum teil nach anm. 1 unten zu erklären) wie Sdm *hēþẹrœ* ehren, gen. pl. *dǿþẹrœ* toten. Ebenso im mschw., z. b. Bil acc. sg. m. *dighịran* gewaltigen.

Anm. 1. Solche im mschw. nicht seltenen fälle wie O *ētịrit* das gift, ST *monstẹrit* das kloster, KS *vædhẹrit* das wetter gehören nicht hierher, sondern beruhen auf anschluss an die (nach b unten entstandenen) unbestimmten formen *ētịr* u. s. w.

b) Das *r* steht vor kons. oder im auslaut. Hier zeigt sich svarabhakti im rschw. erst spät und selten (dann durch *i* bezeichnet, was wol einen *e*- oder möglicherweise *i*-laut angiebt). Noch Saleby II (1228) wird z. b. *uintr* winter geschrieben. Im agutn. tritt, wenigstens nach den wenigen denkmälern zu urteilen, auch später kein svarabhaktivokal ein (vgl. jedoch anm. 2), z. b. G *yfrsti* der oberste, *dagr* tag. Dagegen im sonstigen kaschw. ist er schon vorliterarisch entstanden (vgl. aber anm. 3). Dessen qualität wird in den meisten hdschr. nur ganz ausnahmsweise von dem vorhergehenden vokal bestimmt, aber in Ög. fr. I ist eine derartige vokalharmonie durchaus konsequent vorhanden, z. b. *gangọr* geht, *dighịr* dick, *kombọr* kommt, *sundụr* entzwei. pl. *systyr* schwester, *gæstær* gast, pl. *brōþėr* brüder. Sonst ist ein und derselbe vokal mehr oder weniger konsequent durchgeführt worden. Am häufigsten werden die folgenden gebraucht:

e ist das regelmässige in Ly, Sdm, Sdm. fr und Cod. Reg. n. s. 2237 desselben gesetzes, Cod. Holm. B 56 des Västmannagesetzes, MET, Vg. II, Ög. fr. II, MEL, Vg. II K, St; ferner in vielen, meist jungen, mschw. hdschr. wie D4 (nur zum teil), MB. I, KrL, Rk. I, II, Ve, JB, Su, Di, Linc. 39, PM, Sp.

i ist nur in wenigen kaschw. hdschr., wie das fragment des Biærkøa-gesetzes (Cod. Holm. B 53 zweiter teil), Da und die jüngere hdschr. des Småländischen kirchenrechtes (Cod. AM. 51, 4°, zweite hand) durchgeführt. Um so häufiger ist es in mschw., besonders alten, hdschr. die regel; so z. b. in O, P. I, Bir, Bm, ST, Bil, KS. fr, D 4 (teilweise), A 49. I (mit *e* wechselnd), GO, MB. II.

æ ist nur kaschw., dann aber in vielen alten und wichtigen hdschr. die regel, wie in Vg. I (wo jedoch *e* fast ebenso häufig vorkommt), U, Vh, Vm (neben nicht seltenem *e*), KP, Biæ (nur doppelt so häufig wie *e*) und Ög.

a ist fast nur in Bu und Bir. A das regelmässige; sonst nur sporadisch nach *a*, z. b. nicht selten in Vg. I und Sdm (z. b. *ākạr* acker, pl. *ǣghandạr* besitzer u. dgl.).

Demnach steht, je nach den verschiedenen denkmälern, z. b. *fægherst, -irst, -ærst, -arst* (aisl. *fegrst*) am schönsten, *yverst, -irst, -ærst, -arst* (agutn. *yfrst*) oberst, *dagher, -ir, -ær, -ar* (aisl., agutn. *dagr*) tag u. s. w.

Anm. 2. In der agutn. hdschr. G kommt nicht ganz selten *i* (und daneben je zweimal *a* und *u*) als svarabhaktivokal vor, s. Söderberg Lj. s. 46. In G. a steht zwar durchgehends svarabhakti (*i* und *e* gleich häufig), aber diese hdschr. ist zu jung um etwas für das agutn. beweisen zu können.

Anm. 3. Wenn nicht selten in Vm und KS, selten in U, Biæ u. a. der svarabhaktivokal fehlt, so ist wol dies nur als eine orthographische ungenauigkeit aufzufassen (eine möglichkeit, die sogar betreffs der agutn. hdschr. nicht ganz ausgeschlossen ist, vgl. anm. 2). Mit unrecht nimmt dagegen Kock (Akc. II, 427, Lj. s. 293, Tidskr. f. Fil. N. R. IX, 165) an, dass im allgemeinen gar kein svarabhaktivokal im aschw. vorhanden sei, sondern dass vielmehr das geschriebene vokalzeichen nur die klangfarbe eines silbenbildenden *r* angeben wolle (vgl. anm. 6).

Anm. 4. *u* ist nirgends als svarabhaktivokal durchgeführt, kommt aber in KS oft vor; sonst nur sporadisch, wie in Ög bisweilen nach *u*, z. b. *kunungur* könig, pl. *ortughur* eine münze u. a.

Anm. 5. *o* und *e* kommen nur sporadisch vor, besonders nach vorhergehendem *o*, resp. *e*, z. b. Vg. I pl. *ortoghọr* eine münze, Bu *gōþọr* gut, *nāþoghọr* gnädig u. a.; H pl. *bēndẹr* bauern u. a. Auffallend ist das in Su und Linc. 39 regelmässige *faghor* schön; vgl. Kock, Lj. s. 295 f.

Anm. 6. Die in 2, b besprochene erscheinung erklärt sich daraus, dass *r* in dieser stellung einst (und zwar noch im älteren rschw.) sonantisch gewesen ist. Also ist svarabhakti konsequent nur bei sonantischem, nicht aber bei konsonantischem *r* entwickelt worden.

§ 161. In *l*-gruppen findet dem entsprechend svarabhakti statt:

1. Zwischen (postvokal.) *l* und kons. ganz ausnahmsweise in einigen runeninschr. aus Uppland und Östergötland, z. b. *ialịbi* L. 708 statt *(h)ialpi* helfe, *Rulụfʀ* L. 1150 statt *Rōlfʀ* Rudolf, *Krimulụf* L. 1139 statt *Grīmulf* ein mannsname. Eine kaschw. parallele bietet vielleicht das einmalige *hælaghat* Bu statt *hælghat* geheiligt. Die vokalqualität richtet sich also nach derjenigen der folgenden oder — wenn es eine solche nicht giebt — der vorhergehenden silbe.

2. Zwischen kons. und *l* ist die erscheinung etwas häufiger. Wir unterscheiden auch hier zwei fälle:

a) *l* steht vor vokal. Beisp. scheinen im rschw. ganz zu fehlen und sind auch sonst sehr selten und vereinzelt wie Bu gen. sg. *rēghọlo* regel, dat. sg. *diævẹle-nom*, gen. pl. *diævạla* teufel, wo also die folgende silbe die vokalqualität bestimmt hat.

b) *l* steht vor kons. oder im auslaut. Rschw. und agutn.

beisp. fehlen auch hier. Im kaschw. kommen nur vereinzelte fälle vor, in denen die qualität des svarabhaktivokals dieselbe wie bei *r* (s. § 160, 2, b), also eine verschiedene in verschiedenen denkmälern ist, z. b. U *bōkumbœ̦l* handzeichen, Vm *lēfsughœ̦l* brot mit zukost, *stæghœ̦l* rad zum radebrechen, Ög *stæghœ̦ldœ̦r* gerädert, *dravœ̦lsfuldœ̦r* verwirrt, Bu *sighạlt* gesegelt, St *dobe̦l* würfelspiel; oder auch machen sich — wie bei *r* — vokalharmonische einflüsse geltend nach der oben 1 gegebenen regel, z. b. Bu *sighe̦lde, sighọldo* segelte, -en, aber *fughụl* vogel. Im mschw. kommen zwar häufig schreibungen sowol ohne als mit svarabhaktivokal vor, aber diese sind jetzt so zahlreich, dass jene wol nur als orthographische archaismen zu betrachten sind (vgl. jedoch die anm). Wie bei *r* ist jetzt die vokalqualität in älterer zeit vorzugsweise *i*, später dagegen *e*, z. b. *næghịlt* ST vernagelt, *foghịl* O vogel, *haghịl* Bir, *-e̦l* MB. I schlosse, *avịl* Bm, GO, *-e̦l* Rk. I ertrag, *dravịl* ST, *-e̦l* Su unsinn (ausnahmsweise *foghọl* Linc. 39 vogel u. dgl.).

Anm. Die in 2, b besprochene erscheinung erklärt sich daraus, dass *l* in dieser stellung einst (und zwar wol, wenigstens in den meisten dialekten, noch im älteren kaschw.) sonantisch gewesen ist. Damit stimmt überein, dass die auslautende verbindung *rl*, wo *l* immer konsonantisch gewesen ist, nie svarabhakti zeigt, z. b. *karl* kerl (vgl. aber rschw. *Karạl* § 160, 1). Ausserdem ist eine unerlässliche bedingung für das eintreten eines svarabhaktivokals, dass das *l* stimmhaft sei (vgl. § 159). Daher tritt in solchen fällen, wo *l* — auslautend nach stimmlosen konsonanten, s. § 38, 1 — stimmlos ist, einstweilen svarabhakti nicht ein, so dass z. b. ST *axl* schulter, *āzl* aas, *hōrsl* gehör neben *fughịl* vogel, *tüngịl* mond, *skavịl* gemüse u. a. zeigt (mitteilung des herrn kand. phil. S. Zetterström); ebenso noch GO *ræzl* schrecken neben *fughịl, avịl* u. s. w. (s. Kock, Ordspr. s. 46). Als später *l* auch in dieser stellung stimmhaft und dann auch sonantisch wird, tritt svarabhakti ein, z. b. *bēze̦l* Rk. I gebiss (dialektisch schon früher, z. b. *bēze̦l* Bir, ja ganz vereinzelt kommt im kaschw. *byrghse̦l* Vm arbeit vor).

§ 162. In *n*-gruppen tritt svarabhakti weit seltener ein und zwar nur in folgenden (nur kaschw. und mschw.) fällen:

a) Zwischen kons. und (antevokalischem) *n*. Vereinzelte beisp. kommen in einigen kaschw. hdschr. vor, sind aber so selten, dass die möglichkeit blosse schreibfehler anzunehmen nicht ganz ausgeschlossen ist, z. b. Sdm *buþịni* eingeladene, *dræpœ̦ne* erschlagene, Biæ *vitịni* zeuge, Bu *bundạna* gebundene, *kristạna* (*kristịne* Bil) christliche.

b) Zwischen kons. und auslautendem (stimmhaftem und sonantischem, vgl. § 161 anm.) *n*. In betracht kommen zunächst nur die seltenen verbindungen *-fn* und *-ghn* (über *þn* s. die anm. unten), weil die übrigen entweder konsonantisches (so *-gn* d. h. *ŋn, -ln, -mn, -rn*) oder stimmloses (so *-kn, -pn, -sn, -tn*, s. § 40, 2 und 3) *n* enthalten. Es ist demnach nichts überraschendes, dass beisp. wie Vm *søvịn* (anorw. *søfn*) schlaf, Vg. II *vaghịn* wagen neben gew. *symn, vagn* (vgl. nschw. *sägen, sagen* neben *sägn* hörensagen aus aschw. *sæghn, saghn* neben *sægn*) äusserst selten sind. Erst nachdem im mschw. — wenigstens in einigen dialekten — *n* auch nach stimmlosen konsonanten stimmhaft und infolge dessen sonantisch geworden ist (vgl. die entwicklung bei *l*, s. § 161 anm.), tritt svarabhakti auch in fällen wie *lø̄sịn* Dipl. 1405, *-ẹn* PM lösegeld, *sōkịn* Dipl. 1401, *-ẹn* gemeinde, *vāpẹn* waffe neben häufigerem *lø̄sn* u. s. w. ein. Sehr selten kommen derartige beisp. auch im kaschw. vor, z. b. *sōken* Dipl. 1316, *vāpin* Da.

Anm. Da *n* in den auslautenden verbindungen *-þn* und *-tn* noch heute sonantisch ist, so dürften späte und vereinzelte schreibungen wie *vaten* (Leseb. 98, 16) gleich nschw. *vatten* nur orthographisch von dem gew. *vatn* 'wasser' verschieden sein, d. h. *en* bezeichnet in diesem falle nur ein sonantisches *n*.

Kap. 4. Vokalwechsel aus urgermanischer zeit stammend.

I. Spuren speziell urgermanischer lautgesetze.

a) Umlautserscheinungen.

§ 163. *a*-umlaut (s. Noreen, Urg. lautl. s. 20 ff., 18 ff.; An. gr. I, § 140 und 141):

1. *i* (ausser vor nasal + kons. oder wenn die folgende silbe konsonantisches *i* enthält) tritt vor einem *a* der folgenden silbe als *e*, woraus aschw. *æ* (s. § 113), auf, z. b. kaschw. inf. *vægha* neben part. prät. *vighin* Vm (vgl. anorw. *vega* : *viga*) erschlagen, mschw. *thwæna* neben *thwīna* (ags. *þwínan*) sich abzehren. Ein lautgesetzlicher wechsel *æ* : *i* (je nach dem vokal der folgenden silbe) innerhalb einer gruppe von nahe verwandten formen ist nicht mehr erhalten, sondern entweder ist *æ* oder (häufiger) *i* durchgeführt worden, oder auch sind doppelformen

entstanden wie *næþan*, analogisch *niþan* 'von unten' neben *niþre*, anal. *næþre* 'der untere', *væghande* totschläger neben *vighænzvākn* H mörderwaffe. Solche fälle sind ferner *slæþi* : *sliþi* Vm, Da, MEL (urspr. nom. *sliþi*, obl. *slæþa*) schlitten, *slæpa* : *slipa* schleifen, pl. *næþar* : *niþar* abnehmender mond, *ōþrævin* : *-þrivin* nicht zufrieden, *Stæk*(*aborgh*) ein ortsname : *stika* pfählen, *twæka* : *twika* bedenken tragen, *lǣ-ræft* JB : *-rift* leinwand, *twænne* : *twinni* H (< urg. **twiznai*) zwei, *þrænne* : *þrinni* Sdm drei und wol auch *hǣ-skaper* (aus **hewa-*, vgl. § 71, 3) : *hīskaper* (agutn. *hīskepr*) familie. Vgl. noch nschw. *lämna* : aschw. *lifna* übrig bleiben, nschw. *rämna* : aschw. *rifna* bersten, nschw. *häpen* : dial. *hippen* erstaunt u. a.

Anm. 1. Etwas unsichere beisp. sind *frælla* Vm : *frilla* kebsweib (vgl. aisl. *Hall-freþr* u. dgl. : *friþell* liebhaber?), *fræsker* MB. I (sonst *færsker*, mndd. lehnw.?) : *frisker* frisch, *ræf-ormber* flechte : *rif* reibung, *læpi* : *lippe*, *-a* Linc. 39 lippe, mschw. *spæk* (wahrscheinlich mndd. lehnw.) : kaschw. *spik* speck. Sicher deutsch sind *bæk* : *bik* (mndd. *pik*, *pek*, ahd. *beh*) pech, *snæd* Di (mndd. *snede*) : *snidh* schnitt.

2. *u* (ausser vor nasal + kons. oder wenn die folgende silbe konsonantisches *i* enthält) tritt vor einem *a* der folgenden silbe als *o* auf. Der lautgesetzliche wechsel *o* : *u* ist hier oft (besonders in wörtern mit kurzer wurzelsilbe) bis in die aschw. literatur hinein erhalten worden, z. b. besonders oft in Ög, wo neben einander stehen nom. *kona* : obl. *kunu* weib, nom. *lof* : dat. *luvi* erlaubnis, pl. gen. *sona* : dat. *sunum* söhne(n), inf. *koma* kommen : konj. *kumi* und part. *kumin*, *doraþer* mit thür versehen : dat. pl. *durum* thüren (s. Kock, Tidskr. f. Fil. N. R. VIII, 295 f.; Tamm, Uppsalastudier, s. 24); ebenso U, Vm acc. *follan* : dat. *fullum* vollen, -m, SK *kona* : pl. *kunur* weib(er), Vm, Da *þomal-finger* : sonst *þumulfinger* daumen, ja noch Linc. 39 *hola* : obl. *hulu* höhle. Aber gewöhnlich ist der wechsel ausgeglichen worden zu gunsten des *o* (z. b. *fole* füllen, *kolver* pfeil, *sova* schlafen, *spor* spur) oder *u* (z. b. *gul* gold, *guþ* gott, *lugn* stille, *ul* wolle), oder auch — und dies ist hier der weitaus häufigste fall — sind doppelformen entstanden wie *kona* : *kuna*, *lof* : *luf*, *son* : *sun*, *koma* : *kuma* u. s. w. (s. anm. 2). Durch die § 111 und § 120 erwähnten lautgesetze wird aber diese doppeltheit im kaschw. oft um 1350, im agutn. gewöhnlich und meistens schon vorliterarisch, wieder vereinfacht.

Anm. 2. Die wichtigsten wörter mit dem wechsel *o* : *u*, nach den auf *o*, *u* folgenden konsonanten geordnet, sind die folgenden, von denen die vorn besternten etwa gleich oft *o* und *u* zeigen. Die übrigen sind in ihrer häufigsten form aufgeführt; bei den hinten besternten ist die andere vokalisierung erst mschw. belegt. Kaschw. **odder; buþ, *luþa*, lūþguþe, ruþa* (*o* erst nschw.) neuland, **skoþa, stuþ, suþ, *troþa; ugn* (*ogn, ofn, omn*); *bughi, *dogha, flugha*, fughl*, hugher*, lughi*, *rugher*, tugh*; bukker*, flokker, *lok* gras, **lok* deckel, **loka, lokka, *lokker, oker*, plokka*, *slukna*, stokker, uk* (*o* erst in St) joch; *bol* rumpf, *bulster, folk, fulder, gulf*, holmber, hul, huld, hulder, hult, kol, kulder, kulle, muld, mulin* adj., **sārþole, skuli* m., *stolpe, þola, ulver* (*o* selten und nur in namen wie *Bryniolver* neben gew. *-ulver*); **brūþgome, koma, soman* Vm, Di (*suman* Da) zusammen, *somar* (kaschw. gew. *u*), *sumber; alzkona* (*u* nur Sdm), *bruni*, *hunagh*, kona, *konunger, mon* (kaschw. gew. *u*), *son; drup, hop*, kropper*, lopt* (*u* nur Bu), *lœropt* (kaschw. nur *u*) leinwand, *op(p)in, ops* Vg. I (*u* Vg. II), *opta** (*u* sehr selten), *stoppa* (kaschw. nur *u*), *topper* (*u* erst nschw.); *borgh* (*u* nur G. II und in namen wie *Ingeburgh* neben gew. *-borgh*), *borghan* (*u* Vg. I, G. II, Bil), pl. gen. *dura*, dat. *-um, fora* (*u* erst nschw.), *gor*, morghin, -on* (*u* sehr selten und nur kaschw.), *orf, spori* (*u* Bu), *s(w)orin, þora; blus*, *drusi*, hosa* (kaschw. nur *u*), *koster, *losna, luste, -er, mosi, *pusi*; *botn, brut* bruch, *floti, flut, luter, nut*, *oter*, *rotin, *skot, skīr-, skœrskuta, spot*; lof, ovan* (*u* äusserst selten), *stuva, sufl** (*sughl*); *oxe; guziver* (*o* nur Da, s. Leseb. 28, 22); ferner die part. prät. der 2., 3. ablautsklassen, welche gew. *u* zeigen, und der 4. ablautsklasse, welche etwa gleich oft *o* und *u* haben. Mschw. (kaschw. unbelegt), **brodder, kodder; *knodha, ludhin, rudher* rost, **rodhna* v., *rugn* (*rompn*); **bokka, sukka; bulin, bulme, dol* adj., *gul* adj., *kolna, molin* s., *smula, sula; spuni* (*o* erst nschw.); *doppa, dopt, hoppa, *sopi; bora* v., *korra, skora; brusk* (*o* erst nschw.), **knosa; *broti* verhack, *ïghilkutter, kotkarl, *sproti; *dovin, kofna*. Unsichere beisp. s. § 81 anm. 1.

Anm. 3. Derselbe wechsel ist einst bei dem urnordischen diphthong *eu* : *eo* vorhanden gewesen, scheint aber früh zu gunsten des *eu* ausgeglichen worden zu sein. Möglicherweise sind spuren des *eo* in einigen § 82 anm. 1 erwähnten fällen noch zu finden.

§ 164. Durch *i*-umlaut (s. Noreen, Urg. lautl. s. 14 f., An. gr. I, § 139, 1) ist *e* (aschw. *œ, ia, io, iu*, s. § 113 und § 75) zu *i* geworden vor einem (sonantischen oder konsonantischen) *i* der folgenden silbe, z. b. *vilia* wollen zu *væl* wol; *liggia* liegen zu *lægha* das liegen; *sitia* sitzen zu *sæta* das sitzen; *mikil* gross : *miok* viel; *birna* bärin : *biorn* bär; *Virþar* einwohner von *Værænd*; *gilde* abgabe : *gialda* bezahlen; *birke-* : *biærk-* birk-; *þikla* (aus **-ila*) oft : *þiokker* dicht; *hirþe, -inge* hirt : *hiorþ* herde (agutn. *herþa* hüten u. a.); *virþa* (analogisch *værþa*) schätzen und *virþe* (anal. *værþe*) wert : *værþ* s. und *værþer* a. wert; *kirna* : *kærne* butterfass (über diese drei letzten vgl. § 115 anm. 3); *virke* (anal. *værke*) : *værk* werk und *værka* (anal. *virka*) arbeiten; präs. *brighþer* H : inf. *bræghþa* Vg. II (agutn. *bregþa* und anal. *brigþa*) vorwerfen; *miþ-* (anal. *mæþ-* H, Bu, s. § 115 anm. 3) und *miþil-* : *mæþal-* (anal. *miþal-*) mittel-, wozu der urspr. dat. pl. *millom* : *mællom* zwischen; agutn. *miþ* (ahd. *miti*) : aschw. *mæþ* (agutn. *meþ* Leseb. 39, 6; gr. *μετά*) mit und *mæþan* (agutn., selten mschw. *miþan*) unterdessen; präs. *sīr* (**sīhiʀ*, s. § 83, 2, a; anal. *sēr*) : *sēa* (**sehan*; anal. *sīa*) sehen. Viele beisp. einer durch ausgleichung entstandenen doppeltheit sind übrigens § 78 anm. 1 angeführt worden; noch andere sind z. b. *brista* (nach dem präs.) : *bræsta* Vg. I, II (agutn. *bresta*) bersten, *brist* : *bræst* mangel, *sighla* : *sæghla* Rk. I (nach *sæghl* segel) segeln, *snille* : *sniælle* Bir (nach *sniælder* verständig) weisheit, *vin* (ahd. *wini*) : *væn* (lat. *venus*) Rk. II, JB, Di, Linc. 39 (s. Leseb. 176) freund, *þriskulde* (vgl. *þriska* dreschen) : *þræskulli* Vg. I, II thürschwelle, gen. sg. *fīar* (nach dem dat. **fī* < **fihi*) Vg. II, Ög. fr. II, Cod. Holm. B. 55 des Västmannagesetzes (c. 1375) : *fēar* (**fehōʀ*) viehes. In anderen fällen ist entweder *i* oder *æ* verallgemeinert worden.

Anm. Auf deutschem einfluss beruht der wechsel *i* : *æ* in fällen wie *sigher* : *sægher* Di, MB. II (vgl. mndd. *sege*) sieg und dem in keiner weise hierhergehörigen *frist* (mndd. *vrist*) : *fræst* (s. § 80, II, 2) aufschub. Ganz unklar ist das, jedenfalls nicht hierhergehörige, verhältnis von *gista* Vh (sonst *gæsta*; aisl. *gista*) gasten und *gistni(n)g* Vh u. a. (gew. *gæstning*) das gasten : *gæster* gast.

§ 165. Eine art von *u*-umlaut ist in so fern vorhanden, als urspr. *o* (nicht wie sonst zu *a*, z. b. lat. *quod* : aschw. *hwat* u. dgl., sondern) zu *u* (woneben aschw. *o* nach § 139 und § 143) geworden ist vor einem *u* oder *o* der folgenden silbe sowie unmittelbar vor (erhaltenem) *m* oder *w* (s. Noreen, Urg. lautl. s. 17, An. gr. I, § 117 und vgl. die oben § 91, 7, a erwähnte entwicklung des urn. *ō*), z. b. sg. nom. f. und pl. nom. acc. ntr. *annur* (*-or*), *iþur*, *uk(k)ur*, *gamul*, H *ēnsamun* zu *annar* ander, *iþar* euer, *ok(k)ar* (vgl. § 84 anm. 1) uns beiden zugehörig, *gamal* (vgl. Wadstein I. F. V, 12 f.) alt, *ēnsaman* (s. Noreen, Arkiv VI, 367) einsam; ferner pl. *hundruþ* H zu *hundraþ* hundert, 1. pl. wie *bindum* zu *binda* binden, dat. wie *blindum* neben acc. *blindan* blinden, der ortsname *Liūþguþuvī* Dipl. 1293 neben gen. *guþa* zu *guþi* tempelvorsteher (vgl. adän. runisch *Kuþumu[n]t* 'Gudmund' Helnæs zu *guþ* 'götter'), *aþruvīs(u)* Vg. I, Ly (aisl. *ǫþrovís*) anders zu acc. sg. f. *aþra* andere. Daneben stehen formen mit analogischem *a* wie *annar* Cod. Holm. B 56 des Västmannagesetzes (vor 1350), KS, *iþar* P. I, *gamal* GO, gew. *hundraþ*, *Lūþ-*, *Lȳþguþavī* Dipl. nach 1300; ebenso umgekehrt bisweilen *u* (*o*) statt *a*, z. b. sg. nom. m. *annor* KS.

Anm. Unsichere beisp. sind pl. mschw. *sāton*:*sātan* heuschober, MEL und mschw. *aldon* : mschw. (spät und selten) *allan* eichel, mschw. (O, Su u. a.) *siældon* : kaschw. *sialdan* 'selten', welche möglicherweise nach § 180, 3 zu erklären sind. *Apul(d)* Dipl. 1329, Cod. Reg. n. s. 2237 des Södermannagesetzes (c. 1340) ist sicherlich aus dem ags. *apulder* entlehnt, während das gewöhnliche *apal(d)* dem aisl. *apaldr* entspricht.

b) Sonstiges.

§ 166. *e* (aschw. *æ*, *ia*, *io*, *iu*) ist vor nasal + kons. zu *i* geworden (s. Noreen, Urg. lautl. s. 12 f., An. gr. I, § 139, 2), z. b. acc. sg. m. agutn. *þinna* (aschw. analogisch *þænna*, vgl. Lidén, Arkiv IV, 108) diesen zu aschw. *þæn* (as. *thena*) den; pl. *spinnar* O (wie aisl. *flotnar*, *gumnar* u. dgl. gebildet) zu *spæni* MB. II u. a. (aisl. *spene*), gew. durch kontamination *spini* zitze; *fin(n)a* (nach gen. pl. **finna*) neben dat. pl. *fiunom* Bir (s. § 75, 2) finne(n). Andere durch ausgleichung entstandene doppelformen sind *brinna* : *brænna* brennen, lodern, *rinna* : *rænna* Vg. I laufen, fliessen, gen. pl. *kwinna* : *kwænna* Vm zu *kona* (anal. *kwinna* Sdm u. a.; rschw. *kuinǫ* L. 242 dürfte vielleicht eher als **kwena*, got. *qinō*, aufzufassen sein) weib.

Anm. Ein unsicheres beisp. ist mschw. *sina* : pl. *syn(n)or* Bir, Di u. a. (sonst *sinur*) sehne(n), das zwar auf ausgleichung einer flexion **sinwa* : pl. *synur* (< **siunur* § 100 < **senuʀ* § 75, 2, vgl. ahd. *senwa*) : gen. **sinna* beruhen kann; aber möglicherweise ist das *y* aus *i* nach § 108, 2 entstanden, in welchem falle der wechsel schon vorliterarisch zu gunsten des *i* ausgeglichen worden ist.

§ 167. Der seinem ursprunge nach noch ziemlich dunkle wechsel *ō* : *ū* (s. Noreen, Urg. lautl. s. 32 ff.) ist wenigstens in folgenden fällen (vgl. § 121) belegt: *rætsǿles* Sdm (zu *sōl* sonne) : *-sȳlis* MEL, KrL mit der sonne (vgl. mschw. *ansȳlis* gegen die sonne); *bōl* (wozu *bǿle*) : *būl* Dipl. um 1175 (wozu ortsnamen wie *Nȳbȳle* Dipl. 1285 u. a.) wohnort; *bō* (Vg. I, Vm je 1-mal *bǿ*, wol durch anschluss an *bǿle* und mschw. *bǿning*) : *bū*

Vg. I, Rk. I (je 1-mal) wohnsitz (vgl. *bȳr* dorf); *līkstō* abgabe für begräbnisplatz (zu ags. *stów* platz) : *Stȳing* ein mannsname; *rōm* Dipl. 1505 (dal., nnorw. *rōm*) : *rūm* raum; vgl. nschw. *skom* (alt; dal., nnorw. *skōm*) : *skum* schaum.

Anm. Der entsprechende wechsel *ā* : ī (s. Noreen, Urg. lautl. s. 36) dürfte durch *rā* : agutn. *rī* pfahl und vielleicht mschw. *klēia* (aus **klēa* § 125, aisl. *klǽia*) : nschw. *klīa* jucken sowie *frāls* Vg. I, Biæ, Cod. Holm. B 55 des Västmannagesetzes (vgl. *frālsa* Bu freimachen) : *friæls* (s. § 93, 2) frei; vgl. noch *frænde* (s. § 153, 4) verwandter zu aisl. *friá* lieben. Im letzten grunde dürfte dieser wechsel, gleichwie zum teil der oben erwähnte wechsel ō : ū, auf irgend welcher art von ablaut beruhen, also nicht hierhergehörig sein.

§ 168. Der urgerm. wechsel von antekonsonantischem *au, eu, iu* mit antesonantischem *aw, ew, iw* (vgl. got. *taujan* : *tawida* u. dgl.) hat zu gegensätzen wie den folgenden anlass gegeben: *strøia* streuen zu *strā* stroh, *døia* sterben neben *dāna* (vgl. aisl. *dáenn* tot) ohnmächtig werden, *mø* (aisl. spät *mey* nach den kas. obl.) und mschw. *mār* (vielleicht adän. lehnwort; aisl. *mǽr*) mädchen, *hø* gras neben agutn. *hāfal* hochsommer (vgl. aisl. *hǫ́* nachgras, s. Lidén, Uppsalastudier, s. 94), *þȳ-* (aisl. *þý*) und *þi-* (wol in dem verschriebenen *þiþborin* Vm; aisl. alt *þír*) sklavin. Vgl. noch aisl. *þreyia* : aschw. *þrā* sich sehnen, aisl. *Signý* : aschw. *Sighnī* ein frauenname, nschw. *klösa* (vgl. dän. *klø*, aisl. *kleyia*, s. Gislason, Frumpart. s. 186) : aschw. *klā* kratzen.

II. Spuren indogermanischer lautgesetze („ablaut").

§ 169. Die erste ablautsreihe (vgl. An. gr. I, § 142) lautet:

urg. *ī* — *ai* — *i* oder *e* (s. § 163, 1);

gemein-an. *ī* — *æi* (§ 80, II) oder *ā* (§ 80, I) — *i* oder *e*;

aschw. *ī* — *ē* (§ 124, 1; agutn. *ai* § 124, 2) oder *ā* — *i* oder *æ* (agutn. *e*, § 113), z. b. *bīta* beissen : prät. *bēt* (agutn. *bait*) : pl. *bitu*, part. prät. *bitin* u. a. dgl. verben. Ferner hierher fälle wie *īkorne* : *ēkorne* (s. § 71 anm.) eichhorn; *hwīte* Dipl. 1509 (dal. *waita, -e* < **hwīta*, mengl. *whíte*; vgl. *hwīter* weiss) : *hwēte* (vgl. got. *ƕaiteis*) weizen; *skīr* : *skǣr* (§ 80, I, 2) hell; *hī-* (§ 71, 3) : *hā-* (§ 80, I, 3) : *hǣ-skaper* (§ 163, 1) familie; *vīgh* totschlag : *vighin, væghà* (§ 163, 1) erschlagen; *āgrēper* Vm : *āgriper* (vgl. aisl.

gripr) diebsgut; *hēter* heiss : *hiti* hitze; *fēter* feist : *fitma, -na* feist werden u. a. m.

Anm. Ausnahmsweise kommt in dieser reihe vor der vokal urg., an. *ē* (Urg. lautl. s. 30 ff.) > aschw. *æ* (§ 114, 1), vor vokal *ē*. Beisp. sind prät. wie *hæt* (aisl. *hét*) zu *hēta* heissen; ferner *hæ̅r* (aisl., got. *hēr*) hier neben *hīt* hierher; wol auch mschw. *sæ̅-* neben *sē-vyrdher* und *sī-virdher* (ebenso agutn. *svē-verþr* : aisl. *suí-virþr*) gering geschätzt. Zweideutig ist das *æ*, *ē* in *Swæ̅-rīke* Schweden (ursp. 'das eigene reich') und *Swēar* die Schweden (urspr. 'die selbsteigenen') neben *Swīar* MB. I, Rk. I (2-mal, z. b. Leseb. 92, 34; über agutn. *Svīar* s. § 103, 2), aisl. *Suíþióþ* und *Suíar*; vgl. die ablautende bildung *swēn*, aisl. *sueinn* knecht (urspr. 'zugehöriger, eigener'). Es kann nämlich zwar dem alten *ē* in anorw. *suéðáe* (neben *suíðáe*) von selbst gestorben, aisl. *suéviss* selbstklug (?), got. *swēkunþs* (? neben *swikunþs*) offenbar, 'selbstverständlich' entsprechen, aber auch ein sekundäres *ē* (wie in dem erwähnten *swēn*) sein, dies durch ausgleichung einer ablautenden flexion *Swīar* (anal. *Swēar*) : gen. **Swœina* (vgl. agutn. *Gutar* : *Gutna*, got. *abans* : *abnē* u. dgl.) > *Swēna* (anal. *Swīna*; nur in ortsnamen wie *Swēna-*, *Swīnaþorp* erhalten; vgl. *Swīnasund*, jetzt *Swensksund*), später *Swēa* (vgl. *Guta* statt *Gutna* u. dgl.), z. b. in *Swēarīke* Sdm, Vm, Da u. a., woraus (s. § 154, I, C, 1, a) *Swērīke* Vg. I, U, Vh u. a. Ebenso kann die form *Swæ̅rīke* U, MEL (Leseb. 32, 31), PM (Leseb. 108, 32) u. a. nicht nur ein altes, wie aisl. *Suí-þióþ* gebildetes, **Swē-rīki* voraussetzen — in welchem falle das literarisch belegte *Swē-rīke* auf kontamination von *Swæ̅rīke* und *Swēa rīke* beruhen kann — sondern auch eine umbildung der form *Swē(a)rīke* sein durch anschluss an *swænsker* (aisl. *suenskr*) schwedisch, das seinerseits (nach § 80, II, 2) aus **swœin(i)skr* (zu gen. **Swœina* wie agutn. *gutniskr* zu gen. *Gutna* u. dgl.) entstanden sein kann. Schwierigkeiten bereiten jedoch in beiden fällen die aisl. nebenformen *suǽnskr* (ob aus **swāniskʀ* < urn. **swainískaʀ* nach § 80, I, 4, a; vgl. *mænískia* mensch § 57, I, B, 3) und *sǿnskr* (nach dat. *sǿnskom* < **swæ̅nskum?*).

§ 170. Die zweite ablautsreihe (vgl. An. gr. I, § 143) lautet:

urg. *eu* (*eo* § 163 anm. 3) oder *iu* — *au* — *u, o* (§ 163, 2) oder *ū*;

gemein-an. *iū* (*iō* § 82 anm. 1) — *ǫu* (§ 81, II) — *u, o* oder *ū*;

aschw. *iū* (agutn. *iau* § 122, 1) oder *ȳ* (§ 122, 2, a) — *ø̄* (§ 123, 2; agutn. *au* § 123, 1) — *u, o* oder *ū*, z. b. *niūta* (agutn. *niauta*) geniessen : prät. *nø̄t* (agutn. *naut*) : pl. *nutum* : part. prät. *nutin* u. a. dgl. verben; oder *lūka* schliessen : prät. *lø̄k* u. s. w. Ferner hierher fälle wie *siūþer* (aisl. *siópr*) : *sūþer* U (lat. *sūtus*) geldbeutel, m. *skiūl* Sdm, Vm u. a. : *skūl* U hocke, ntr. *skiūl* :

skūl Dipl. 1479 obdach, *blȳgher* (nisl. *bljúgr*) schüchtern : *blūghligher* Su (vgl. ahd. *blūgo*) schändlich, *skiūp* : *skup* oder *skop* (aisl. *skop* neben *skaup*) gaukelei, *Liūþguþuvī* : *Lūþguþavī* (vgl. § 165) ein ortsname, *miūker* weich : *mø̄kia* (**møykia*) weich machen, *trygger* (**triuw-*) treu : *trø̄ster* (aisl. *traustr*) guter hoffnung seiend : *trōa* (aisl. *trúa,* vgl. § 121) glauben, *tiugga* (aisl. *tyggua* § 127, 1; aus **tiuw-*) : *togga* (*tugga* § 109) kauen, *liūgha* lügen : *lygn* lüge, agutn. *briaust* (aisl. *brióst*) : *brust* (got. *brusts*, s. Hultman, F. B. s. 204 f.) und aschw. *bryst* (selten *brust*) brust; vgl. aisl. *striūpe* : aschw. *strūpe* kehle, aisl. *striūgr* : aschw. *strūgher* neid, aisl. *briósk* : aschw. *brusk* knorpel. Weiter z. b. *dø̄ver* (aisl. *daufr*) : *dovin* oder *duvin* schlaff, *blø̄ter* weich : *blotna* oder *blutna* weich werden, *lø̄s* los : *losna* los werden (dazu wol *ræt-losæ* Vg. I rechtswidrige versäumnis, *los-gyrþer* Vm mit aufgelöstem gürtel und *friþ-los* Vg. II friedlos, wenn nicht vielleicht blosse schreibfehler vorliegen), *rø̄þer* rot : *blōdh-rudher* ST blutrot und mannsnamen wie *Sig-rudher* u. dgl. (vgl. noch mschw. *rudher, rodher* rost, *rudha* karausche und *rudhna, rodhna* erröten), *rø̄ker* (agutn. *raukr,* aisl. *hraukr*) garbenhaufen : *roka* aufmass geben (vgl. aisl. *hroke* aufmass und nschw. *ruka* haufen), *mø̄r* (aisl. *maurr*) : *mȳr*(*a*) ameise, *lø̄ker* lauch : *lok* oder *luk* gras, *skø̄r* (nnorw. *skøyr*) : mschw. (Su 1-mal) und nschw. dial. *skȳr* liederlich, *frø̄st* (ngutn. *fraust*) : *frost* kälte, *Gø̄tar* einwohner von Väster- und Östergötland : *Gutar* einwohner von *Gotland* (vgl. § 81 anm. 1), agutn. *ōloyfis* : Da *oluvis* ohne erlaubnis. Wenigstens zum teil d. lehnwort ist *ørlø̄gh* (vgl. mhd. *urlouge*) : *ørlogh* (mhd. *urlog*) und *ørlighe* (aisl. *ørlyge,* s. § 101, 1; as. *urlogi* : ahd. *urliugi*) krieg, ‘eidbruch’ (zu got. *liuga* ehe).

§ 171. Die dritte ablautsreihe (vgl. An. gr. I, § 144) lautet:

urg. und gemein-an. *e* oder *i* (§ 164, § 166) — *a* — *u* oder *o* (§ 163, 2);

aschw. *æ* (agutn. *e,* § 113) oder *i* — *a* — *u* oder *o,* z. b. *værþa* (agutn. *verþa*) werden : prät. *varþ* : pl. *urþo* : part. prät. *urþin* u. a. dgl. verben; oder *binda* binden : prät. *bant* u. s. w. Ferner fälle wie *værk* und *virke* (anal. *værke*) werk : *yrkia* (anal. *værkia, værka, virka*) würken und *orka* (*urka* MEL) vermögen, *bræst* oder *brist* : *brust* (*bryst, brøst*) gebrechen, *bræster* : *braster* krachen, *kiærne* (aisl. *kiarne*) kern : *korn* korn, *brædder* (ags. *breord*) : nschw. dial. *bradd* (ags. *breard*) rand : aschw. *brodder* (ags. *brord*) oder *brudder* spitze, *biærk-* birken- : *barker* baumrinde, *hwælper* : *hwalper* junger hund, *kwæld* (ahd. *quilti-*) abend : *Kwald-olver* ein mannsname (nisl. *kvöld*, ags. *cwyld*, nnorw. *-kvald* abend, s. Lidén, Bezz. Beitr. XXI, 104, 117; vgl. aisl. *Kueldulfr*), *biælke* : *balker* balken, *miolk* milch : *molka* melken, *bēn-biærgh* beinharnisch : früh nschw. *finger-borg* fingerhut (vgl. aisl. *Inge-, Val-biorg* : aschw. *-borgh* frauennamen), *hēl-bræghþo* oder *-brighþo* : *-brughþo* oder *-broghþo* gesund, *bræghþa* (*brighþa* s. § 164) : *bryghþa* vorwerfen, *biærgha* : *byrghia* bergen, *spirver* : nschw. *sparf* (aisl. *spǫrr*; vgl. noch ndän. *spurv*) sperling, *grimber* : *gramber* : *grumber* grimmig, *tinde* zacke : *tan(d)* zahn, *springa* : *spryngia* spalte, *hindra-dagher* der folgende tag : *handar-mēr* noch weiter, *stynger* > *stiunger* (§ 127, 1) : *stunger* (§ 109) stich, *sliunga* (§ 127, 1) : *slonga* (§ 109) schleuder. Weiter hierher z. b. *arf* erbe : *orf* bewegliches erbe, *stærkia* (zu *starker* stark) : *styrkia* stärken, *hargher* opferstätte : dat. pl. als ortsname *Hurghum* Dipl. 1371 (das mehrmalige *Horghum* ist zweideutig, s. § 68, 2), *galter* ferkel : *gylta* sau, *kalder* kalt : *kulde* und *kylḍ* kälte, *lænd* (**landi-*) lende : agutn. pl. *lyndir* (aisl. *lunder*) hinterbacken, aschw. *swalter* : *sulter* hunger.

Anm. Mehrere zum teil etwas unsichere beisp. s. § 117 anm.

§ 172. Die vierte ablautsreihe (vgl. An. gr. I, § 145) lautet:

urg. *e* oder *i* (§ 164) — *a* — *ǣ* — *u* oder *o* (§ 163, 2);

gemein-an. und aschw. *æ* (agutn. *e*, § 113) oder *i* — *a* — *ā* (s. An. gr. I, § 54) — *u* oder *o*, z. b. *bæra* tragen : prät. *bar* : pl. *bārom* : part. prät. *burin* oder *borin* u. a. dgl. verben. Ferner z. b. *kwinna* : *kwǣn* (**kwāni-*) Bir : *kona* oder *kuna* weib, *griþ* : *gruþ* (s. Noreen, Arkiv VI, 382) freies geleit, *vin* freund : *vǣn* schön, *Hā-kwin* : *-kon* (*-kwon*) oder *-kun* ein mannsname, *væl* (aisl. *vel*) : *val* Vm (anorw. *val*) wol, *lif* (aisl. *lif*) : *læf* (geschrieben *leff* GO; vgl. ahd. *lab* brühe; anders, aber nicht überzeugend, Kock, Arkiv IV, 169 f.) zaubermittel : nschw. *löfja* < **lyfia* (vgl. aisl. *lyf* arznei, got. *lubja* gift) zaubern, aschw. *klif* saum : *klæfia-hæster* saumpferd : *klyf* saum (vgl. § 178), *frǣnd-sime* (wie im anorw.) : *-same* oder *-sæme* (aisl. *frǣndseme*) : *-søme* Vm (< **syme* § 116;

aisl. *frǽndsyme*) verwandtschaft, *gørsim* : *-sam* oder *-sæm* : *-sum*, *-som*, *-søm* (adän. *gørsum*, aisl. *gersyme*) kleinod, *hundsim* : *-sam*, *-sæm* : *-soma* hundin. Weiter z. b. *dwal* verzögerung (zu got. *dwals* träge) : *dol* oder *dul* träge, *saman* : *soman* Vm, Di (anorw. *soman*) und *suman* Da (got. *suman* einst) zusammen, *flas* : *flos* (vgl. aisl. *flosa*) schuppe.

Anm. 1. Einige zum teil unsichere beisp. s. § 117 anm. Kaum hierher gehörig ist das seltene *bara* Vg. I, Ög u. a. neben gew. *bæra* tragen. Rätselhaft ist auch mschw. *hanagh*, *-ogh*, *-igh* (nschw. *hanung*, *hannogh*) : *honagh* (kaschw. *hunagh*), *hon(n)ogh*, *honigh* (nschw. *hon(n)ung*, *-ing*) honig.

Anm. 2. Bisweilen kommt in dieser reihe auch ō (durch *i*-umlaut *ø̄*) vor, z. b. *kø̄md* (vgl. aisl. *-kø̄mr* -kommend) : *kwǽmd* ankunft : *koma*, *kuma* kommen : agutn. prät. *quam*; *sø̄va* (lat. *sōpīre*) : *syfia* einschläfern : *swæfia* hemmen : agutn. *suāfu* schliefen (vgl. aisl. *-suǽfr* schläfrig) : aisl. *suefn* schlaf; vgl. noch nschw. *sköre* (zu mhd. *schuor*) : *skarn* schnuppe : *skära* schneiden. Vgl. noch § 179.

§ 173. Die **fünfte** ablautsreihe (vgl. An. gr. I, § 146) lautet:

urg. *e* oder *i* (§ 164) — *a* — *ǣ*;

gemein-an. und aschw. *æ* (agutn. *e*, § 113) oder *i* — *a* — *ā* (s. An. gr. I, § 54), z. b. *gæta* oder *gita* bekommen : prät. *gat* : pl. *gātom* u. a. dgl. verben. Ferner fälle wie *Vætur* ein seename : *vatn* wasser : *vāter* nass, *þæn* (utr. *þæt*) : *þan* (*þat*) den (das) und *þæghar* : *þaghar* sogleich (vgl. noch *þæþan*, agutn. *þiaþan* Åkirkeby : aisl. *þaþan* von dort), *æt* (z. b. Ög. fr. I, II und noch zwei Upsalaerfragmente desselben gesetzes, KP, MEL; agutn. *et*) : *at* dass, *æn* (agutn. *en*) : *an* Vg. I (z. b. Leseb. 3, 25; 6, 30) als, wenn, *kwister* (vgl. ahd. *questa*) zweig : *kwaster* (*kwæster*, *koster* s. § 72) quast, *drōt-sæte* (agutn. *-sieti*) : *-sate* truchsess. Weiter z. b. *avugher* : *āvogher* (s. Kock, Sprh. s. 51) umgekehrt, *af* : *āf* (anorw. *áf*; vgl. ahd. *āband*) von, *at* : *āt* (aisl. *át* neben gew. *at*) zu.

Anm. 1. Besonders interessant ist der gegensatz von haupttonigem *æ* : nebentonigem *a* in *vægher* (selten *vagher*) weg : *annanvagh* Vg. I, *hinvagh* Vg. I jenseits (vgl. *hinnugh* Vg. I, II 'dorthin' aus **-wǫgh* § 74, acc. sg. des alten *u*-stammes), *i miþvagho* (*-vægho*) in der mitte, *af ræz vaghnæ* (Leseb. 21, 31) von rechtswegen u. dgl.; vgl. lat. *Norvagus* Norweger. Wahrscheinlich hat man hier eine spur des uralten verhältnisses, dass der ablautsvokal *e* unter dem haupttone, der *o*-vokal unter dem nebentone stand, z. b. gr. λείπω : λέλοιπα, φρήν : εὔφρων, πατήρ : εὐπάτωρ, got.

wairdus : *daúrawards* (vgl. aisl. *Sigurþr* aus **-wǫrðr*), aisl. *Tindr* : *Hildetannr*, *verþr* : *dǫgurþr* (< **-wǫrðr*, vgl. aschw. *daghwarþer*), *vin* : *Auþun* (ags. *Éadwine*) und *Ingun* (ags. *Ingwine*, Saxo *Ungwinus*) in *Ingunarfreyr* (d. h. 'Herr Ingun' wie *Fenresulfr* 'der wolf Fenrer' u. dgl.), anorw. *værða* : *andvarða*, nnorw. *kveld* : *igjærkvald*, vielleicht (s. § 117 anm.) aschw. *værk* : *handa-*, *nīþingsvark* Vg. I. Anders Kock, Arkiv XI, 142 ff.

Anm. 2. Einige unsichere beisp. s. § 64 anm. 1. *Plagha* D 4, Su u. a. neben gew. *plægha* pflegen beruht wol zunächst auf mndd. *plagen* neben *plegen*. Sehr unsicher ist *maþ* Vg. I (neun mal), Ög (mehrmals; vgl. das einmalige *maþan* st. *mæþan*) : *mæþ* (agutn. *miþ*, s. § 164) mit; unsicher auch wol die relativpartikel rschw. *aʀ* Hauggrän, Skärfvum, kaschw. *ar* Vg. I (mehrmals, z. b. Leseb. 5, 10, 27; 7, 10), Ög : *ær*. Das seltene *hwæþan* Bir (mehrmals) : *hwaþan* von wo und das vereinzelte *hwæt* Vg. I : *hwat* was können von *þæþan* von dort, resp. *þæt* das beeinflusst sein (vgl. aber aisl. *huetvetna* und gen. *huess*). *Drapa* Vg. I (2-mal), II (3-mal), Ög (3-mal), Vm statt *dræpa* erschlagen ist zweideutig, da es nicht nur dem mndd. *drapen* (: *drepen*) entsprechen, sondern auch als *drāpa* (nach *drāp* totschlag umgebildet, vgl. *drāpare* : selt. *dræpare* totschläger) aufzufassen sein kann. Ebenso kann *kwaþa* Vg. I (2-mal, z. b. Leseb. 4, 6) statt gew. *kwæþa* sprechen sowol dem afr. *quān* (< **kwaðan*) entsprechen als zum prät. *kōþ* nach der analogie *fara* : *fōr* u. dgl. neu gebildet sein; vgl. *ūkwaþinsorþ* Vg. I (4-mal) statt *-kwæþins-* scheltwort, dat. pl. *nēkwaþum* Vg. I (vgl. ndän. *kvad*) : *kwæþum* Vg. II verneinung. Kaum hierher gehört das dunkle *ar* Vg. I, Bir. A (Leseb. 44, 11, 18) u. a. (vgl. north. *arð*), pl. *aru* Vg. I, Ly u. a. (north. *aron*) neben gew. *ær* ist, *æru* sind.

Anm. 3. Bisweilen kommt in dieser reihe auch *ō* vor, z. b. *fōter* fuss : *fiæt* fusstapfe, *sōt* (ags. *sót*) russ : *forsāt* nachstellung : *sætia* setzen : *sitia* sitzen, *mōt* MB. II (aisl. *mót*) : *māt* (aisl. *mát*) mass : *mæta* messen, prät. *vrōk* : *vraka* : *vræka* vertreiben.

§ 174. Die **sechste** ablautsreihe (vgl. An. gr. I, § 147) lautet:

urg., gem.-an. und aschw. *a* — *ō*, z. b. *skava* schaben : prät. *skōf* u. a. dgl. verben. Ferner fälle wie *dagher* tag : *dǿgn* tag und nacht, *kaka* kuchen : *kōka* scholle, *lamber* lahm : *lōm* H gebrechen, *næt* (**natja-*) netz : *nōt* zugnetz, *næs* (**nasja-*) landzunge : *nōs* schnauze, *hagha* nützlich sein : *hǿghre* recht (dexter), *aþal-* : *ōþol-fæst* vollkommene bestätigung, *munhaf* : *-hōf* redeweise (zu *hava* haben), *sæmia* gefallen : *sǿma* (*sæma* KS ist wol von *sæmia* beeinflusst oder nur schreibfehler) passen, *snara* (*snæra* Da, MEL, St ist wol von *snæria* verstricken beeinflusst) strick : *snǿre* schnur, *axla-* : *ōxla-tan*(*d*) backzahn, *kwæfia* ersticken : *nidher-kǿva* herunter drücken, *hwætia* schärfen : *hǿta* (got. *hvōtjan*) drohen, *batna* (die nebenform *bātna* ist wol von dem aus mndd. *baten* > *bāten* entlehnten *bāta* beeinflusst) besser werden : *bōt* busse, *saker* (*sæker*, aisl. *sekr*) : selt. *søker* (got. *un-and-sōks*, s. Siljestrand II, 4 note) schuldig, *mar* (*mær*) meer : pl. *Mōrar* (ahd. *muor*) ein ortsname, *staþer* stand : *stōþ* säule (anorw. *staf-stóð* oder *-støðe* grenzpfahl; vgl. aschw. *āterstaþer* : nschw. *återstod* was zurück steht), *hani* hahn : *høna* (*hæna* Bm dürfte von mndd. *henne* beeinflusst sein) henne, mschw. *thæver* (aisl. *þefr*) : selt. *thøver* geschmack.

Anm. 1. Nicht hierher gehören *fæþerne* : *føþerne* (nach *møþerne* umgebildet) Vm und *mæþerne* (nach *fæþerne*) Vg. I, Ly, Dipl. 1346 : *møþerne* väterliche, resp. mütterliche seite.

Anm. 2. Ausnahmsweise kommt in dieser reihe auch *u* vor, z. b. *uxla* : *ōxl* schwulst (vgl. aisl. *éxla* vermehren) : *vaxa* wachsen. Vgl. noch § 179.

§ 175. Die siebente ablautsreihe (vgl. An. gr. I, § 148) lautet:

urg. *ǣ* — *ō* — *a*;

gemein-an. und aschw. *ā* (s. An. gr. I, § 54) — *ō* — *a*, z. b. *lāta* lassen : prät. *lōt* (got. *laílōt*) : *later* faul, 'gelassen', *åka* (vgl. *åker* acker) fahren : prät. *ōk*, *hāf* (aisl. *háfr*) fischhamen : *uphōf* : agutn. (wie im aisl.) *uphaf* anfang zu *hæfia* heben, *stā* stehen : *līkstō* (ags. *stów* stelle) abgabe für begräbnisplatz : *sta-þer* stand, stelle (s. weiter § 174), *grāta* weinen : *grøta* zum weinen bringen, *landa-mǣre* grenze : *Møre* (vgl. anorw. *landa-mére*) ein ortsname, *hwǣsa* zischen : *hōsta* (ags. *hwósta*) husten, *s(w)ā* (got. *swē*) : *s(w)ō* (agutn., anorw., as. *sō* : got. *swa*) so, *dǣl* (aisl. *dǽll*) : *døl* (vgl. ags. *dōn* thun) gefällig, *dānde* (anorw. *dánde*) : *dōnde* (ahd. *tōenti*) tüchtig (s. Noreen, Arkiv VI, 376 ff.).

Anm. Ausnahmsweise kommt in dieser reihe auch *u* vor, z. b. *krykkia* (ahd. *krucka*, s. § 106 anm. 1) : *krøkia* krücke zu *krōker* etwas krummes : nschw. (und aisl.) *krake* baum, dessen äste abgehauen worden sind (: aisl. *krákr* haken).

§ 176. Vermischung der 1. und 2. reihe (vgl. Noreen, Urg. lautl. s. 67 ff., An. gr. I, § 149, 1) ist nicht selten, z. b. *skīra* : *skȳra* reinigen (*skīr-* : *skȳr-skuta* ans licht ziehen, vgl. aisl. *skírr* : *skýrr* hell), *hūþ-strīka* (aisl. *strýkua*) Biæ : *-strȳka* (aisl. *striúka*) streichen, *krīsta* (mhd. *krīsten*, vgl. aisl. *kreista*) : *krȳsta* (got.

kriustan) quetschen, *rista* (aisl. *hrista*) : *rȳsta* (vgl. aisl. *hriósa* schaudern, s. Kock, Sprh. s. 26) rütteln, *rīva* : *riūva* zerreissen, *þrēsker* : *þrȳzker* (aisl. *þriózkr*) widerspenstig, *grēpa* Bm (vgl. aisl. *greip* klaue) : *grø̄pa* (aisl. *greypa*) aushöhlen, *snēpa* Vm, Cod. reg. des Södermannagesetzes, H (vgl. mhd. *snippen*, engl. *snip*; anders, aber nicht überzeugend, Kock, Sv. landsm. XI, 8, s. 52) : *snø̄pa* (aisl. *sneypa*) kastrieren, *ællivu* : *ællovo* (adän. *ælluvæ*, anorw. *ællugu*, ags. *endlufan*, afr. *andlova*, ahd. *einluph*) elf, *Skældept* : *Skællopt* ein ortsname, *guziver* : *guzover* (oder *guzøver*, wol nach § 116 < *-zyver*, das nach § 108, 2 erklärt werden kann; vgl. aber anorw. *guðsyfi*) pate, *læ̅-rift*, *-ræft* (s. § 163, 1) : *-ruft*, *-roft* stück leinwand (vgl. *rīva* : *riūva* oben; s. Noreen, Arkiv VI, 382).

Anm. 1. Wol mit unrecht — wie die ausserschwedischen formen zeigen — denkt Kock, Lj. s. 210 f., Akc. II, 337 f. an einen aschw. übergang *i* (*æ*) > *o* in den vier letzten fällen.

Anm. 2. Nicht hierher gehört *uka* Vg. I, Ly, Vh u. a. neben gew. *vika* woche, da jene form wol aus dem ags. *wucu* entlehnt ist. Das seltene *hūskaper* KrL u. a. neben *hā-*, *hī-*, *hæ̅skaper* (s. § 80, I, 3, § 163, 1) familie dürfte von *hūs* haus beeinflusst sein. Das im rschw. häufige *Sikruþr* ist nicht (wie Bugge, Rv. s. 112 f. annimmt) mit *Sighrīþer* identisch, sondern (wie Saxo's *Sygrutha*) aus *Sighþrūþr* (wie Saxo's *Gerutha* aus *Gērþrūþr* u. dgl.) entstanden. *Stīp-*, *stīf-* neben *stiūp-*, *stiūf-* stief- dürfte aus dem deutschen entlehnt sein.

§ 177. Vermischung der 1. und 7. reihe (vgl. Noreen, Urg. lautl. s. 212 ff., An. gr. I, § 149, 2) ist verhältnismässig selten, z. b. prät. *lēt* (aisl. *leit*) : pl. agutn. (und mschw.) *litum* zu *lāta* (vgl. § 175) lassen; prät. *grēt* (aisl. *greit*) : pl. mschw. *gritum* (z. b. Leseb. 94, 16) zu *grāta* (vgl. § 175) weinen, prät. *rēþ* (aisl. *reiþ*, agutn. *raiþ* — geschrieben *riaþ* — Leseb. 38, 6) zu *rāþa* raten, *blīstra* zischen : *blāster* (das) blasen, *hwīska* flüstern : *hwæ̅sa* (vgl. § 175) zischen, *swēpa* (aisl. *sueipa*) umschlagen : *swipa* peitsche : *sōpa* (engl. *swoop*) fegen.

Anm. Noch seltener ist vermischung der 1. und 5. reihe, z. b. *bēþa* (aisl. *beiþa*) : *biþia* bitten : prät. *baþ* : pl. *bāþom*, *þrīr* drei mit dat. *þrim* : *þræm* (aisl. *þrem*, vgl. lat. *tre-centi*, gr. *τρέ-πεδδα*) und *þrættān* (anal. selten *þrittān*; aisl. *þrettán*) dreizehn.

§ 178. Vermischung der 2. und 6. (oder 4.) reihe (vgl. Noreen, Urg. lautl. s. 215 ff., An. gr. I, § 149, 3) kommt nicht selten vor, z. b. *hūver* hut (auf häusern u. dgl.; *hūva* haube kann d. lehnwort sein, vgl. aber aisl. *húfa*) : *hōvoþ, -iþ* (got. *haubiþ*) : *hovuþ* (agutn. *hafuþ,* vgl. § 68, 1 und 2) haupt; *klȳva* (aisl. *kliúfa*) klieben : *klōf* (aisl. *klauf*) gespaltene klaue : *klufvæghin* zweiarmig (von einer wage), *klyf* saum, *klovi* : *klavi* (*klævi* Vg. II) etwas zweispaltiges, *klæfiahæster* saumpferd : *klif* saum; mschw. *frōdha* (vgl. aisl. *frauþ, froþa*) : *fradha* schaum; *gōpn* (aisl. *gaupn*) höhlung beider hände : *gap* schlund; *grōpa* (vgl. § 176) aushöhlen : *grōp* aushöhlung; *bōla* (vgl. aisl. *baula* kuh, *bylia* toben) : *bælia* (aisl. *belia*) blöken; kaschw. *stumn* (anorw. *stufn*, aisl. *stofn*) stamm : *stamn* (aisl. *stafn*) steven; *styþia* stützen : *stæþia* stellen; mschw. *stȳras* GO, MB. II sich grossthun, *Stūre* ein mannsname, *stūr* (vgl. aisl. *gný-stýrer* 'strepitum augens', ahd. *stūri* bedeutend) : *stōr* (aisl. *stórr*) gross; *Hōldo* (zu anorw. *hauldr* freier grundbesitzer) : *Holdo* (zu aisl. *hǫlþr*; vgl. § 65, 1) ein (latinisierter) mannsname.

Anm. 1. Etwas unsichere beisp. sind *øptir* u. a. (s. § 107 anm. 2) : *æptir* nach, *sykn* (*sukn* Sdm; vgl. § 106 anm. 1, § 112, anm. 1) : *sōkn* zu gerichtlicher belangung frei, *Hōgne* : *Hogne* (*Hagne,* s. § 68, 3) ein mannsname (vgl. aisl. *haukstaldr* < **haug-* vornehmer mann : urn. *HaȥustaldaR* 'Hagestolz').

Anm. 2. Sehr selten ist vermischung der 2. und 5. (oder 7.) reihe, z. b. *brūn* braue : *brā* wimper.

§ 179. Vermischung der 4. und 6. reihe (vgl. An. gr. I, § 149, 4 und oben § 172 anm. 2, § 174 anm. 2) kommt nur selten vor, z. b. *miol* mehl : *muld, mold* staub : *mala* mahlen : prät. *mōl*; *grift* grab, *græva* (afr. *greva,* aisl. *grebǫ*) : *grava* graben : prät. *grōf*; *fiorþer, fiærþer* enges fahrwasser : *for* : *far* furche, *fara* fahren : prät. *fōr*; *drægha* (anorw., afr. *drega*) : *dragha* ziehen : prät. *drōgh*, *drōghia* dehnen, *drōgh* schlitten; *kunna* können : *kan* kann : *kōn* erfahren; part. prät. *s(w)urin, s(w)orin* : prät. pl. mschw. *s(w)ārom* : kaschw. *s(w)ōrom* : *swæria* schwören.

§ 180. Ein, in vielen fällen unursprünglicher (d. h. auf analogischem wege in später zeit entstandener), ablaut *i — a — u* (vgl, An. gr. I, § 150) kommt in ableitungssilben ungemein häufig vor. Die fälle sind:

1. *-igh-* : *-agh-* : *-ugh-* (*-ogh-* § 139, § 143) ist selten, z. b. *honigh* MB. I ff. : *-agh* O ff. (*hunagh* Bu, SK ff.) : spät *-ugh* (*-ogh*; vgl. noch § 172 anm. 1) honig; agutn. *hailigr* (mschw. *hæligher*

O ff., *hēligher* P. I ff.) : kaschw. *hēlagher* (*hǣ-*) : spät mschw. *hǣlogher* Linc. 39 heilig; *fēligher* MB. I ff. : *-agher* A 49. I : gew. *-ogher* sicher; *sāligher* Rk. I ff. : *-agher* Bm ff. : gew. *-ogher* arm. Auch von anderen adj. auf *-ugher* (*-ogher*) kommen seit c. 1450, ohne zweifel meistens durch deutschen einfluss, hie und da nebenformen mit dem früher überaus seltenen *-igher* vor, z. b. *iævigher* D 4 zweifelhaft, *nødhigher* D 4 nötig, *nādhigher* MB. I, Ve gnädig, *stadhigher* MB. I fest, *lidhigher* MB. I frei, *skyldigher* Ve schuldig, *avigher* umgekehrt, *vældigher* (z. b. Leseb. 109, 32) gewaltig, *myndiger* mündig, *aldrigher* bejahrt u. a.

2. *-il-* : *-al-* : *-ul-* (*-ol-*) ist etwas häufiger, z. b. *ōþil* Da (und mschw.; as. *ōthil*) : *-al* : *-ol* eigentum, *þomal-* : *þumulfinger* (s. § 163, 2) daumen, agutn. *ankal* (ahd. *ankal*) G. a : *-ul* (so auch kaschw.) fussknöchel, mschw. *bædhil* Bir : *badhul* nest, *mantil* : *-ol* (auch kaschw.) mantel, *sadhil* : *-ol* (kaschw.) sattel, *diævil* Di : *-ul* teufel, *ighil-* : *-olkutter* igel, *adhil* : kaschw. *aþal* : *-ul* H, Bm echt, mschw. *midhil-* : kaschw. *mæþal-* (*miþal-* § 164) : *mæþul-* Da mittel-.

Anm. 1. Ursprünglich nicht hierher gehörig ist das zu *apal(d)* : *-ul(d)* — s. § 165 anm. — neu gebildete *apil* D 4 apfelbaum. Über mschw. *foghil*, *-ol* u. a. aus *foghl* u. dgl. s. § 161, 2,b.

3. *-in-* : *-an-* : *-un-* (*-on-*), z. b. *bundin* : *-an* : *-on* garbe, *morghin* : *-an* (nur mschw. und selt.) : *-on* morgen, *aptin* Ly, St (vgl. ags. *ǽften*, anorw. *æftann*) : *-an* : *-on* abend, *ōþins-* (*øþins-* Leseb. 24, 28) : *ōþans-* (as. *Wōdan*) Dipl. 1393 : *ōþunsdagher* H mittwoch, *systkine* : *-ane* : *-one* geschwister, *fingrine* : *-an* fingerring, *ōran* U, Vm, Ög : *ōrun* U (vielleicht nach § 91, 7 zu beurteilen) zank (vgl. aisl. *óra* zanken), *aldin* : *aldon*, MEL ff. (spät. mschw. *allan*, vgl. § 165 anm.) eichel, ? *ōkwæþinsorþ* : *-ans-* PM scheltwort.

Anm. 2. Unsichere beisp. sind mschw. *lēkan* : *-on* Su spielzeug, *thækan* : *-on* decke, *sātan* : *-on*, *siældan* : *-on*, worüber s. § 165 anm. Über nicht hierhergehörige fälle wie *hælghan*, *lēian* u. a. aus *-on* s. § 148. Teils auf schwankende bezeichnung des reduzierten vokals (s. § 149), teils auf analogie beruhen wol fälle wie mschw. (selt.) *lovin* (aus mndd. *love-n*) : gew. *lovan* (aisl. *lofan*) gelübde, *glavin* (mhd. *glavin*) : *-an* spiess, *ordin* (mndd. *orden*) : *-on* (vgl. lat. *ordo*?) orden.

4. *-ind-* : *-and-* : *-und-*, z. b. rschw. (selt.) *þūsind* (as. *thūsind*) : kaschw. *þūsand* : *-und* H (aisl. *þúsund*) tausend, *sannind*

: (vgl. adän. *sannandæ*, aisl. *sannande* :) *-und* H, G. II (vgl. aisl. *sannynde*) wahrheit, *tīnde* Vg. I, II (* *tihinde*; adän. *tīnde*) : *tīunde* zehnt, *høghinde* : mschw. *høghiande* : *hyghynde* Linc. 39 (agutn. g. pl. *hugunda* § 106, 2, b; vgl. aisl. *hógynde*) kissen, *ærinde* (aisl. *erinde*) : kaschw. *-ande* (: ngutn. *arundi* wie im as.) auftrag, mschw. *tīdhinde* : kaschw. *tīþande* neuigkeit, *Iærinder* : (adän. *Iarander* :) *Iurunder* u. a. (s. § 77, 3) ein mannsname, *bōande* wohnend : *bōnde* (< **bōunde*) bauer, *fīande* : nschw. dial. *fijund* (as. *fīund*; s. Hultman F. B. s. 211) feind.

5. *-ing-* : *-ang-* (sehr selten) : *-ung-* (*-ong-*) ist besonders häufig, z. b. *køpinger* Cod. reg. des Sdm-gesetzes, St : (aisl. *kaupangr* :) *køponger* stadt, agutn. *laiþingr* (mschw. *lēdhinger* : aisl. *leiþangr*) : kaschw. *lēþonger* kriegsexpedition zur see, *pænninger* : *-unger* Vm münze, *þriþinger* Vg. II : *-(i)unger* drittel, *āttinger* : *-anger* Dipl. 1401 : *-onger* achtel, *kiþlinger* : mschw. selt. *-unger* zicklein, kaschw. *hærazhøfþinge* : *-onge* MEL (und mschw. selt.) distriktsrichter, *hēþninge* : *-unge* heide, *brøþringe* : *-unge* und *systlinge* : *-unge* geschwisterkind väterlicher, resp. mütterlicher seite, *gærning* : *-ong* Ly that, *løsning* : *-ung* U lösung, *stæmpning* : *-ung* H stauung, *minning* : *-ung* herkommen, mannsnamen wie *Skæringer* (aisl. *Skeringr*) : *-(i)unger* (vgl. aisl. *skǫrongr*), *Swēninger* : *-unger*, *Swærtinger* : *Swartunger* (s. Lundgren, Om fornsvenska personnamn på -ing och -ung, s. 6).

Anm. 3. Bei vielen wörtern auf *-ung-* sind nebenformen mit *-ing-* erst mschw. zu belegen und daher wol zum grossen teil unursprünglich, z. b. *fiærdhinger* viertel, *fæmtinger* $^1/_5$, *siættinger* $^1/_6$, *iæmninge* seinesgleichen, *tēlninger* spross, pl. *Skāningiar* (kaschw. *-ungar*) einwohner von Schonen u. a.; vgl. nschw. *geting* (mschw. *gētunger*) wespe, *Bleking* (kaschw. *Blēkonger*, vgl. aber aisl. *Bleiking*) ein landschaftsname u. dgl.

6. *-ist-* : *-ast-* : *-ust-* (*-ost-*) ist selten, z. b. *þiānista* : *-asta* Vm : *-osta* (vielleicht urspr. nom. *þiānasta* : obl. *-ustu* nach § 91, 7; vgl. ahd. *dionōst*, andererseits aber as. *thianust*) Ly, Vm dienst, agutn. *ōrista* G. a : ? aschw. *-æsta* Bil. (*-esta* Vg. II; vgl. einerseits anorw. *orrasta*, andererseits aschw. *ōran* oben 3) : *-ost* Vh (vgl. aisl. *orrosta* und aschw. *ōrun*) kampf. Vgl. noch *kunnista* : aisl. *kunnasta* kenntnis, mschw. *hyllist* : aisl. *hollosta* gewogenheit, nschw. *ynnest* : aisl. *unnosta* gunst.

Anm. 4. Mschw. *fyllist* neben *fyllæst* (aus mndd. *vullest*) ersatz ist wol nach § 149 anm. 2 zu erklären.

7. *-iþ-* : *-aþ-?* : *-uþ-* (*-oþ-*) ist sehr selten, z. b. mschw. *hövidh* (got. *haubiþ*), *hovidh* (*hovit* Bu) : *-udh* (aisl. *hǫfoþ*) haupt; *nakwidher* (aisl. *nøkkueþr*) : *? -ædher* (got. *naqaþs*) : *nakudher* (ags. *nacod*) nackt.

Anm. 5. Ursprüngl. nicht hierhergehörig ist *ærwiþi* H (aisl. *erfeþe*), *arviþi* Vg. II : *ærvæþe* H (anorw. *ærfæðe*), *ærvadhe* St (anorw. *ærfaðe*) : *ar-*, *ærvoþe* (anorw. *ærfuði*) arbeit, worüber s. An. gr. I, § 65, § 121, 6.

Kap. 5. Etymologische übersicht.[1]

I. Die sonanten der starktonigen silben.

a) Einfache vokale.

§ 181. Kaschw. (und mschw.) *a* hat folgenden ursprung: 1. Gew. urn. und gem.-an. *a*, z. b. *faþir* vater, *halda* halten u. a. (s. weitere beisp. bei Rydq. IV, 11 ff.). 2. Urn. *ā*, s. § 90, 1; gem.-an. *ā* § 131 und 133.

Anm. 1. Über unsicheres *a* aus gem. -an. *ǫ* s. § 68 anm., *æ* § 117 anm.

Anm. 2. Im agutn. kann *a* ausserdem aus *ai* (§ 124, 1) oder *au* (§ 123, 1) entstanden sein.

Anm. 3. Über die diphthonge *ai*, *au*, *ia* s. § 210, 1 und 2, § 200. Über den triphthong *iau* s. § 210, 3.

§ 182. *ā* ist: 1. Gew. urn. und gem.-an. *ā* (urgerm. *ǣ* und *ā*), z. b. *grāta* weinen, *nāl* nadel; *fā* bekommen u. a. (Rydq. IV, 23 f.). 2. Urn. *a*, s. § 86—88; gem.-an. *a* § 129 und 130. 3. Urn. *ai*, s. § 80, I.

Anm. 1. Über mschw. *ā* als zeichen des *å*-lautes s. § 18 mit anm. 2.

Anm. 2. Über den diphthong *iā* s. § 201.

§ 183. *e* fehlt wahrscheinlich (ausser vielleicht als späte kürzung eines *ē*) im eigentlichen kaschw. (vgl. anm.). Im mschw. ist es aus kaschw. *i* entstanden, s. § 115.

Anm. 1. Agutn. entspricht es: 1. Urn. und gem.-an. *e*, z. b. *verþa* werden, *lesa* lesen. 2. Urn. *i* § 83, 1. 3. Gem.-an. *æ* § 105.

Anm. 2. Über die diphthonge *ei*, *ie* s. § 199 und 210, 4.

§ 184. *ē* ist: 1. Urn. *ī*, s. § 83, 3 (vgl. auch § 115 anm. 4). 2. Urn. *i* § 83, 2, a. 3. Gew. gem.-an. *æi* (urn. *ai* und *ā* + *i*)

[1]) Auf das in orthographischer hinsicht so mangelhafte rschw. wird in der folgenden übersicht keine rücksicht genommen.

§ 124, 2 und 93, 1. 4. Selt. gem.-an. *ǣi* § 125. 5. Im mschw. auch aus kaschw. *e* entstanden, s. § 129, 2 und 130, 2.

Anm. 1. Agutn. dagegen: 1. Urn. *ī* § 83, 3. 2. Urn. *i* § 83, 2. 3. Gew. gem.-an. *æ* § 105.

Anm. 2. Über den diphthong *iē* s. § 210, 5.

§ 185. *i* ist: 1. Gew. urn. und gem.-an. *i*, z. b. *binda* binden, *bitin* gebissen u. a. (Rydq. IV, 44 f.). 2. Urn. *ī* § 90, 2; gem.-an. oder erst kaschw. *ī* § 131—133. 3. Gem.-an. *y* § 100. 4. Gem.-an. *æ* § 102. 5. Älteres kaschw. *ē* § 103, 1.

§ 186. *ī* ist: 1. Gew. urn. und gem.-an. *ī*, z. b. *īs* eis, *bīta* beissen etc. (Rydq. IV, 58). 2. Urn. *i* § 86—87; gem.-an. *i* § 129 und 130. 3. Selt. gem.-an. *i* + *i* § 153 anm. 3.

Anm. Das agutn. hat ausserdem *ī* aus gem.-an. *ē*, s. § 103, 2.

§ 187. Geschlossenes *o* ist: 1. Gew. urn. und gem.-an. *o*, z. b. *opin* offen, *horn* horn (Rydq. IV, 59 ff.). 2. Urn. *u* § 84, 1; gem.-an. *u* § 120. 3. Urn. *ō* § 90, 3; mschw. auch aus kaschw. *ō*, s. § 131—133. 4. Gem.-an. *ǫu* (urn. *au*) § 81, 2. 5. Gem.-an. *wǫ* (urn. *wa*) § 72.

Anm. Über die diphthonge *io*, *oy* s. § 202 und 210, 6.

§ 188. Geschlossenes *ō* ist: 1. Gew. urn. und gem.-an. *ō*, z. b. *brōþir* bruder, *bōk* buch (Rydq. IV, 67). 2. Urn. *au* § 81, 1. 3. Urn. *u* § 84, 2. 4. Urn. *ū* § 84, 3; mutmasslich gem.-an. *ū* § 121. 5. Gem.-an. *ǭ* (urn. *ā*) § 73, 2. 6. Gem.-an. *wǭ* (urn. *wā*) § 65, 7. 7. Gem.-an. oder erst aschw. *o* § 129 und 130.

Anm. Über den diphthong *iō* s. § 203.

§ 189. Offenes *o* (d. h. *ǫ*) ist urn. *a*, s. § 65, 1 und 6, § 69, 1.

§ 190. Offenes *ō* (d. h. *ǭ*) scheint im kaschw. (vgl. § 65, 2, § 69, 2) nur in dem diphthonge *iǭ* (s. § 203 anm.) vorzukommen. Im mschw. ist es (*a*, *aa*, *o*, *å* geschrieben) aus kaschw. *ā* enstanden, s. § 110.

§ 191. *u* ist: 1. Gew. urn. und gem.-an. *u*, z. b. *brustin* gebrochen, *drupi* tropfen (Rydq. IV, 69 ff.). 2. Urn. *ū* § 90, 4; gem.-an. *ū* § 131—133. 3. Gem.-an. *o* § 111. 4. Gem.-an. *ō* § 112. 5. Gem.-an. *ǫ* § 109.

Anm. Über den diphthong *iu* s. § 204.

§ 192. *ū* ist: 1. Gew. urn. und gem.-an. *ū*, z. b. *hūs* haus, *ūt* hinaus (Rydq. IV, 76). 2. Urn. *u* § 86 und 87; gem.-an. *u* § 129 und 130. 3. Selt. gem.-an. *u* + *u* § 153 anm. 3.

Anm. Über den diphthong *iū* s. § 205.

§ 193. *y* ist: 1. Gew. urn. *u* § 59, 5. 2. Urn. *i* § 65, 4 und 69, 4; gem.-an. *i* § 108. 3. Selt. urn. *iu* § 59, 10; gem.-an. *iu* § 100. 4. Selt. urn. *wi* § 65, 9 und 69, 9. 5. Gem.-an. *ȳ* § 90, 5 und 131—133. 6—7. Gem.-an. *ø* und *ø̄* (dies auch wenn es erst aschw. aus gem.-an. *ǫu* und *øy* entstanden ist) § 106, 2 (agutn. 106, 1).

§ 194. *ȳ* ist: 1. Urn. *ū* § 59, 6 und 64, 5. 2. Selt. urn. *ī* § 65, 5 und 69, 5; gem.-an. *ī* § 108 anm. 2. 3. Selt. urn. *wī* § 65, 10 (und 69, 10?). 4. Gew. gem.-an. *iū* (urn. *eu* oder *iu*) § 59, 11, § 64, 7 und 122, 2, a. 5. Gem.-an. *y* § 129 und 130.

Anm. 1. Das agutn. hat ausserdem *ȳ* aus gem.-an. *ø̄*, s. § 106, 1.

Anm. 2. Über den diphthong *iȳ* s. § 205 anm.

§ 195. *æ* (das dem agutn. fremd ist) entspricht: 1. Urn. *a* § 59, 1 und 12, § 64, 1. 2. Gem.-an. *e* (urn. *e* und *i*) § 113 und 83, 1. 3. Gem.-an. *æi* (urn. *ai*) § 80, II, 2. 4. Gem.-an. *ǣ* § 90, 6 und 131—133. 5. Selt. gem.-an. *ia* (urn. *e*) § 59, 9. 6. Gem.-an. *ē* § 114, 2; im mschw. auch aus kaschw. *ē*, s. § 114, 3.

Anm. Über die diphthonge *iæ*, *æi* s. § 206 und 199.

§ 196. *ǣ* (dem agutn. fremd) ist: 1. Gew. urn. *ā* § 59, 2 und 13, § 64, 2. 2. Gem.-an. *ē* (urn. *ai*, *e*, *ē*, *i*, *ī*) § 80, II, 1 und anm. 6, § 86, § 114, 1, § 83, 2 und 3. 3. Gem.-an. oder erst aschw. *æ* § 129 und 130.

Anm. Über den diphthong *iǣ* s. § 207.

§ 197. *ø* (dem agutn. fremd) ist: 1. Urn. *o* § 59, 3 und 64, 3. 2. Urn. *e* § 65, 3 und 69, 3. 3. Gem.-an. *ǫ* § 59, 7 und § 104. 4. Gem.-an. *æ* § 69, 6. 5. Im mschw. (selt. kaschw.) auch aus kaschw. *y* § 116. 6. Älteres kaschw. *ø̄* § 131—133.

Anm. 1. Über unsicheres *ø* aus urn. *we* s. § 65, 8.

Anm. 2. Über den diphthong *iø* s. § 208.

§ 198. *ø̄* (dem agutn. fremd) ist: 1. Urn. *ō* § 59, 4 und 64, 4. 2. (In diesem fall in gewissen dialekten mit offener aussprache, s. § 25, 1) Gem.-an. *ǫu* (urn. *au* oder *a* + *u*) § 123, 2 und 92, b, 1. 3. Gem.-an. *øy* (urn. *au* > *ǫu* und *ai* > *æi*) § 126, 2 (59, 8; 64, 6; 69, 7). 4. Gem.-an. oder erst kaschw. *ø* § 129 und 130. 5. Älteres kaschw. *ē* § 107.

Anm. Über den diphthong *iō* s. § 209.

b) Diphthonge.

§ 199. Das seltene *ei* oder *æi* entspr. urn. *ai*, s. § 124, 2.

§ 200. *ia* ist: 1. Gew. urn. *e* (gem.-an. *ia*) § 75, 1. 2. Urn. *ē* oder *ī* + *a* § 93, 2; gem.-an. *ē* + *a* § 153, 3. 3. Gem.-an. *io* (urn. *e*) § 118.

§ 201. *iā* entspricht entweder ursprünglichem (§ 82 anm. 3; vgl. § 118 mit anm. 2) oder (später, aber öfter) einem durch brechung (aus urn. *e*) entstandenen (dann nach § 129, 1 gedehnten) *ia*.

§ 202. *io* ist aus urn. *e* entstanden, s. § 75, 2.

§ 203. *iō* ist: 1. Urn. *eu* oder *iu* § 82 anm. 1. 2. Urn. *ē* oder *ī* + *ō* oder *ū* § 93, 3. 3. Gem.-an. *io* (urn. *e*) § 129 und 130.

Anm. Das seltene *iō* mit offenem *ō* (d. h. *ǭ*) scheint aus *iā* entstanden zu sein, s. § 69, 2.

§ 204. *iu* ist: 1. Urn. *e* § 75, 2. 2. Gem.-an. *y* § 127. 3. Gem.-an. *iū* § 131—133.

§ 205. *iū* ist: 1. Urn. *eu* oder *iu* § 82; gem.-an. oder erst aschw. *iu* § 129 und 130. 2. Urn. *e* oder *i* + *u* § 92, b, 2. 3. Urn. *ē* oder *ī* + *ū* § 93, 3.

Anm. Das seltene mschw. *iy* ist aus kaschw. *iū* enstanden, s. § 100 anm.

§ 206. *iæ* (dem agutn. fremd) ist: 1. Gem.-an. oder erst aschw. *ia* § 96. 2. Mschw. auch aus kaschw. *iǣ* entstanden, s. § 131, 2.

§ 207. *iǣ* (dem agutn. fremd) ist: 1. Gem.-an. oder erst aschw. *iā* § 97. 2. Älteres kaschw. *iæ* § 129 und 130.

§ 208. *iø* (dem agutn. fremd) ist aus gem.-an. oder erst aschw. *io* entstanden, s. § 98.

§ 209. *iø̄* (dem agutn. fremd) ist: 1. Gem.-an. *iǭ* § 99. 2. Selt. gem.-an. oder erst aschw. *iō* § 99 anm. 3. Mschw. auch aus kaschw. *iø* entstanden, s. § 129, 2 und 130.

§ 210. Die agutn. diphthonge haben folgenden ursprung:

1. *ai* ist gem.-an. *æi* (urn. *ai*) § 124, 1 und entspricht somit kaschw. *ē* (§ 184, 3).

2. *au* ist gem.-an. *ǫu* (urn. *au*) § 123, 1, gleich kaschw. *ø̄* (§ 198, 2).

3. *iau* ist gem.-an. *iū* (urn. *eu, iu, ĕ + u, ĭ + u*) § 122, 1, gleich kaschw. *iū* (§ 205) und *ȳ* (§ 194, 4).

4. *ie* ist aus *iæ* < gem.-an. oder erst aschw. *ia* entstanden § 105, gleich kaschw. *iæ* (§ 206). Vgl. aber auch § 98 anm. 2.

5. *iē* ist aus *iǣ* < gem.-an. oder erst aschw. *iā* entstanden § 105, gleich kaschw. *iǣ* (§ 207).

6. *oy* ist gem.-an. *øy* (urn. *au* > *ǫu* und *ai* > *æi*) § 126, 1, gleich kaschw. *ø̄* (§ 198, 3).

II. Die sonanten der schwachtonigen silben.

§ 211. *a* ist: 1. Urn. und gem.-an. *a*, z. b. *binda* binden, acc. sg. m. *blindan* blinden. 2. Urn. oder gem.-an. *ō* § 91, 7, b. 3. Urn. *au* § 91, 3. 4. Gem.-an. *ā* § 91, 1; älteres kaschw. *ā* § 151 und 152. 5. Mschw. auch aus kaschw. *o* § 148.

Anm. Das reduzierte *ạ* ist ziemlich selten svarabhaktivokal, s. § 160, 2, b.

§ 212. *e* ist: 1. Gem.-an. *i* § 137 und 142; kaschw. *i* aus *ī* verkürzt § 142 anm. 7 und 10. 2. Älteres kaschw. *æ* § 135 anm. 1 und § 147; *æ* aus *ǣ* verkürzt § 147. 3. Älteres kaschw. *iæ* § 144. 4. Älteres kaschw. *ø̄* § 146, 3.

Anm. Agutn. kommt *e* nur als kürzung eines älteren *ǣ* in wörtern auf *-eri* vor, z. b. *dōmeri* richter, *hunderi* bezirk eines richters.

Lightning Source UK Ltd.
Milton Keynes UK
UKOW031835180712

196222UK00006B/27/P

9 781168 065322